光明社科文库
GUANGMING DAILY PRESS:
A SOCIAL SCIENCE SERIES

·经济与管理书系·

财税与公共管理研究

广东财经大学学报编辑部｜编

光明日报出版社

图书在版编目（CIP）数据

财税与公共管理研究 / 广东财经大学学报编辑部编
. -- 北京：光明日报出版社，2021.6
ISBN 978 - 7 - 5194 - 6058 - 7

Ⅰ.①财… Ⅱ.①广… Ⅲ.①财政管理—研究—中国
Ⅳ.①F812.2

中国版本图书馆 CIP 数据核字（2021）第 083251 号

财税与公共管理研究

CAISHUI YU GONGGONG GUANLI YANJIU

编　　者：广东财经大学学报编辑部	
责任编辑：陆希宇	责任校对：姚　红
封面设计：中联华文	责任印制：曹　净

出版发行：光明日报出版社

地　　址：北京市西城区永安路 106 号，100050

电　　话：010 - 63169890（咨询），010 - 63131930（邮购）

传　　真：010 - 63131930

网　　址：http://book.gmw.cn

E - mail：luxiyu@ gmw.cn

法律顾问：北京德恒律师事务所龚柳方律师

印　　刷：三河市华东印刷有限公司

装　　订：三河市华东印刷有限公司

本书如有破损、缺页、装订错误，请与本社联系调换，电话：010 - 63131930

开　　本：170mm × 240mm			
字　　数：270 千字		印　　张：17	
版　　次：2021 年 6 月第 1 版		印　　次：2021 年 6 月第 1 次印刷	
书　　号：ISBN 978 - 7 - 5194 - 6058 - 7			
定　　价：95.00 元			

编辑委员会

目 录
CONTENTS

财政分权对环境污染的影响及传导机制分析

——基于地市级面板数据的实证

吴俊培　　万甘忆*

利用 2007—2014 年的地市级面板数据,研究财政分权对环境污染的影响及内在传导机制,结果发现"中国式分权"制度的激励扭曲和约束不足影响了地方政府行为,最终降低了环境质量,并且收入分权通过地区产业结构渠道比支出分权通过节能环保投入渠道所起的作用更大。此外,财政分权对不同外溢性环境污染的作用在不同城市间存在显著差异。应调整产业结构分布,注重第二产业的优化升级;完善环境税体系,建立节能环保专项基金;将环境指标纳入官员晋升激励机制,遏制地方政府间恶性税收竞争;合理制定地区污染差异化的环境保护政策。

一、引言

改革开放以来,我国经济保持高速增长,与此同时环境污染问题也愈加凸显。《2014 中国环境状况公报》中显示,全国 161 个城市执行空气质量新标准,但空气质量达标个数不足 1/10,以迅猛态势席卷全国的雾霾更是让广大民众"谈霾色变"。除了大气污染,在近 5 000 个地下水监测点位中,水质差的比例超过 60%,水污染防治形势严峻。李克强总理在 2016 年政府工作报告中明确提出:"治理污染、保护环境,事关人民群众健康和可持续发展,必须强力推进,下决心走出一条经济发展与环境改善双赢之路。"中国的环境问题是长期以来粗放式经济发展方式的结果,而这种牺牲环境的经济发展方式又源于"中国式分权"下的政府行为(蔡昉等,2008)[1]。在财政分权、政治集权的"中国式分权"体制下,激励机制的扭曲和中央政府约束力的缺乏造成地方环境监管和治理的"缺位"。因此,研究财

---

* 原载于《广东财经大学学报》2016 年第 6 期第 37 – 45 页。作者:吴俊培(1947—),男,江苏苏州人,武汉大学经济与管理学院教授,博士生导师;万甘忆(1992—),女,江西南昌人,武汉大学经济与管理学院研究生。

政分权体制对环境污染的影响机制,从而合理引导政府行为,对于缓解地区经济发展与环境污染的矛盾具有重要意义。

国外对财政分权与环境污染之间关系的研究起步较早,20 世纪 70 年代兴起的"环境联邦主义"(Environmental Federalism)划分了联邦政府和州与地方政府在环境治理中的职责,强调地方政府在环境治理中有更大的责任[2—3],并且要有相应的 Tiebout 模型的条件。然而,这种理想状态与现实并不相符。分权体制赋予地方政府更大的财政自主权,助长了地方之间的不良竞争,从而对企业放松监管标准,导致恶性竞争(Race to the Bottom)。西格码(Sigman,2007)[4]基于世界各地河流的水污染数据实证分析了财政分权与水污染之间的关系,结果表明财政分权程度越高,水污染恶化程度也越高,产生"竞争到底"的效应。还有学者从辖区间异质性和外溢程度差异角度分析财政分权对环境作用的影响。杰可布森(Jacobsen)等(2012)[5]研究在一个完全竞争的市场,通过两种在两个辖区间产生外部性问题的产品模型比较,分析集权和分权的政府体制下的环境绩效差异,从而证明财政分权是处理环境偏好异质性的有效手段。

国内学者近年来对财政分权与环境污染之间的关系十分关注。李猛(2009)[6]发现分权改革激励了地方政府放松环境监管行为,企业的投资生产影响着地方的财政收入和环境质量;他通过构建联立方程,运用 GMM 法估计,提出中国环境污染新假说,即人均地方财政能力与环境污染程度为倒 U 型关系,大多数省份的财力水平处于远离拐点的左半段,如果不优化财政体制将经历"先污染后治理"的后果。张克中等(2011)[7]使用省级动态面板数据,从碳排放的视角研究发现财政分权度的提高会加大碳排放量;区位因素中,非耗煤大省、两控区省份、东部地区、直辖市对碳减排的积极作用更大。薛刚和潘孝珍(2012)[8]建立了面板数据模型,研究发现财政支出分权指标与环境污染水平成反比并且结果具有稳健性;而财政收入分权指标无论从理论效应还是实证方面对环境污染水平的影响都是不确定的;此外,工业化水平、外商投资总额等控制变量对污染水平的影响存在地域性差异。与从地方政府监管角度研究的文献不同,何(HE Q,2015)[9]认为财政分权对环境污染水平没有显著的因果关系,但财政分权对治理污染支出有积极作用,这表明通过财政分权机制来帮助保护环境是有可能的。谭志雄和张阳阳(2015)[10]采用熵值法将工业废水、工业废气、二氧化硫、工业粉尘、烟尘、工业固体废弃物排放量综合考虑得到环境污染综合指数,运用环境投入产出模型进行实证分析,发现财政分权与环境污染物排放量之间呈负相关关系。

综上所述,国内现有的研究大多基于省级层面的数据,缺少对省级以下财政分权的探讨,而这可能会导致省内不同城市的异质性被忽略。多数研究以财政支出分权衡量财政分权指标,然而收入与支出存在差异,仅取其一不够全面。不同学者有关中国式财政分权与环境质量之间关系的分析结果出现分歧,忽视了对财政分权与环境污染内在传导机制的阐述并且也很少考虑不同地区内不同类型污染外溢性的差别。基于此,本文采用 2007—2014 年的地市级数据,分别从收入与支出分权指标角度,研究中国特色财政分权体制与不同外溢性环境污染之间的影响关系,并且通过测算贡献率分析内在传导机制,以便更加合理地引导政府行为并有效治理环境污染问题。

二、理论分析与假设的提出

环境属于"公共商品"的范畴,具有明显的经济外部性特征,因此治理环境污染应该属于财政的职责,而政府是否能够充分发挥其职能,又与财政体制的相关制度安排息息相关[11—12]。第一代财政分权理论随着 20 世纪 50 年代公共财政理论发展演变而成,其核心观点认为:如果将资源配置的权力更多地向地方政府倾斜,那么通过地方政府间的竞争,能够使地方政府更好地反映纳税人的偏好。但该理论仅从地方政府的信息优势角度说明分权的好处,没有充分阐述分权的机制,尤其是其关于"地方政府是公共利益的守护者"的假设并不准确,地方政府官员并不是简单地以选民利益最大化为行为目标。第二代财政分权理论在分权框架上引入了激励相容与机制设计学说,将分权理论讨论的中心由公共物品的有效供给拓展到对地方政府行为的研究,特别是地方政府行为对经济增长的影响,因而更符合我国国情。现有"中国式分权"体制下,晋升锦标赛的激励作用可能导致政府为了追求经济增长而牺牲环境的"竞次效应",因此财政分权度的提高(地方政府自主权的增加)并不能实现政府在环境保护类公共商品上的最优资源配置(吴俊培等,2015)[13]。

从本质上来说,财政分权是一种制度安排,并不会直接作用于环境质量,但是这种制度安排会通过主体行为选择与偏好的传导机制,间接对环境污染程度产生实质性的效应。因此,本文将进一步对财政分权体制是通过怎样的传导机制,改变政府行为并影响环境质量这一问题提出假说,为我国环境治理、绿色发展提供新的思路。

财政收入分权体现的是不同层级政府间财权的分配,分税制后地方政府的财政收入主要依靠增值税的分成收入和所得税收入。若财政收入分权水平越高,地方政府的可支配收入就越多,因此不同地区政府间会产生税收竞争。地方政府会放松对污染企业的监管,以鼓励区域内产值大、税负比重高的重工业企业快速发展并且吸引更多的外商投资。第二产业中的诸多行业,如钢铁、火力发电、采矿等都是导致污染的罪魁祸首(张克中等,2011)[7]。

由此提出:

假设1:财政收入分权程度越高,地方政府对重工业监管越放松,则环境污染程度越大。

财政支出分权体现出中央与地方政府间公共服务的供给配置关系,若财政支出分权水平越高,地方政府对区域资源分配的自主性就越大。由于环境公共品具有外部性,地方政府间易产生"搭便车"现象,偏好减少对环境保护领域的投资,从而加剧区域内的环境污染程度。我国分权改革后,许多地方的公共品供给出现下降趋势,地方政府也从原来的"援助之手"逐渐转变为"攫取之手"(陈抗等,2002)[14]。结合以上分析提出:

假设2:财政支出分权程度越高,地方政府会相应减少对环境领域的投资,则环境污染程度越大。

三、研究设计

(一)基础模型设定

环境污染具有逐步累积的性质,即本期污染排放量不仅受到经济、制度、地域等因素的影响,还会受到上期排放量的影响,所以本文选取动态面板模型进行研究。为了检验财政分权与环境污染之间的相关性,借鉴祁毓等(2014)[15]、刘建民等(2015)[16]的文献,建立基础计量模型如下:

$$EP_{i,t} = \alpha_0 + \alpha_1 FD_{i,t} + \alpha_2 EP_{i,t-1} + \delta X_{i,t} + \mu_i + T_t + \varepsilon_{i,t}$$

其中:$EP_{i,t}$是第t年城市i的污染排放量,考虑上一年污染的影响加入滞后一期,表示第$t-1$年城市i的污染排放量;$FD_{i,t}$是核心解释变量,表示第t年城市i的财政分权度,包括财政收入分权度(FDS)和支出分权度(FDZ);$X_{i,t}$代表控制变量,包括经济发展水平(GDP)、政府竞争程度(FDI)。根据库茨涅兹曲线(EKC)假说,资本收入与环境污染之间呈倒"U"型的关系,因此加入经济发展水平作为控制变量。加入控制变量政府竞争程度,是由于财政分权、政治集权的"中国式分权"制度下,政府竞争使得财政分权对环境治理支出的削弱效应放大(闫文娟和钟茂初,2012)[17],因此恶化了环境质量。μ_i和T_t分别代表固定城市和时间效应,$\varepsilon_{i,t}$代表随机扰动项。

(二)传导机制模型设定

除了直接研究财政分权与环境污染的关系外,本部分还将对二者间发挥效应的内在传导机制进一步进行剖析。财政分权本质上是一种体制安排,并不会直接作用于环境,但是制度会影响主体对象的行为和偏好从而产生实质的影响效果。按照理论分析部分提出的假设,财政分权主要从两方面传导路径来影响环境质量:一是财政收入分权改变了基层政府的发展模式,主要表现在区域产业分布方面,从而对环境污染物的排放产生影响;二是财政支出分权会影响地方政府对公共服务供给的偏好,进而改变环境领域的投资,对环境治理产生负面效应。为了实证研究财政分权对环境质量影响的传导机制,借鉴考特(Cutler)和列拉斯·穆尼(Lleras-Muney,2010)[18]检验渠道变量的思路,本文拟采用逐步添加渠道变量的方法来验证传导机制的影响作用。具体来说,在基础模型上逐步加入刻画传导机制的渠道变量,如果该变量加入后使得财政分权变量的系数仍然显著但变小,且该变量也显著,则意味着该传导机制成立。引入渠道变量后,模型设定如下:

$$EP_{i,t} = \beta_0 + \beta_1 FD_{i,t} + \beta_2 EP_{i,t-1} + \delta X_{i,t} + \beta_3 I_{i,t} + \mu_i + T_t + \varepsilon_{i,t}$$

$$EP_{i,t} = \gamma_0 + \gamma_1 FD_{i,t} + \gamma_2 EP_{i,t-1} + \delta X_{i,t} + \gamma_3 P_{i,t} + \mu_i + T_t + \varepsilon_{i,t}$$

根据理论分析的内在传导机制,引入 $I_{i,t}$ 产业结构渠道变量,如果引入该变量后产业结构变量的估计系数显著,而财政收入分权估计系数仍然显著但显著性降低,则说明财政分权制度通过扭曲产业结构来影响环境污染。$P_{i,t}$ 代表环境治理投入渠道变量,如果引入后环境治理投入变量的估计系数显著,而财政支出分权估计系数仍然显著但显著性降低,则说明财政支出分权影响基层政府的环境治理投入,最终改变区域环境质量。

a_1 可以看作财政分权度对环境污染程度的简约式效应,其中包括财政分权度对环境污染程度的直接影响,也包括财政分权通过产业结构及环境治理投入渠道变量对环境污染的间接影响。为了比较不同传导机制在解释财政分权对环境污染程度影响作用中的相对重要性,参照程令国等(2014)[19]阐述的渠道分析和效应分解,引入渠道变量的贡献率指标。贡献率是解释变量间相互作用比重的一个指标,即计算增加相应渠道变量后财政分权度估计系数的下降幅度,也就是该渠道变量在解释财政分权度对环境污染排放量的正向作用中所占的比重。在传导机制模型中,产业结构及环境治理投入渠道变量的贡献率分别为 $1 - \hat{\beta}_1/\hat{\alpha}_1$ 和 $1 - \hat{\gamma}_1/\hat{\alpha}_1$。

(三)数据来源

鉴于数据的可得性,本文使用2007—2014 年①我国 60 个主要城市②的面板数据。

---

① 我国政府收支分类科目在 2007 年之前并没有被纳入关于环境保护的"类级"专项支出,自 2007 年基金预算支出科目调整之后,财政部将"环境保护"设立为一项独立的支出类别,所以本文选取 2007 年作为研究的起始年份。

② 依据各城市统计年鉴中指标的数据完整性,选取北京、天津、邯郸、太原、长治、晋城、朔州、包头、呼和浩特、大连、沈阳、吉林、长春、四平、哈尔滨、上海、南京、苏州、无锡、常州、徐州、南通、镇江、盐城、杭州、宁波、绍兴、温州、嘉兴、台州、合肥、福州、厦门、南昌、新余、济南、青岛、菏泽、郑州、洛阳、三门峡、武汉、宜昌、咸宁、长沙、广州、深圳、惠州、南宁、海口、重庆、成都、贵阳、遵义、昆明、西安、咸阳、西宁、银川、乌鲁木齐共 60 个城市作为研究对象。

选用人均工业废水排放量和人均二氧化硫排放量两个指标衡量因变量环境污染程度,使用人均排放量是为了消除城市人口规模的影响,数据来自《中国城市统计年鉴》。从污染外溢性角度考虑,工业废水流动区域受限外溢性较小,二氧化硫影响范围广外溢性更大,可对比财政分权与不同外溢性环境污染间联系的差异。对于财政收入分权和支出分权,本文参考郭庆旺和贾俊雪(2010)[20]的做法,测量计算公式如下:

　　　各个地市级地方政府的财政收支分权程度 = 人均地市本级财政收入或支出或/(人均中央财政收入或支出 + 人均省份本级财政收入或支出 + 人均地市本级财政收入或支出)

　　公式中中央和省份的财政收支数据来自《中国统计年鉴》。经济发展水平用人均国内生产总值(GDP)及其平方项指标测算,用 2007 年为基期的地区生产总值指数对当年的地区生产总值进行价格平整以剔除变动影响。政府竞争程度用各城市实际利用外商直接投资(FDI)来表示,外商直接投资是基层政府间比较重要的指标,是拉动区域经济增长的重要引擎。使用统计年鉴中的汇率将实际利用外资调整用人民币计量,以消除汇率变动因素的影响。产业结构用第二产业产值的比重来表示,数据来自《中国城市统计年鉴》。环境治理投入通过地方政府节能环保支出来衡量,数据来自各城市统计年鉴。为了避免模型结果产生多重共线性或者异方差问题,将数据取对数处理,变量的描述性统计见表 1。

表 1　变量描述性统计

变量	N	T	样本个数	均值	标准差	最小值	最大值
工业废水排放量	60	8	480	2.8618	0.8797	0.5781	5.1333
工业二氧化硫排放量	60	8	480	5.0048	0.9445	-0.5561	6.8532
财政收入分权	60	8	480	-1.3016	0.5063	-2.6686	-0.1993
财政支出分权	60	8	480	-1.1802	0.3244	-1.9601	-0.1885
人均 GDP	60	8	480	10.3787	0.5182	8.8859	11.4924
外商直接投资	60	8	480	12.9356	0.9631	8.4925	14.8448
第二产业比重	60	8	480	-1.8991	0.1949	-2.2313	-1.1224
节能环保支出	60	8	480	11.0458	0.7953	9.4068	13.3771

四、财政分权对环境污染的影响

　　由于自变量之间可能存在内生性问题,本文选择稳健的二步系统广义矩估计(System GMM)方法来估计动态面板模型。为了确保系统 GMM 计量方法估计结果的准确性,需要检验误差项不存在序列相关。

(一)基准模型的结果分析

从表2的回归结果可以看出,滞后一期的人均工业污染物排放量的估计系数在1%水平下显著正相关,说明工业污染物的排放具有逐步积累的性质。财政收入分权和支出分权与环境污染之间呈显著正相关,表明财政分权是影响环境质量的体制性原因,分权度越高给地方政府的税收激励就越大,同时也会改变区域环境治理行为,最终对环境质量产生负面效应。同时我们注意到,外溢性更强的工业二氧化硫污染物的财政收入分权系数和财政支出分权系数都大于工业废水污染物,这说明财政分权加剧了外溢性强污染物的排放量,即环境公共品供给与地方分权治理存在"搭便车"的现象。

表2　基准模型估计结果

被解释变量 解释变量	工业废水排放量		工业二氧化硫排放量	
	(1)	(2)	(3)	(4)
财政收入分权	1.179 ***	—	1.274 **	—
	(3.58)		(2.24)	
财政支出分权	—	1.701 ***	—	2.083 ***
		(3.51)		(3.88)
排放量滞后项	0.846 ***	0.858 ***	0.544 ***	0.546 ***
	(10.11)	(8.89)	(9.16)	(9.38)
人均GDP	38.249 ***	32.997 ***	20.581 ***	23.951 **
	(4.18)	(3.15)	(2.14)	(2.45)
人均GDP平方	−19.577 ***	−16.932 ***	−11.215 **	−12.542 **
	(−4.19)	(−3.20)	(−2.25)	(−2.53)
外商直接投资	0.275 ***	0.291 ***	0.188	0.173
	(2.81)	(2.79)	(1.38)	(1.45)
常数项	12.447 ***	12.639 ***	26.685 ***	17.226 ***
	(3.34)	(3.02)	(3.82)	(4.93)
AR(1)	0.009	0.037	0.099	0.025
AR(2)	0.170	0.159	0.421	0.513
Sargan检验	0.750	0.704	0.800	0.855

注:括号中的数字为Z值;***、**、*分别表示在1%、5%、10%水平上显著。表3同。

接下来观察其他控制变量的估计结果。就区域经济发展水平与环境污染之间的关系而言,人均 GDP 的一次项系数显著正相关,二次项系数显著负相关,这说明人均 GDP 与环境污染两者间的关系符合"环境库兹列兹假说"(EKC)所描述的倒"U"型曲线。政府竞争程度对于两类污染物的影响存在差异,外商直接投资与工业废水污染在1%水平上显著为正,说明地方政府间竞争加剧了工业废水的排放,基本可以验证"污染天堂假说"在我国是成立的,而对工业二氧化硫的影响则不确定。

(二)稳健性检验

下面采用静态面板回归方法和分地区差异分析方法对模型进行稳健性检验。首先,不考虑上期排放量的影响,在模型中剔除工业废水和工业二氧化硫排放量滞后项,使用随机效应估计方法对静态传导模型进行回归。其次,由于自然资源以及政策扶持差异,东中西部地区财政分权与环境污染间的关系可能存在较大差距,因此需要对模型进行分地区差异分析。按照以往的分类方法,将 60 个地市分为东部、中部、西部 3 个地区,并用 dumE、dumM 和 dumW 代表 3 个虚拟变量,然后将财政分权与 3 个虚拟变量交互项分别代入回归方程,采用系统 GMM 方法。

比较两种方法的检验结果,我们发现财政收入分权度和支出分权度与两类污染物排放量仍然保持显著正相关。相应地,经济发展水平、政府竞争程度、滞后项等其他变量与环境污染的估计结果保持稳定,从而证明了前文构建的基础模型和传导机制模型是稳健的。值得注意的是,虽然静态面板回归方法下基本结果保持一致,但主要变量的显著性并没有动态面板模型估计的明显,这反映了将污染物上期排放量加入动态模型控制变量的必要性。在分地区差异分析方法中,fdxdumE、fdxdumM 和 fdxdumW 的系数均显著为正,而 fdxdumW 的系数最大,说明与东部和中部地区相比较,西部地区的财政分权对环境质量的影响更大。西部地区的环境与经济发展存在的矛盾比较突出,地方政府的工作重心是如何吸引投资发展地方经济,因此有可能会降低环境保护的门槛。同时,西部地区由于经济实力相对有限,没有足够的财力用于控制污染排放以及治理环境污染,对于地方政府的激励扭曲和约束不足进一步加剧甚至恶化了西部的环境形势。

五、财政分权对环境污染影响的传导机制分析

逐步添加第二产业比重和环保支出变量得出估计结果,进一步验证传导模型中渠道变量的影响作用,并且依模型计量结果分别计算渠道变量的贡献率以更好地量化影响程度。

（一）传导机制模型的结果分析

从表3可以看出，第二产业比重与两类污染物排放量的关系显著为正，并且在加入第二产业比重渠道变量后，财政收入分权度与环境污染间依旧保持显著为正但显著性低于加入之前。估计结果与假设1预期相符，表明第二产业占比增加会对环境质量产生负面影响，且控制比重后收入分权显著性下降，从而证明了财政收入分权通过产业结构作用于环境质量的内在传导机制。其他控制变量的系数与基础模型估计结果相同。

节能环保支出与环境污染的估计系数显著为负，且在加入环保支出渠道变量后，财政支出分权度与环境污染间依旧保持显著为正但显著性低于加入之前。估计结果与假设2预期相符，表明节能环保支出的增加会对环境质量产生积极效应，并且控制环保支出后财政支出分权显著性下降，从而证明了财政支出分权通过环保支出作用于环境质量的内在传导机制。其他控制变量的系数与基础模型估计结果相同。

（二）渠道贡献率分析

既然财政分权度对环境污染程度具有正向关系，且财政收入和支出分权度分别通过第二产业比重和节能环保支出两条传导机制影响环境污染程度，那么，不同渠道变量在解释财政分权对环境污染程度影响作用中的相对重要性如何？如研究方法所述，渠道贡献率即为该渠道变量在解释财政分权度对环境污染排放量的正向作用中所占的比重（负值即为负向作用中所占的比重）。结合基准模型与渠道模型的实证结果，通过公式计算得出不同渠道变量的贡献率，从而比较两条传导机制影响财政分权对环境污染程度作用的大小。

表3　传导机制模型估计结果

被解释变量 解释变量	工业废水排放量		工业二氧化硫排放量	
	（5）	（6）	（7）	（8）
财政收入分权	0.881 ***	—	0.981 **	—
	(2.70)		(2.23)	
财政支出分权	—	1.853 **	—	2.275 ***
		(2.19)		(3.77)
排放量滞后项	0.903 ***	0.952 ***	0.984 ***	0.003 **
	(9.29)	(11.84)	(16.95)	(2.40)

被解释变量\解释变量	工业废水排放量		工业二氧化硫排放量	
	(5)	(6)	(7)	(8)
人均 GDP	35.809***	21.252***	30.058***	18.256**
	(4.06)	(2.86)	(3.34)	(2.01)
人均 GDP 平方	−18.372***	−10.887***	−15.139***	−9.882**
	(−4.05)	(−2.89)	(−3.35)	(−2.17)
外商直接投资	0.208**	0.152**	0.482*	0.151
	(2.45)	(2.09)	(1.73)	(1.59)
第二产业比重	0.452**	—	0.393***	—
	(2.27)		(2.72)	
节能环保支出	—	−0.018**	—	−0.086***
		(−2.13)		(−2.86)
常数项	10.038**	6.749**	10.482**	24.161***
	(2.46)	(2.30)	(2.40)	(5.54)
贡献率	0.253	−0.089	0.230	−0.092
AR(1)	0.022	0.029	0.000	0.039
AR(2)	0.096	0.117	0.713	0.595
Sargan 检验	0.209	0.369	0.229	0.648

如表 3 所示,加入第二产业比重渠道变量后,解释财政收入分权度对工业废水排放量正向作用的贡献率为 25.3%,解释财政收入分权度对工业二氧化硫排放量正向作用的贡献率为 23.0%,这说明第二产业比重渠道变量加强了财政收入分权对环境污染的正向作用。实证结果从贡献率的角度再次验证了假设 1,财政收入分权体现的是中央政府与地方政府间财权的分配,财政收入分权度越高,地方政府可支配收入就越多,政府间相互竞争拉动地区经济增长。地方政府不仅会鼓励地区内的重工业企业发展,而且希望吸引更多的外商投资,从而放松对污染企业的监管,导致环境污染加剧。

在节能环保支出的传导机制中,解释财政支出分权度对工业废水排放量的负向作用的贡献率为 8.9%,解释财政支出分权度对工业二氧化硫排放量的负向作用的贡献率为 9.2%,这说明节能环保支出渠道变量减弱了财政支出分权对环境污染变动的正向解释。实证结果从贡献率的角度再次验证了假设 2,财政支出分权体现了中央政府与地方政府间公共服务的供给配置,财政支出分权度越高,地方政府资源分配的自主权就越大。由于环境公共品的外部性比一般公共品更强,环境治理若过多地向地方分权且缺乏支出硬约束,地方政府则不会偏好抑制环境污染和对环保领域投资,因而影响环境质量。

比较两条传导机制中渠道变量贡献率的大小,还可以发现财政收入分权度通过第二产业比重渠道对环境污染程度影响作用更大。可能的原因在于:在财政分权体制下,地方政府间经济竞争和官员晋升考核激励影响更为明显。而且"政企合谋"更具有隐蔽性、更易操作而不被发现,也更突显了这种"官商一体化"制度的不合理性(陈宝东和邓晓兰,2015)[21]。另一方面,由于近年来中央调控力度不断加强,对环境治理越来越关注,上级政府的环保意愿通过转移支付等手段转移给下级政府,所以节能环保支出的传导机制不如第二产业比重的相对作用大。

六、结论与启示

基于 2007—2014 年中国地市级样本数据建立动态面板模型,分别从收入与支出两个分权指标角度,通过测算渠道贡献率探寻中国特色财政分权体制与不同外溢性环境污染的内在传导机制。实证结果表明:中国式分权制度对地方政府治理环境污染产生激励扭曲和约束不足问题,不论是财政收入分权还是支出分权都与污染物排放量呈显著的正相关关系,特别是外溢性强的污染物。进而深入研究内在传导机制,发现前者是通过改变产业结构来影响环境质量,由于经济激励对重工业监管放松,第二产业比重的增加恶化了地区环境;后者是通过减少环保支出对环境治理产生负面效应,地方政府的环境节能环保支出缺乏硬约束,进一步加剧环境污染,而且前者作用更大。

为了有效防治环境污染,在分税制财政体制下完善激励约束机制,合理引导政府行为是非常必要且刻不容缓的,建议如下。

一是调整产业结构分布,注重第二产业的优化升级。地方政府应逐步向"后工业化"阶段过渡,把高技术产业和服务业变成国民经济发展的主导部门,逐步完成资源依赖型产业向技术密集型产业的转型。

二是完善环境税体系,建立节能环保专项基金。应在"十四五"期间开征环境税,保证治理环境专项基金的来源,规范污染地区的治污支出专款专用,形成财政收支预算长效约束机制。

三是将环境指标纳入官员晋升激励机制,遏制地方政府间的恶性税收竞争。考核地区环境指标,避免牺牲环境、单一追求地方经济增长。将增值税和企业所得税列为中央税,并形成一般转移支付收入以满足地方支出需求。

四要合理制定地区污染差异化的环境保护政策。由于存在环境公共品供给与地方政府治理"搭便车"的矛盾,对于外溢性强的这部分污染应更多地由中央政府集权垂直治理以补偿正外部性。西部地区的环境与经济发展之间存在的矛盾比较突出,中央政府应提高专项转移支付比重,增强对西部地区环境保护的干预和介入力度。

参考文献

[1]蔡昉,都阳,王美艳.经济发展方式转变与节能减排内在动力[J].经济研究,2008(6):4-11.

[2]OATES W E, PORTNEY P R. The political economy of environmental policy[J]. Handbook of environmental economics, 2003, 1: 325-354.

[3]KUNCE M, SHOGREN J F. Efficient decentralized fiscal and environmental policy: a dual purpose Henry George Tax[J]. Ecological economics, 2008, 65(3): 569-573.

[4]SIGMAN H. Decentralization and environmental quality: an international analysis of water pollution[R]. Cambridge, MA: National Bureau of Economic Research, 2007.

[5]JACOBSEN G D, KOTCHEN M J, VANDENBERGH M P. The behavioral response to voluntary provision of an environmental public good: evidence from residential electricity demand[J]. European economic review, 2012, 56(5): 946-960.

[6]李猛.财政分权与环境污染——对环境库兹涅茨假说的修正[J].经济评论,2009(5):54-59.

[7]张克中,王娟,崔小勇.财政分权与环境污染:碳排放的视角[J].中国工业经济,2011(10):65-75.

[8]薛钢,潘孝珍.财政分权对中国环境污染影响程度的实证分析[J].中国人口·资源与环境,2012(1):77-83.

[9]HE Q. Fiscal decentralization and environmental pollution: evidence from Chinese panel data[J]. China economic review, 2015, 36: 86-100.

[10]谭志雄,张阳阳.财政分权与环境污染关系实证研究[J].中国人口·资源与环境,2015(4):110-117.

[11]ZODROW G R, MIESZKOWSKI P. Pigou, Tiebout, property taxation, and the underprovision of local public goods[J]. Journal of urban economics, 1986, 19(3): 356-370.

[12]于之倩,李郁芳.财政分权下地方政府行为与非经济性公共品——基于新制度经济学的社角[J].暨南学报(哲学社会科学版),2015(2):102-109.

[13]吴俊培,丁玮蓉,龚旻.财政分权对中国环境质量影响的实证分析[J].财政研究,2015(11):56-63.

[14]陈抗, HILLMAN A L, 顾清扬. 财政集权与地方政府行为变化——从援助之手到攫取之手[J]. 经济学(季刊), 2002(1): 111 – 130.

[15]祁毓, 卢洪友, 徐彦坤. 中国环境分权体制改革研究: 制度变迁、数量测算与效应评估[J]. 中国工业经济, 2014(1): 31 – 43.

[16]刘建民, 陈霞, 吴金光. 财政分权、地方政府竞争与环境污染——基于272个城市数据的异质性与动态效应分析[J]. 财政研究, 2015(9): 36 – 43.

[17]闫文娟, 钟茂初. 中国式财政分权会增加环境污染吗[J]. 财经论丛, 2012(3): 32 – 37.

[18]CUTLER D M, LLERAS – MUNEY A. Understanding differences in health behaviors by education[J]. Journal of health economics, 2010, 29(1): 1 – 28.

[19]程令国, 张晔, 沈可. 教育如何影响了人们的健康? ——来自中国老年人的证据[J]. 经济学(季刊), 2015(1): 305 – 332.

[20]郭庆旺, 贾俊雪. 财政分权、政府组织结构与地方政府支出规模[J]. 经济研究, 2010(11): 59 – 72.

[21]陈宝东, 邓晓兰. 财政分权体制下的城市环境污染问题研究——来自中国73个城市的经验数据[J]. 大连理工大学学报(社会科学版), 2015(3): 34 – 39.

财政分权、外商直接投资与大气环境污染

冯梦青　于海峰 *

基于 2007—2016 年的省级面板数据,对财政分权和外商直接投资与大气环境污染之间的关系进行实证分析。结果表明:以收入分权度衡量的财政分权指标与大气环境污染物排放呈正相关,以支出分权度衡量的财政分权指标与大气环境污染物排放呈负相关,FDI 对我国大气环境质量有显著的正向效应,实证结果具有稳健性。现阶段应完善转移支付制度,建立并完善外商直接投资与生态环境相协调的机制,建立环境治理跨区域财政合作机制,推动产业结构的优化升级。

一、引言及文献综述

随着我国经济的快速发展,环境污染问题日益凸显。《中国环境状况公报》披露的数据显示:2016 年,我国 338 个地级以上城市中仅有 84 个空气质量达标,共发生重度污染 2 464 天次,严重污染 784 天次,以 $PM_{2.5}$ 为首要污染物的天数占重度及以上污染天数的 80.3%。2018 年的政府工作报告明确指出,"要以前所未有的决心和力度加强生态环境保护,重拳整治大气污染"。我国环境治理实行的是以行政区划为主的属地管理模式,地方政府是环境治理的主体,但其环保职能的发挥却又受到我国当前财政体制安排的限制。近年来,外资大量涌入带来了先进的生产技术、治理经验和资本优势,成为推动经济增长的一个重要引擎。在中国式的财政分权体制下,地方政府官员出于自身利益最大化和政治晋升的双重压力,针对外资展开了激烈的竞争,为了吸引外资甚至不计成本以牺牲环境利益为

---

* 原载于《广东财经大学学报》2018 年第 3 期第 44－51 页。作者:冯梦青(1987—),女,河南郑州人,中南财经政法大学财政税务学院博士研究生;于海峰(1965—),男,内蒙古赤峰人,广东财经大学校长,教授,博士生导师。

代价。另一方面,为了提升本辖区的吸引力,地方政府往往又有动力改善地区环境质量。分权引致的外商直接投资(FDI)竞争改变了地方政府的环境保护偏好,从而直接或间接地影响了我国大气环境质量。基于此,分析财政分权和外商直接投资与大气环境污染的关系,有助于合理引导地方政府缓解经济增长与环境污染之间的矛盾,为我国的环境治理提供一个可行的思路。

(一)财政分权对环境质量影响的效应研究

关于财政分权对环境质量的影响,学者们有两种不同的观点。一种认为财政分权有助于环境质量的改善,如薛钢和潘孝珍(2012)[1]认为,以支出分权度衡量的财政分权指标与污染物排放规模呈负相关。另一种观点则正好相反,如张克中等(2011)[2]从碳排放角度分析财政分权与环境污染之间的关系,发现财政分权度的提高降低了地方政府对碳排放管制的努力;张欣怡(2015)[3]认为财政分权从改变地方政府财政支出的结构和模式、制约中央转移支付在环境方面的投入强度、改变区域产业发展结构三方面影响环境污染水平,加剧了污染物的排放;吴俊培等(2015)[4]认为,在预算制度软约束下,财政分权会导致环境恶化,而造成这一影响的重要原因来自晋升机制诱导的地方政府赶超行为,但这种关系并非一成不变,随着经济的发展,由地区经济增长激励导致的环境恶化效应会随着环境恶化边际成本的增长和居民忍耐度的下降而逐渐衰退;刘建民等(2015)[5]检验了财政分权下政府竞争对环境质量的影响,认为财政分权与政府竞争对环境污染起到了明显的"竞次"效应,即随着分权度的提升,环境质量将进一步恶化。

(二)外商直接投资对环境污染的影响研究

关于 FDI 对环境污染的影响,现有文献有两种主流观点。一种是"污染避难所"假说,认为 FDI 恶化了当地的环境质量。在经济发展初期,发达国家的企业为了降低由于实施较高环境标准而导致的高成本,将污染程度高的企业转移到东道国,而东道国为了吸引外资往往会降低环境管制标准,从而使本国的环境进一步恶化。另一种为"技术外溢"假说(Birdsall 和 Wheeler,1993)[6],认为随着 FDI 的引入,绿色技能技术和清洁生产技术的运用为东道国带来新的技术动机和机遇,从而提高其环境质量以及可持续发展能力。"污染避难所"和"技术外溢"假说都获得了一定的实证支持。如葛瑞(Gray,2002)[7]发现不同来源地的 FDI 对环境污染的影响不同,其中来自发达国家资源密集型产业的外资对发展中国家环境的影响最为不利;而唐和潭(Tang & Tan,2015)[8]则认为 FDI 有利于东道国环境污染的改善。还有部分学者认为 FDI 对环境污染的影响是不确定的,一方面,先进技术以及严格环保标准的引入有助于改善东道国的环境质量;另一方面,污染密集型产业的引入则会导致东道国的环境污染进一步加剧(Smarzynska 和 Wei,2003;

Albornoz 等,2009)[9—10]。在以中国为案例的研究中,学者们更倾向于"污染避难所"假说不成立。如韩红艳和韩立岩(2008)[11]认为外商直接投资从经济规模、结构和技术进步等方面对环境产生影响,宽松的环境管制成为吸引 FDI 进入的重要因素。虽然随着 FDI 存量的增加,经济规模扩大的同时工业污染排放也进一步增加,从而出现了一定的"污染避难所"效应,但随着外资的引入,经济结构得以优化,技术水平得到提升,工业污染的排放得以减少。总体来看,FDI 对我国环境的影响效应是正面的,我国并未成为"污染避难所"。林季红和刘莹(2013)[12]认为,在将环境规制视为严格的外生变量时,"污染天堂"假说在我国并不成立,但在将环境规制视为内生变量时则是成立的;许和连和邓玉萍(2012)[13]认为,FDI 在地理上的集群有利于我国环境污染状况的改善;进一步分析发现,分权体制下的 FDI竞争由于绿色环保的生产技术和治理经验的引入降低了污染排放,从而提高了地区环境质量(邓玉萍和许和连,2013)[14];刘玉博和汪恒(2016)[15]则认为 FDI 对环境的改善效果存在门槛值,当 FDI 超过一定比重时,FDI 的增加会导致环境质量的恶化。

(三)测度指标与评判方法的选取

在财政分权测度指标的选取方面,学者们并没有形成共识。如沈坤荣和付文林(2005)[16]用各省财政收入、财政支出占政府财政总收支的比率表示财政分权程度;龚峰和雷欣(2010)[17]在构建财政分权衡量指标体系时考虑了中央转移支付、财政管理等方面的信息,选取财政收入自制率、财政收入占比、财政支出自决率、财政支出占比、税收管理分权度、行政管理分权度等 6 个指标;薛刚和潘孝珍(2012)[1]通过支出分权度和收入分权度两个指标来衡量财政分权,在计算时将各省预算内财政收支与全国预算内财政收支均换算为人均水平,以此剔除人口规模对指标的影响;陈硕和高琳(2012)[18]将财政分权指标分为收入指标、支出指标和财政自主度指标三大类,认为各个指标在不同时段有其适用性,不能混用。就指标的适用性而言,李根生和韩民春(2015)[19]认为,收入和支出指标适用于描述跨期变化,财政自主度指标则更适用于刻画地区差异。

在环境质量指标的选取方面,由于研究的侧重点不同,指标的选取自然也不同。如管卫华等(2011)[20]选取污染排放量、处理量以及单位土地面积污染物排放量三大类共 18 项指标,构建了区域环境治理综合评价指标体系;袁晓玲等(2013)[21]从空气、水、废弃物、垃圾、噪声、土壤 6 个方面构建包含 11 个指标的环境质量综合评价体系;李军民和李鑫瑞(2016)[22]选取生态环境、环境污染和污染物处理三个层面共 13 个指标来衡量各地区环境质量水平。总体来看,有关环境质量的评价指标可以分为环境污染、环境治理和生态环境自净能力三大类。其中,环境污染指标主要有二氧化硫、烟(粉)尘、废水、固体废弃物等污染物的排放;环境治理指标主要包含固体废弃物的处理利用、生活垃圾清运和污水处理等;环境自净能力指自然环境本身通过一系列物理、化学和生物转化将污染物无害化的一种特殊功能,在指标上主要有年平均降水量、年平均湿度、绿地面积、森林覆盖率、人均水资源等。

在环境质量评价方法的选择上,比较常用的有灰色聚类法、指数评价法、主成分分析法、模糊综合评判法、熵权法等。由于环境质量评价涉及的范围、角度以及评价目的不尽相同,评价方法也不相同。

综上所述可知,现有文献多基于实证数据分别检验财政分权、FDI 对环境污染的影响,从财政分权角度分析 FDI 与大气环境污染关系的研究相对较少。本文的主要贡献体现在以下两个方面:一是从理论机制和实证检验两个层面探讨外商直接投资对财政分权与大气污染关系的调节效应;二是现有研究在分析环境质量时很少考虑地理区位因素,然而进入冬季之后,南北方的供暖差异以及沿海与内陆地区地理环境差异直接影响大气污染物的产生与扩散,因此引入南/北、沿海/非沿海两组虚拟变量,力求更加科学、有效地评估财政分权和外商直接投资对环境质量的影响。

二、假设的提出

作为一种制度安排,财政分权通过对主体行为选择和偏好的影响间接地作用于地区环境质量,要分析这一影响必须明确分权度指标。借鉴薛刚和潘孝珍(2012)[1] 构建的财政分权测度指标,本文采用收入分权度和支出分权度作为财政分权的衡量指标,同时根据 2007—2016 年《中国统计年鉴》的相关数据进一步细化各省的财政分权度指标,详见图 1。

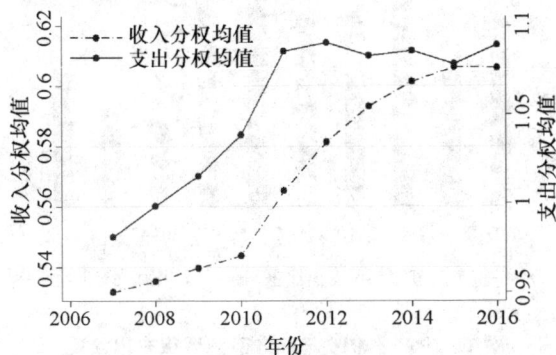

图1　2007—2016 年各省份财政分权度均值

从图 1 可以看出,收入分权度指标与支出分权度指标并不完全相同,且支出分权度一般高于收入分权度。由此,本文将分别讨论它们对环境质量的影响。收入分权反映了不同层级政府间在财政收入权利上的分配关系,收入分权度越高,地方政府获得的可支配收入越多。分税制体制下,地方政府为了获得更多的财政收入,极有可能鼓励本辖区内包括污染企业在内的工业企业的发展,因此收入分权度与环境污染水平成正比关系(安彦林和李齐云,2017)[23]。但从另一个方面来看,随着经济的快速发展,各地招商引资的竞争愈演愈烈,为吸引更多的外资,地方政府往往有动力改善地区环境,提升本辖区的吸引力,进而有利于环境污染状况的改善。由此提出:

假设 1:财政收入分权度越高,环境污染程度越大,外商直接投资的引入对于大气环境质量的改善有着正向效应。

支出分权体现了不同层级政府间在财政支出权利上的分配关系。支出分权度越高,则地方政府对区域资源分配的自主性越大(吴俊培和万甘忆,2016)[24]。一般而言,地方政府的支出规模大于其收入规模,中央通过转移支付的方式弥补地方政府的财政缺口。支出分权度越高,则地方政府越容易受到中央政府的影响,尤其是中央政府在环境治理上日趋理性,地方政府为了获得更多的中央财政支持,势必会与中央政府保持一致,更加合理地分配地区资源,向环保支出方面倾斜。与此同时,随着生活水平的提高,人们对环境质量的要求也相应提高。由此,地方政府在招商引资时一方面会兼顾中央政府的政策导向;另一方面会考虑居民诉求,引进技术密集型的外商投资,从而有利于地方环境污染状况的改善。图 2 反映了 2007—2016 年地方节能环保的支出情况。从地方节能环保支出占全国

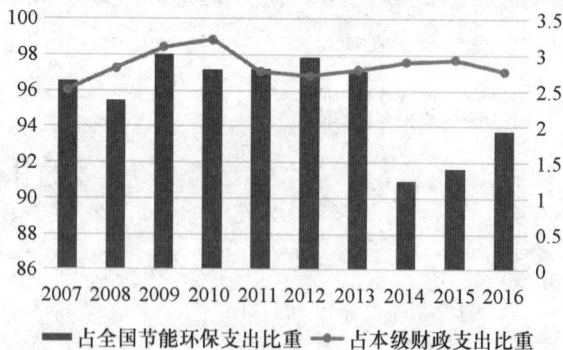

图 2　2007—2016 年地方节能环保支出情况

注:数据来源于《中国统计年鉴》(2008—2017)。

节能环保支出的比重来看,均在90%以上,这说明地方政府在环境保护领域发挥了主体作用;从地方节能环保支出占本级财政支出的比重来看,虽有波动,但与2007年相比整体呈上升趋势。结合以上分析提出:

假设2:财政支出分权度越高,环境污染程度越小,外商直接投资的引入会进一步加大支出分权对大气环境质量的正向效应。

三、研究设计

（一）模型设定

本文选取我国2007—2016年的省级面板数据,通过建立回归模型考察财政分权和外商直接投资对大气污染的影响,模型如下:

$$Pollution_{it} = \alpha_1 + \alpha_2 FD_{it} + \alpha_3 FD_{it} * FDI_{it} + \alpha_4 Control_{it} + v_i + \theta_t + \varepsilon_{it}$$

其中:i 表示地区,t 表示年度;$Pollution$ 为被解释变量,表示地方大气污染水平;FD 表示财政分权程度,$FD * FDI$ 为财政分权和外商直接投资的交互项;$Control$ 为控制变量的集合,α_1 为截距项,v_i 显示个体效应,θ_t 显示时间效应,ε_{it} 为误差项。

（二）指标设定与样本选择

1. 大气环境质量指标

为保证评价指标的完整性与可操作性,选取二氧化硫(SO_2)与烟(粉)尘排放量作为大气环境污染的衡量指标。

2. 财政分权

财政分权反映了地方财政自主性,本文采用收入分权度和支出分权度两个指标来衡量财政分权。计算公式为:

收入财政分权度 = 各省人均预算内财政收入[1]/全国人均预算内财政收入

支出财政分权度 = 各省人均预算内财政支出/全国人均预算内财政支出

3. 外商直接投资

外商直接投资的引入会刺激地方政府改善辖区内环境质量,本文选择外商直接投资额除以地区生产总值的比重来衡量。

4. 控制变量

经济发展水平:采用人均GDP表示,用以控制其对环境质量的影响。

工业化水平:第二产业是污染物排放的主要产业,选择地区第二产业生产总值占地区生产总值的比重来衡量。

城镇化率:城镇化水平直接影响环境的容量,以城镇人口占地区总人口的比

---

① 相对财政收入总量而言,人均财政收入剔除了人口规模对各省分权度指标的影响。

重来衡量。

人口密度：人口密度与污染物排放的规模密切相关，以各省每平方千米的人数来衡量。

5. 数据统计描述

基于数据的可操作性与完整性，本文使用 2007—2016 年 31 个省市的面板数据进行分析，文中数据均来自《中国统计年鉴》。表 1 显示了各相关变量的描述性统计结果，从中不难看出，除支出分权、第二产业生产总值比重和城镇化率之外，其他变量的标准差相对于均值来讲都较大，说明地区之间的差异明显。

表 1　变量描述性统计

变量	观测值	平均值	标准差	最小值	中位数	最大值
SO₂（万吨）	310	66.14	42.74	0.17	57.775	182.74
收入分权（比率）	310	0.57	0.46	0.179 414 7	0.405 318 3	2.587 593
支出分权（比率）	310	1.05	0.57	0.513 401 3	0.855 698	3.533 102
人均地区生产总值（元）	310	39 863.29	22 257.25	7 940.832	34 936.33	118 127.6
第二产业生产总值比重（%）	310	0.46	0.08	0.192 622	0.484 385 6	0.590 454 3
城镇化率（%）	310	0.53	0.14	0.214 532 9	0.507 937 3	0.896 066 2
人口密度（人/平方千米）	310	434.07	657.06	2.349 593	266.588 3	3 826.499
FDI（比率）	310	0.358 883	0.522 470	0.013 474	0.184 874	5.542 594
南/北	310	0.677 419	0.466 625	0	1	1
沿海/非沿海	310	0.645 161	0.478 464	0	1	1

四、实证结果与稳健性检验

（一）实证结果分析

为了消除模型可能存在的异方差和一阶序列相关问题，本文选择广义最小二乘法（FGLS）来估计面板模型，结果见表 2。用模型（1）（2）检验财政收入分权对

表 2 异方差调整 FGLS 估计结果

被解释变量 解释变量	(1)	(2)	(3)	(4)
	SO_2	SO_2	SO_2	SO_2
Revdec(收入分权)	22.30***(2.75)	27.39***(2.77)		-35.77***(-12.57)
Expdec(支出分权)	-137.3*(-2.96)	-256.4*(-5.13)	-24.66***(-11.85)	-90.76***(-4.51)
inter1(收入分权与 FDI 交互)			-43.40**(-2.41)	85.93***(5.13)
inter2(支出分权与 FDI 交互)	201.4***(10.66)	170.7***(9.27)	191.7***(11.89)	-108.7***(-5.30)
Second(二产比重)	-74.23***(-2.82)	-84.11***(-3.21)	-86.58***(-4.20)	0.031 2***(7.75)
Urban(城镇化)	0.013 8**(2.40)	0.027 6***(4.48)	0.018 3***(5.05)	0.000 306**(2.03)
Density(人口密度)	-0.000 097 7(-0.75)	-0.000 167(-0.98)	0.000 217(1.69)	
Gdpch(人均 GDP)				
控制南北	No	Yes	No	Yes
控制沿海	No	Yes	No	Yes
时间趋势	No	Yes	No	Yes
控制年份	No	Yes	No	Yes
常数项	-0.829(-0.07)	36.77***(2.72)	29.06***(2.65)	107.2***(8.40)
观测数	310	309	310	309
χ^2	$\chi^2(6)$***	$\chi^2(17)$***	$\chi^2(6)$***	$\chi^2(17)$***

注:括号中的数字为 Z 值,*、**、***分别表示在10%、5%、1%水平下显著。

大气污染的影响,其中模型(2)①进一步控制了南北、沿海与非沿海、时间趋势以及年份的影响。结果显示,财政收入分权对大气污染在1%的置信水平上存在显著的正向影响,说明随着财政收入分权的增大,地方政府将改变环境治理行为,最终不利于地区环境质量的改善;但是随着外商直接投资的引入,环境污染状况又会出现明显的改善,说明FDI抑制了收入分权对环境的恶化效应。用模型(3)(4)检验财政支出分权对大气污染的影响,其中模型(4)进一步控制了南北、沿海与非沿海、时间趋势以及年份的影响。结果显示,财政支出分权对大气污染在1%的置信水平上存在显著的负向影响,说明随着支出分权度的增大,地方财政自主性增加,地方政府在环境治理方面投入了较多的人财物,从而有利于环境质量的改善;与此同时,外商直接投资的引入进一步加大了支出分权对环境质量影响的正向效应。其他控制变量的结果表明,工业化水平和人口密度与环境污染之间均为正向关系,说明工业的发展、人口规模的扩大为生态环境带来了压力,加剧了环境污染;城镇化率与大气环境污染之间为负向关系,说明随着城市化水平的提高,居民的生活观念和生活方式发生改变,环保意识不断增强,对环境质量的要求不断提高,从而使得环境污染状况得以改善。

图3显示了财政分权与FDI交互作用对大气污染的影响,左侧区域代表财政收入分权与FDI交互项的影响,右侧区域代表财政支出分权与FDI交互项的影响。从中不难看出,在不考虑FDI的影响时,收入分权对大气污染有明显的正向效应,但是随着FDI的引入,环境状况有了明显的改善,收入分权对大气环境污染的影响由正变为负;当不考虑FDI的影响时,支出分权对大气污染存在明显的负向效应,且随着FDI的引入,这一效应进一步扩大。因此,外商直接投资对财政分权与大气污染的关系具有明显的调节效应,且有利于地区环境质量的改善。

(二)稳健性检验

选取烟(粉)尘排放量作为被解释变量再次进行回归,结果见表3。发现FDI与财政分权交互项的回归结果与上述结论基本一致,说明结果稳健②。

---

① 我国以秦岭淮河为界的供暖差异以及沿海与内陆地区地理环境上的差异直接影响大气污染物的产生与扩散,进而使得南方/北方、沿海/非沿海不同地区之间大气污染浓度不同,本文引入两组虚拟变量并加以控制,以便更加清晰、准确地反映财政分权和外商直接投资对大气环境质量的影响。

② 被解释变量改变后的回归结果虽与前文略有不同,但是本文的核心论点是讨论外商直接投资对财政分权与大气污染关系的调节效应,作为核心变量的FDI与财政分权的交互项其实证结果与前文一致,因此可认为模型结果具有稳健性。

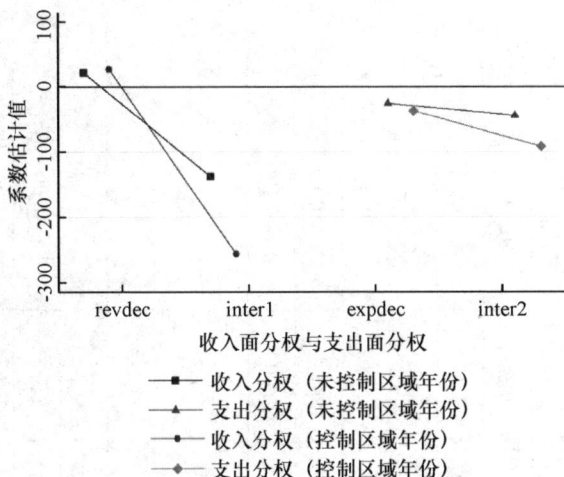

图3 财政分权及其与FDI交互效应对大气污染的影响

五、结论与建议

本文基于2007—2016年我国31个省市的样本数据建立面板模型,分别从收入分权和支出分权两个角度分析财政分权体制与外商直接投资对大气污染的影响。实证结果表明:财政收入分权与大气环境污染物的排放呈显著的正相关关系,但是随着FDI的引入,这一影响由正变为负;财政支出分权与大气环境污染物的排放呈显著负相关关系,FDI的引入进一步扩大了这一影响。由此,外商直接投资在很大程度上有利于我国地区环境质量的改善。

针对以上分析,为改善我国大气环境质量,提出以下政策建议:

第一,进一步完善转移支付制度。中央政府应充分发挥其对经济发展的全局性调控职能,通过具有导向性的转移支付引导地方财政向环保方向倾斜,同时建立科学合理的监督管理体制,提高财政资金的使用效率。

第二,建立并完善外商直接投资与生态环境相协调的机制。首先,制定权威性、约束力强的环境标准和法规,运用法律手段约束跨国公司的行为;其次,完善外商直接投资跨境管理体系,加大对外资企业的环保监控力度,促使其承担环境保护责任,加强与外资企业在环境保护方面的协调与合作;最后,地方政府在引进外资时应更加注重引资质量,有计划、有针对性地引入国外的高端设计和高效益的外资,加强外商直接投资的地区导向和产业导向,积极引进先进的技术和环保标准。

23

表 3　稳健性检验

解释变量＼被解释变量	(1) 烟(粉)尘排放量	(2) 烟(粉)尘排放量	(3) 烟(粉)尘排放量	(4) 烟(粉)尘排放量
Revdec(收入分权)	$-11.51^{*}(-1.66)$	$-34.45^{***}(-4.30)$		
inter1(收入分权与FDI交互)	$-100.8^{***}(-2.98)$	$-107.5^{***}(-3.05)$		
Expdec(支出分权)			$-15.15^{***}(-9.35)$	$-20.16^{***}(-10.94)$
inter2(支出分权与FDI交互)			$-39.03^{**}(-2.42)$	$-51.05^{***}(-3.17)$
Second(二产比重)	$107.1^{***}(6.93)$	$79.28^{***}(5.32)$	$85.03^{***}(6.45)$	$58.55^{***}(4.70)$
Urban(城镇化)	$29.82(1.54)$	$48.16^{***}(2.68)$	$-23.18^{*}(-1.65)$	$-10.44(-0.78)$
Density(人口密度)	$0.010\,7^{**}(2.41)$	$0.019\,2^{***}(4.23)$	$0.003\,96^{*}(1.67)$	$0.010\,9^{***}(4.30)$
Gdpch(人均GDP)	$-0.000\,031\,0(-0.30)$	$-0.000\,125(-0.93)$	$0.000\,180^{**}(2.09)$	$0.000\,109(-0.95)$
控制南北	No	Yes	No	Yes
控制沿海	No	Yes	No	Yes
时间趋势	No	Yes	No	Yes
控制年份	No	Yes	No	Yes
常数项	$-17.94^{**}(-2.32)$	$0.362(0.04)$	$21.45^{**}(2.44)$	$42.97^{***}(4.66)$
观测数	310	309	310	309
χ^{2}	158.3	329.7	419.2	556.3

第三,建立环境治理跨区域财政合作机制。环境污染与破坏是一种具有明显负外部性的行为,而环境治理则具有明显的正外部性,正是这种外部性的存在,导致地方政府间在环境治理上存在"搭便车"现象,使得环境治理供给不足。因此,有必要加强环境治理跨区域财政合作,构建区域间财政合作支出体系、横向转移支付体系,建立区域间环境治理协调联动机制,实现互利共赢。

第四,推动产业结构的优化升级。一方面,加强对第一产业和第三产业的引导,大力支持高技术产业与服务业的发展,促进第三产业产值的增长;另一方面,注重第二产业的优化升级,建立低能耗、轻污染的生产方式,促进产业转型。

参考文献

[1]薛钢,潘孝珍.财政分权对中国环境污染影响程度的实证分析[J].中国人口·资源与环境,2012(1):77-83.

[2]张克中,王娟,崔小勇.财政分权与环境污染:碳排放的视角[J].中国工业经济,2011(10):65-75.

[3]张欣怡.财政分权下地方政府行为与环境污染问题研究——基于我国省级面板数据的分析[J].经济问题探索,2015(3):32-41.

[4]吴俊培,丁玮蓉,龚旻.财政分权对中国环境质量影响的实证分析[J].财政研究,2015(11):56-63.

[5]刘建民,陈霞,吴金光.财政分权、地方政府竞争与环境污染——基于272个城市数据的异质性与动态效应分析[J].财政研究,2015(9):36-43.

[6]BIRDSALL N, WHEELER D. Trade policy and industrial pollution in Latin America: where are the pollution havens? [J]. The journal of environment development, 1993, 2(1): 137-149.

[7]GRAY K R. Foreign direct investment and environmental impacts: is the debate over? [J]. Review of European community & international environmental law, 2002, 11(3):306-313.

[8]TANG C F, TAN B W. The impact of energy consumption, income and foreign direct investment on carbon dioxide emissions in Vietnam[J]. Energy, 2015, 79:447-454.

[9]SMARAYNSKA B K, WEI S. Pollution havens and foreign direct investment: dirty secret or popular myth? [J]. Journal of economic analysis & policy, 2003, 2(3):1-34.

[10]ALBORNOZ F, COLE M A, ELLIOTT R J R, et al. In search of environmental spillovers[J]. The world economy, 2009, 32(1):136-163.

[11]韩红艳,韩立岩.外商直接投资、环境管制与环境污染[J].国际贸易问题,2008(8):111-118.

[12]林季红,刘莹.内生的环境规制:"污染天堂假说"在中国的再检验[J].中国人口·资源与环境,2013(1):13-18.

[13]许和连,邓玉萍.外商直接投资导致了中国的环境污染吗?——基于中国省际面板数据的空间计量研究[J].管理世界,2012(2):30-43.

[14]邓玉萍,许和连.外商直接投资、地方政府竞争与环境污染——基于财政分权视角的经验研究[J].中国人口·资源与环境,2013(7):155-163.

[15]刘玉博,汪恒.内生环境规制、FDI与中国城市环境质量[J].财经研究,2016(12):119-130.

[16]沈坤荣,付文林.中国的财政分权制度与地区经济增长[J].管理世界,2005(1):31-39,171.

[17]龚峰,雷欣.中国式财政分权的数量测度[J].统计研究,2010(10):47-55.

[18]陈硕,高琳.央地关系:财政分权度量及作用机制再评估[J].管理世界,2012(6):43-59.

[19]李根生,韩民春.财政分权、空间外溢与中国城市雾霾污染:机理与证据[J].当代财经,2015(6):26-34.

[20]管卫华,孙明坤,陆玉麒.1986—2008年中国区域环境质量变化差异研究[J].环境科学,2011(3):609-618.

[21]袁晓玲,李政大,刘伯龙.中国区域环境质量动态综合评价——基于污染排放视角[J].长江流域资源与环境,2013(1):118-128.

[22]李军民,李鑫瑞.基于主成分分析法的环境质量综合评价方法应用研究[J].西安科技大学学报,2016(3):445-450.

[23]安彦林,李齐云.财政分权与地方政府公共文化服务供给[J].广东财经大学学报,2017(3):68-75.

[24]吴俊培,万甘忆.财政分权对环境污染的影响及传导机制分析——基于地市级面板数据的实证[J].广东财经大学学报,2016(6):37-45.

预算透明度、竞争冲动与
异质地方政府性债务
——来自审计结果的证据

马海涛　　任致伟*

运用省一级地方政府性债务审计数据,对地方政府负有偿还责任的债务、负有担保责任的债务以及可能承担一定救助责任的债务三类异质性地方政府性债务与预算透明度的关系进行实证研究。发现预算透明度的提高与所有类型的地方政府性债务都呈现出负向的关系,财政缺口对于三类地方政府性债务都具有显著的正向作用,人均 GDP 对异质性地方政府性债务具有不同的影响。将预算、预算调整、预算执行情况以及决算等涉及预算的事项及时、全面地向社会公开,建立公开透明的预算制度以及事权与支出责任相适应的制度,对于强化地方政府的财政纪律,约束其负债行为具有根本性的作用。

一、引言

按照中华人民共和国审计署及各省审计部门的口径,依照偿还责任可以将地方政府性债务分为政府负有偿还责任的债务、负有担保责任的债务以及可能承担一定救助责任的债务三类。由于类别不同,分析时不应当将三种债务简单加总。更重要的是,由于偿还责任不同,地方政府在举借时很有可能呈现出差异化的策略,简单加总很可能掩盖了不同类型的债务影响因素的差异性。基于这一考虑,本文在按照偿还责任区分不同类型的地方政府性债务的基础上,研究了地方政府性债务的影响因素,其中重点研究了预算透明度对于不同类型地方政府性债务的影响。

地方政府性债务在我国的存在由来已久。在中国共产党领导下的革命根据

* 原载于《广东财经大学学报》2016 年第 6 期第 27 – 36 页。作者:马海涛(1966—),男,山东威海人,中央财经大学研究生院院长,教授,博士生导师;任致伟(1990—),男,河北石家庄人,中央财经大学财政学院博士研究生。

地就已经开始通过债务的形式筹集资金。李炜光和赵云旗(2013)[1]在《中国财政通史(第九卷):新民主主义革命时期财政史(上)》中指出,早在 1930 年,鹤峰县苏维埃政府就发行了总额为两万串的公债,合 1 万银圆,主要用于解决军费困难。1931 年,湘鄂西根据地发生了严重的洪灾,出于救灾的需要,湘鄂西工农民主政府发行了 30 多万元的水利借券作为整修堤坝的经费[2]。李炜光和赵云旗(2013)认为是 80 万元。之后在抗日战争时期、解放战争时期直至新中国成立后的很长一段时间都存在不同形式的地方政府性债务。但根据中华人民共和国审计署 2011 年第 35 号审计结果公告,我国现在的地方政府性债务是在 2008 年之后开始迅猛增长的。

1994 年全国人大通过的《中华人民共和国预算法》虽然在第二十八条规定,"除法律和国务院文件另有规定外,地方政府不得发行地方政府债券",但是"债券"只是众多债务形式当中的一种,现实情况是地方政府不以债券的形式举债,却通过其他形式形成大量的地方政府性债务。

在我国新《预算法》实施之前,地方政府性债务并不进入预算,并且直到现在,地方政府的预算透明度也很低。杨丹芳等(2015)[3]的实证研究得出,中国财政透明度得分最高的省份为山东省,仅为 57.01。王绍光(2002)[4]认为,预算内容与过程的公开透明是现代预算制度的基本要求之一,提高预算透明度可以使公众更好地监督政府的活动,约束政府行为。

预算透明度较高的地区可以认为其更好地遵守了财政纪律,地方政府性债务的规模应当相对较低;但从另一个角度来看,预算透明度较高的地区信息披露更加详尽,应当更受债权人的青睐。因此,本文在区分不同类别地方政府性债务的基础上,运用省一级地方政府性债务审计数据,考察预算透明度与地方政府竞争冲动对于三种类型的地方政府性债务的影响是否呈现出显著的差异性,以及对预算透明度和不同类型的地方政府性债务之间的关系进行研究。

二、文献综述

政府债务问题受到学者们的长期关注。国外学者从政府债务的净财富效应、政府债务与经济增长的关系、政府债务的影响因素以及政府债务的可持续性等诸多角度对政府债务问题进行了研究。

巴罗(Barro,1974)[5]认为,只有政府债务的现值超过其带来的税收负担的现值,政府债务才是净财富;科曼迪(Kormendi,1983)[6]认为,减税以及政府债务是否具有净财富效应取决于公众的预期,如果当前的减税和政府债务被预期到要用将来的税收偿还,那么就没有净财富效应;巴罗(Barro,1979)[7]在考虑到税收超额负担的情况下,研究了政府债务的最优规模;马汀·弗罗登(Martin Flodén,2001)[8]认为,当面对无保险的个体风险时,政府债务可以平滑人们的消费,政府债务和转移支付可以明显提高风险分担水平,但是在达到均衡时政府债务会有负面效应;当转移支付低于最优水平时,政府债务的增加可以提高福利水平,但是如果转移支付已经达到最优水平时则政府债务的增加会有损于福利。

莱因哈特和罗格夫(Reinhart & Rogoff,2010)[9]认为政府债务占 GDP 的比重突破一定阈值时不利于经济增长,但是这一研究结果引发了较大的争议。如赫恩登(Herndon)等(2013)[10]指出此研究存在代码错误以及将一些数据进行选择性排除,他们的计算结果认为当政府债务规模突破莱因哈特和罗格夫所认为的阈值时并不会明显影响经济增长。莱因哈特和罗格夫(2011)[11]在研究主权债务危机时指出,过量的外债会引发银行业危机,进而导致主权债务危机,而主权债务违约之前往往伴随着政府的大量举债。丹斯(Denes)等(2013)[12]认为,削减政府支出并不一定会带来财政赤字的下降,在 DSGE 模型中当利率趋于零时,削减政府购买商品和服务的支出反而会带来产出的下降,进一步带来财政收入的减少大于所削减的财政支出,此时削减财政支出反而扩大了赤字规模。巴塔格利尼(Battaglini)等(2016)[13]从实验经济学的角度对政府债务生成的政治过程进行了研究,认为政府债务的形成与政治决策时期具有动态联系,并且对不同投票规则下的政策效率进行了分析,认为决策通过所需票数的增强有利于政策效率的提高,此时的公共支出水平更高,并且债务水平更低。

国内学者主要从体制性因素、地方政府行为以及预算透明等角度对地方政府性债务的成因进行了大量研究。马海涛和吕强(2004)[14]从经济体制、财政体制以及债务管理 3 个方面论述地方政府性债务的成因,他们认为经济体制改革使得地方政府拥有了与经济增长高度相关的独立经济利益,追求地方利益的动机使得地方政府不断追求地方经济的高速增长,从而带来了支出扩张压力,这种支出扩张压力使得地方政府性债务不断膨胀。分税制的不彻底及其事权与支出责任划分不明晰使得地方政府有了通过债务来融资的需求。刘尚希(2004)[15]认为,我国的改革虽然打破了"利益大锅饭",但是没有改变"风险大锅饭"的局面。"风险大锅饭"成为我国财政风险的制度性特征,在政府与国有企业之间,国有企业的风险最终都由政府来承担;在上下级政府之间,下级政府的所有债务都是上级政府的或有负债;在各届政府之间,前一届政府可以将风险推给下一届政府,这种"风险大锅饭"体制导致公共部门内部的避险动机、避险能力和避险方法均不足,并且各级政府、各个政府部门均存在追逐高风险的倾向。财政部财政科学研究所课题组(2009)[16]认为,地方政府负债的深层次成因在于体制性原因和政策性原因两个方面,其中体制方面的原因主要包括财政体制、投融资体制和行政管理体制。

周黎安(2007)[17]用地方官员的晋升"锦标赛"来解释中国的经济增长,认为在晋升锦标赛的模式下,地方政府间存在激烈的竞争,但是晋升锦标赛同时会导致地方官员的激励扭曲、政府职能转变困难等。缪小林和伏润民(2012)[18]认为,地方政府以社会福利最大化作为提供公共服务的目标,但是地方政府往往忽略了地方经济的承债能力,因此,地方政府在追求社会福利最大化的过程中产生了过度举借债务的非理性行为,这种非理性行为导致债务的快速增加。缪小林等(2013)[19]认为,地方政府举借债务受制于预算支出和预算收入,由于税收收入是公共财政预算收入的主要组成部分,并且我国地方政府的税权很小,因此,税收收入与地方政府性债务的举借关系不大,可以认为地方政府性债务规模的扩张主要是由于财政支出扩张引起。周黎安(2014)[20]借用企业理论当中的"发包制"(subcontracting),用"行政发包制"来分析我国政府间的关系和治理模式,认为纵向的行政发包与横向的晋升"锦标赛"共同作用,为地方政府提供了强大的晋升激励、财政激励和问责压力。罗党论和佘国满(2015)[21]研究了地方政府官员变动对城投债发行的影响,发现官员变动不仅会降低城投债发行的概率,还会减少城投债的规模,所引发的政策不确定性增加了城投债的成本。

肖鹏和李燕(2011)[22]分析了影响预算透明的环境因素以及提高预算透明度的动力来源,并提出了完善法律法规、提升公众对预算的参与程度、增加信息披露内容以及改革政府会计制度和财务报告制度等提升预算透明度的具体内容。陈志勇和陈思霞(2014)[23]研究了制度环境与投资冲动对地方政府预算约束的影响,发现市场化程度的提高有助于预算约束能力的提高,而地方政府的投资冲动则会增加预算软约束的概率,提高制度的透明度是治理预算软约束的一项重要措施。吴俊培和龚旻(2015)[24]认为,预算透明的关键是预算制度的透明,包括税制安排的透明、分税安排的透明以及转移支付制度安排的透明;其实证分析结果表明,预算透明度的提高有利于平滑各省 GDP、投资以及消费的波动程度,因此预算透明度的提高有利于经济的稳定。

从现有文献来看,对于地方政府性债务的成因、预算透明等问题,学术界已经进行了大量的研究,并且一些学者已经意识到预算透明对于地方政府举债行为的影响。但专门探讨预算透明与地方政府性债务关系的文献较少,并且也鲜有文献对于异质性的地方政府性债务分别进行考察,本文尝试对预算透明度与异质性地方政府性债务之间的关系进行研究。

三、理论分析及数据说明

我国政府间纵向的"行政发包"与横向的"晋升锦标赛"共同作用,为地方政府提供了强大的晋升激励、财政激励和问责压力。地方政府官员在晋升压力与财政压力的作用下,有动机促进地方经济在任期内实现高速增长。通过地方国有企业的过度投资来加快经济增长,同时做大税基就成为理性的地方政府官员的必然选择(曹春方等,2014)[25]。

这些因素放在地方政府预算透明度偏低的大背景下,债务融资就成为地方政府以及地方国有企业过度投资的重要资金来源。由于地方政府缺乏预算透明度,居民难以对地方政府财政资金的使用情况以及地方政府的财政可持续性进行有效监督,此时地方政府倾向于将财政资金投向更容易出政绩的基础设施建设等领域,如此则地方政府更容易过度负债。同样,由于缺乏预算透明度,债权人难以对债务人的资金偿还能力进行有效评估,更重要的是,由于相信地方政府不会"破产",中央政府一定会对地方政府进行救助,债权人也会有对地方政府过度放债的倾向。但是,一旦"地方政府不会破产"这个信念被打破,债权人必然会重新审视地方政府的财政状况,此时较高的预算透明度显然更能吸引债权人。

因此,基于理论分析,比较低的预算透明度会增加地方政府过度投资、过度举债的冲动。但是债务的形成不仅仅取决于债务人,同样取决于债权人。对于债权人而言,预算透明度的作用取决于地方政府是否会破产,如果地方政府存在破产的可能性,那么预算透明度较高的地区更容易受到债权人的青睐。

学术界对于地方政府性债务成因的观点可以归纳为三大类:一是认为地方政府债务规模不断扩张主要是由于地方政府财力不足,分税制改革以后财政收入逐渐向上级政府集中,地方政府支出责任不断扩大,中央与地方之间财力、事权与支出责任的关系没有理清,地方政府被迫举债;二是认为地方政府债务增长主要受地方政府发展经济的影响,由于经济发展是政绩考核中的一项重要指标,在地方政府官员为晋升而增长,为增长而竞争的"锦标赛"中,地方政府出于招商引资等目的,对基础设施进行大规模建设,但在地方政府财力有限的情况下,则不得不通过举借债务的方式来实现;三是认为缺乏规范和科学的地方政府债务管理办法,以及地方政府防范债务风险的意识淡薄。

基于前文分析,本文选取的指标包括衡量地方政府预算透明的指标;衡量地方政府财力的指标,即财政缺口与财政缺口率以及财政能力;衡量地方经济发展水平以及经济竞争冲动的指标,即人均 GDP、GDP 增长率和经济发展竞争冲动。对于地方政府财政能力和经济发展水平分别从绝对量和相对量两个不同的角度进行衡量,同时控制了产业结构以及各省所处的不同地区。选取的指标及含义具体见表1。

表 1 选取的指标及含义

指标	含义	数据来源
债务 1	地方政府负有偿还责任的债务	各省、自治区、直辖市的地方政府性债务审计结果
债务 2	地方政府负有担保责任的债务	
债务 3	地方政府可能承担一定救助责任的债务	
预算透明	如果透明,赋值为 1;否则为 0	各省、自治区、直辖市财政厅(局)网站
经济发展竞争冲动	相邻省份 GDP 增长率的加权平均值	
人均 GDP	GDP/年末人口	
GDP 增长率	$(GDP_t - GDP_{t-1})/GDP_{t-1}$	
财政缺口	公共财政预算支出 – 公共财政预算收入	
财政缺口率	(公共财政预算支出 – 公共财政预算收入)/公共财政预算收入	《中国统计年鉴》
第三产业比重	第三产业增加值/GDP	
财政能力	公共财政预算收入/GDP	
东部地区虚拟变量	如果处于东部地区,赋值为 1;否则为 0	
东北地区虚拟变量	如果处于东北地区,赋值为 1;否则为 0	
中部地区虚拟变量	如果处于中部地区,赋值为 1;否则为 0	

由于地方政府负有偿还责任的债务、负有担保责任的债务以及可能承担一定救助责任的债务在性质上是不同的,且偿还主体、风险情况也不相同,因此不能简单累加。本文将对这三类债务的影响因素分别进行实证分析。

相对于调研数据和推算数据,审计数据最为准确,并且分门别类区分了不同类型的债务,但是最大的缺憾是数据量不多,各个省最多公布了两期数据。需要说明的是,目前官方公布的地方政府性债务数据十分匮乏,省级层面的公开数据来源只有各省陆续发布的地方政府性债务审计结果。并且绝大多数省份公布的总量数据仅有 2012 年年底和 2013 年 6 月底两期,西藏自治区没有公布审计结果,天津市与贵州省仅公布了 2013 年 6 月底一期的数据①。文中采用的地方政府性债务数据主要来自中华人民共和国审计署对地方政府性债务的审计结果公告,即 2011 年第 35 号审计结果公告和 2013 年第 32 号审计结果公告,以及全国各省、市、自治区、直辖市公布的地方政府性债务审计结果公告,各地地方政府性债务的审计结果公告大多于 2014 年陆续发布。相关变量的描述性统计见表 2 所示。

表 2 变量的描述性统计

变量	均值	标准误差	最小值	最大值	观测数
债务 1	3 536.26	268.11	448.20	8 748.06	56
债务 2	836.23	77.29	48.26	2 745.43	56
债务 3	1 451.34	170.71	87.47	6 378.79	56
预算透明	0.57	0.07	0	1	56
经济发展竞争冲动	3.60	25.92	− 1 026.06	936.04	56
人均 GDP	4.48	0.24	2.19	9.22	56
GDP 增长率	0.10	0.00	0.04	0.16	56
财政缺口	1 618.39	97.75	370.37	3 436.81	56
财政缺口率	1.19	0.13	0.10	5.22	56
第三产业比重	0.41	0.01	0.31	0.77	56
财政能力	0.11	0.00	0.07	0.19	56

文中的"预算透明"并非指地方政府性债务是否在预算当中列示,而是指现有的预算应当为公众所知。预算透明的衡量方法很多,例如吴俊培和龚旻(2015)[24]利用预算的"可预期程度"来衡量预算透明,但是在他们的估计模型中被解释变量是当期的预算收支,解释变量中包括预算收支的滞后项,因此隐含的假设就是预算向社会公开,公众可以知道当期以及以前年度的预算收支情况。但是现实的情况是即使在省级层面,公众也未必能够及时得知预算收支情况。本文在衡量预算透明时是根据能否在该省的财政厅网站上查找到当年的预决算报告或逐月的财政收支情况为标准进行衡量,如果能够查找到,则定义为透明,赋值为 1;否则定义为不透明,赋值为 0。严格来说,本文衡量的"预算透明"只是一个低水平的预算透明,衡量标准非常

---

① 本文选取的省份不包括西藏、天津和贵州。

低,仅仅要求能够公开预决算报告,对于具体的明细表并未要求。但是考虑到我国目前的预算公开程度,即使预决算报告也不是所有的省份都予以公开,因此本文采用虚拟变量来衡量预算透明度。作为核心解释变量,预算透明度的提高有可能会降低地方政府性债务的规模,因为预算透明度高的地区可以认为其更加遵守财经纪律。但是,债权人一般也会更加青睐预算透明度高的地区,更愿意向这些地区提供资金支持。此外,预算透明度高的地区有可能具有增加隐性负债的倾向。因此,预算透明对于不同类型的债务的影响也具有一定的不确定性。

参考陈志勇和陈思霞(2014)[23]的方法,本文采用相邻省份公共财政预算收入增长率的加权平均值来衡量不同省份之间的财政收入竞争程度,其中权重为与相邻省份公共财政预算收入增长率差距的倒数。考虑地方政府并不仅仅将竞争的目光瞄准于增速超过本省的地区,同时还要提防被增速慢于本省的地区超过,因此增速慢于本省的地区也应当有正向的权重,即权重采用绝对值的形式。用公式表示为:

$$C_{it} = \sum_{k=1}^{n} \frac{r_{kt}}{|r_{kt} - r_{it}|}$$

其中,C_{it}表示i省第t期的经济竞争冲动,r_{it}表示i省第t期的GDP增速,r_{kt}表示与i省相邻的k省第t期的GDP增速,n表示与i省相邻的省份的个数。其经济学含义在于,如果k省的经济增长速度与i省越接近,那么i省将会在竞争时更加关注k省,以期首先赶超与自己实力接近的目标,并且同时提防被增长速度慢于本省但是比较接近的省份赶超。

除了预算透明度与竞争冲动,本文同时控制了人均GDP、GDP增长率、财政缺口、财政缺口率、第三产业比重、财政能力以及地区虚拟变量等控制变量。

四、预算透明度、竞争冲动对异质地方政府性债务的影响

(一)预算透明度对地方政府性债务的影响

计量模型分析的准确性依赖于样本的充足、数据的准确。由于数据是"宽而短"的类型,因此并不会涉及过多的时间序列分析的内容,假设各省的斜率项相同,受限于数据的匮乏,只能构建最基本的静态面板数据模型:

$$y_{it} = \beta_0 + \beta_1 B_{it} + \gamma X + \varepsilon_{it}$$

其中,y表示地方政府性债务余额,B表示预算透明度,X表示其余控制变量。估计结果见表3。

表3 预算透明度对地方政府性债务的影响

变量	债务 1	债务 2	债务 3
常数项	−5 218.07***(789.98)	3 094.27***(397.61)	−213.98(779.55)
预算透明	−397.53**(156.99)	−86.39(63.23)	−802.94***(157.37)
经济发展竞争冲动	0.39(0.34)	0.05(0.11)	−0.07(0.31)
人均 GDP	790.70***(80.01)	−155.32***(34.40)	314.01***(70.99)
GDP 增长率	10 299.54***(2 826.47)	−5 665.26***(1290.65)	5 837.16**(2 391.82)
财政缺口	2.10***(0.11)	0.18**(0.07)	0.96***(0.15)
财政缺口率	−321.04**(137.22)	−546.32***(86.17)	−218.91**(90.96)
第三产业比重	−871.35(983.51)	−910.80***(273.60)	−2 118.15*(1 134.31)
财政能力	12 284.52***(3 552.69)	871.64(1 493.93)	−3 833.18(3 175.80)
东部地区虚拟变量	823.61***(252.70)	−724.15***(120.17)	688.83(279.40)
中部地区虚拟变量	−347.66(296.24)	−96.90(73.57)	−1120.79***(207.34)
东北地区虚拟变量	−164.50(225.85)	−495.99***(96.48)	102.21(222.43)
调整后的 R^2	0.96	0.85	0.77
F 统计量	147.02	31.35	17.94
P(F)	0.00	0.00	0.00

注:括号中为标准误;***、**、*分别表示在1%、5%、10%水平上显著。表4、5、6同。

表3显示了预算透明度对于三种不同类型地方政府性债务的影响。结果表明,对于地方政府负有偿还责任的债务,以及地方政府可能承担一定救助责任的债务,预算透明度的提高均可以显著降低省级层面的负债水平。预算透明度对于地方政府负有担保责任的债务作用并不显著,不过从估计结果来看,作用方向也同样呈现反向作用。

从其余控制变量来看,人均 GDP 的提高会增加债务1以及债务3的规模,但是会降低债务2的水平。财政缺口的扩大显著增加了三种不同类型的地方政府性债务规模,符合预期。财政能力与地方政府负有偿还责任的债务,呈现出显著的正相关关系,出现这种现象并不难理解,财政能力强的地区偿债能力也越强,相对而言举债能力也越高,债权人更愿意借款给有偿还保证的债务人,因此财政能力强的地区债务余额更高。从实际情况来看,发达地区的债务余额确实也更高。下面对该结论进行稳健性检验。

(二)稳健性检验

本部分采用《中国财政透明度评估》中的省级财政透明度百分制得分替代前文使用的预算透明度指标,以检测上文结果的稳健性。由于某个具体的指标只能在一个特定的角度反映某项事物,不可能全面涵盖所有的角度,因此有必要选取不同角度的指标进行实证分析。实证分析得出的结论应具有稳健性,基本结论不应因为指标选取、估计方法的改变而发生较大的变化,特别是方向性的偏差。上海财经大学从 2009 年开始每年公布《中国财政透明度评估》,从关注内容来看与本文所关注的预算透明度高度近似,但是在对透明度的评估方法上采用了问卷调查的形式,与前文对预算透明的认定标准具有较大差别,因此选择《中国财政透明度评估》中的省级财政透明度得分进行稳健性检验,结果见表4。

表4　稳健性检验

变量	债务 1	债务 2	债务 3
常数项	−4 519.82***(644.56)	2 927.93***(318.16)	−220.89(736.81)
预算透明	−31.66***(7.68)	−2.97*(1.76)	−10.92*(5.80)
经济发展竞争冲动	−0.04(0.26)	0.05(0.11)	−0.47(0.48)
人均 GDP	727.76***(80.69)	−148.30***(27.97)	229.01**(91.30)
GDP 增长率	7 042.78**(3 158.68)	−6 271.14***(924.17)	3 677.19(2 869.78)
财政缺口	2.20***(0.13)	0.24***(0.067)	0.82***(0.14)
财政缺口率	−218.42*(117.67)	−489.11***(55.04)	−115.92(72.67)
第三产业比重	−1 082.22(746.56)	−1 005.79***(285.20)	−630.54(1 227.56)
财政能力	15 268.96***(3 375.68)	1 522.37(1 188.65)	−5 701.99(4 101.74)
东部地区虚拟变量	1 492.21***(288.30)	−605.26***(94.021)	961.47***(254.18)
中部地区虚拟变量	−235.50(206.88)	−481.04***(105.2941)	−686.46(222.10)
东北地区虚拟变量	−73.96(236.21)	−100.16(64.98324)	273.67***(236.05)
调整后的 R^2	0.97	0.97	0.85
F 统计量	169.27	158.85	29.01
P(F)	0.00	0.00	0.00

用省级财政透明度百分制得分对预算透明进行替代之后得出的结果支持表3的基本结论,即预算透明度高的地区显示出更好的"财政纪律",预算透明度的提高有利于约束地方政府的举债行为。

从其他控制变量来看,表现出与表3类似的结论,人均GDP的提高会增加债务1以及债务3的规模,但是会降低债务2的水平。财政缺口的扩大显著增加了三种不同类型的地方政府性债务规模。财政能力较高的地区,地方政府负有偿还责任的债务规模相对更大。

考虑在一个年度内,地方政府性债务并不是集中在某一时点发生,而是在一个年度当中较为"均匀"地发生。但是地方政府公布预决算相关数据并不是在每年的1月1日,而是一般在上半年的某个时间公布。在地方政府公布预决算数据之前,债权人并不知道当年的预算是否公开是否透明,只能参考以前年度的情况,因此在这里用预算透明的滞后项对预算透明进行替换。需要指出的是,本文最初使用的表示预算透明的虚拟变量和其滞后项是相同的,没有发生任何变化,因此下文用《中国财政透明度评估》中的省级财政透明度百分制的滞后项进行替代,结果见表5所示。

表5　采用滞后项进行的稳健性检验

变量	债务1	债务2	债务3
常数项	−5 055.29*** (631.29)	2 668.09*** (372.02)	−565.72(653.07)
预算透明	−26.91*** (8.62)	−2.51(2.27)	−25.45*** (8.86)
经济发展竞争冲动	0.36(0.26)	0.06(0.11)	−0.32(0.47)
人均GDP	773.47*** (78.00)	−130.81*** (27.15)	282.40*** (91.11)
GDP增长率	6 484.74** (2 761.87)	−5 022.23*** (1 152.58)	4 798.73* (2 691.02)
常数项	−5 055.29*** (631.29)	2 668.09*** (372.02)	−565.72(653.07)
财政缺口	2.18*** (0.13)	0.24*** (0.08)	0.92*** (0.16)
财政缺口率	−157.41(130.61)	−456.70*** (66.65)	−111.33* (58.73)
第三产业比重	−978.44(775.29)	−1 039.89*** (286.16)	−676.98(1 348.92)
财政能力	15 520.81*** (3 763.96)	1 183.22(1 224.22)	−4 340.55(4 338.38)
东部地区虚拟变量	1 354.91*** (223.52)	−574.87*** (119.87)	1 043.27(245.85)
中部地区虚拟变量	−159.24(198.13)	−418.80*** (97.45)	108.07(263.81)
东北地区虚拟变量	−49.84(256.36)	−60.38(69.62)	−701.89 (232.442 5)

续表

变量	债务 1	债务 2	债务 3
调整后的 R^2	0.97	0.85	0.94
F 统计量	155.09	28.97	73.71
P(F)	0.00	0.00	0.00

表 5 得出与表 3、表 4 类似的结论。即地方政府预算透明度的提高可以显著降低债务 1 与债务 3 的水平,对于债务 2 的影响虽然为负值,但是并不显著。财政缺口对三类地方政府性债务都有正向的影响,人均 GDP 对债务 1 与债务 3 有正向影响,对于债务 2 有负向影响。

需要特别指出的是,本文的预算透明度数据是 2014 年在各省财政厅网站陆续查找得到。在我国新《预算法》实施之后,一些省份的财政厅网站做了相应"修改"。具体而言,因为我国新《预算法》对预算公开的内容、时间等事项做了明确的规定,一些本来没有及时公开预算的省份事后公开了预算,但并不是将实际公开日作为发布日期,而是将发布日期大大提前,一般修改到所公布的预算年份的上半年①。一共有 7 个省在事后公布了预算,并且将公布日期进行了修改。本文认为,及时公开预算应当是预算透明的应有之义,如果预算没有及时公开,并且在公布后修改公开时间,使公众误认为及时公开,这种行为带有明显的欺骗性,对于这种行为本文视同不透明。

具体而言,在 2015 年 12 月再次在各省财政厅网站进行查找,仍未公开预算的赋值为 0;对于在 2014 年查找时未公开但在 2015 年公开的,如果有证据表明是后来修改的,则仍然赋值为 0;对于处理较为"干净"无法证明进行过修改,赋值为 1。用 2015 年查找到的透明度再次进行验证,结果见表 6。

表 6 考虑"虚假透明"后预算透明度对地方政府性债务的影响

变量	债务 1	债务 2	债务 3
常数项	− 5 348.83 *** (769.10)	2 470.71 *** (403.95)	− 212.23 (775.17)
预算透明	− 278.48 * (153.38)	132.78 ** (58.14)	− 856.26 *** (153.98)
经济发展竞争冲动	0.27 (0.24)	0.01 (0.10)	− 0.17 (0.40)

---

① 例如,某省 2012 年度的预算并没有在 2012 年公开,而是拖到 2014 年才公开,但是在其网页上却将发布时间显示为 2012 年 5 月 27 日。

变量	债务1	债务2	债务3
常数项	−5 348.83 *** (769.10)	2 470.71 *** (403.95)	−212.23(775.17)
人均GDP	750.12 *** (78.42)	−95.42 *** (32.56)	362.87 *** (83.82)
GDP增长率	7 401.62 *** (2 450.37)	−4 632.65 *** (1 370.81)	3 518.21 * (2 004.47)
财政缺口	2.11 *** (0.12)	0.18 ** (0.08)	0.87 *** (0.14)
财政缺口率	−242.71 * (127.97)	−387.67 *** (71.46)	−66.61(119.00)
第三产业比重	−747.11(822.94)	−790.10(243.35)	−2 304.56 ** (1 066.85)
财政能力	15 641.95 *** (3 265.14)	−995.62(1 751.62)	−1 654.66(3 210.20)
东部地区虚拟变量	919.37 *** (273.36)	−492.99 *** (141.36)	550.87 * (310.11)
中部地区虚拟变量	−49.24(174.67)	−407.62 *** (94.13)	235.21(235.57)
东北地区虚拟变量	−211.52(286.21)	−8.28 *** (90.10)	−1 324.92 *** (229.99)
调整后的 R^2	0.96	0.94	0.79
F统计量	125.61	81.44	19.68
P(F)	0.00	0.00	0.00

在表6中可以看到,即使考虑了地方政府的"虚假预算透明",省级政府预算透明度的提高也有利于地方政府负有偿还责任的债务以及地方政府可能承担一定救助责任的债务规模的缩减,地方政府负有担保责任的债务的系数此时为正。但是将三类债务进行总体考虑,预算透明度的提高仍然有利于控制地方政府性债务规模。

综合表3~表6的实证分析结果可知,在省级层面上提高预算透明度,有助于控制省级地方政府债务规模,并且结果具有稳健性。但是经济竞争冲动在所有模型中的表现均不显著,很可能是由于债务而非地方政府在经济发展竞争中的主要"标的物",地方政府主要还是通过税率、财政补贴等手段进行竞争。财政缺口的扩大可以导致三种不同类型的债务规模均有所扩大。GDP增长率较快的地区以及财政能力较强的地区均具有规模相对较大的地方政府负有偿还责任的债务。

五、结论及政策建议

运用省一级的地方政府性债务审计数据,对地方政府负有偿还责任的债务、负有担保责任的债务以及可能承担一定救助责任的债务三类异质性地方政府性债务与预算透明度的关系进行实证研究,发现预算透明度的提高可以降低地方政府性债务的负债水平,并且结论是稳健的。

在省级层面上,人均 GDP 对异质性地方政府性债务的影响出现了明显的分离。人均 GDP 的提高对于地方政府负有偿还责任的债务以及地方政府可能承担一定救助责任的债务呈现出正向的作用,对于地方政府负有担保责任的债务却呈现出负向的作用。对于这种现象,很有可能是因为经济发达地区由于经济发展水平相对较好,相对而言更容易举借债务,因此其地方政府很有可能倾向于采用直接举债的方式形成地方政府性债务,而并不能简单地认为经济水平提高之后,地方政府的负债就会下降。东部地区的地方政府负有偿还责任的债务以及地方政府可能承担一定救助责任的债务均显著高于其他地区。

财政缺口对于三类地方政府性债务都有显著的正向作用,因此地方政府性债务的形成并不能完全归咎于地方政府的投资冲动、竞争冲动等行为,举债在一定程度上也是地方政府的"无奈之举"。因此,适当加强基层政府的财力,上收部分基层政府的事权,按照十八届三中全会的要求,建立事权与支出责任相适应的制度对于防范我国的财政风险十分必要。

提高预算透明度首先要把现行政策落到实处,把当前有关涉及财政的信息披露要求落实好。根据财政部《关于做好 2016 年地方政府债券发行工作的通知》(财库〔2016〕22 号),地方财政部门要逐步扩大地方政府债务的信息披露范围,并且要披露本地区的债务余额和债务限额。这些措施毫无疑问增加了我国地方政府债务的透明度,根据本文的实证结果,这些措施将有助于控制我国地方政府债务风险。因此,按照《中华人民共和国预算法》的要求,将预算、预算调整、预算执行情况以及决算等涉及预算的事项及时、全面地向社会公开,建立公开透明的预算制度,对于强化地方政府的财政纪律,约束地方政府的负债行为具有根本性的作用。

目前地方政府一般债券和地方政府专项债券分别纳入一般公共预算和政府性基金预算的管理方式与马海涛和崔运政(2014)[26] 提出的附属预算模式较为相似。但是在附属预算模式中,债务预算附属于现行的预算体系,所反映的信息比较零散。因此,将地方政府性债务收支作为一个特殊的类别单独编列预算就具有一定的必要性,也就是采用复式预算模式将地方政府负有偿还责任的债务、地方政府负有担保责任的债务以及地方政府可能承担一定救助责任的债务全部反映在单独的地方政府债务预算中。将地方政府债务预算作为与公共财政预算、政府性基金预算、国有资本经营预算和社会保险基金预算相并列的预算,共同接受人大的审议和监督应是继续改革的方向。

本文的分析仅限于省级层面,省以下地方政府性债务与预算透明度的关系可能会呈现出更加复杂的情况,这也是需要更加深入研究的方向之一。

参考文献

[1]李炜光,赵云旗.中国财政通史(第九卷):新民主主义革命时期财政史(上)[M].长沙:湖南人民出版社,2013:104 – 105.

[2]唐滔默.中国革命根据地财政史(一九二七—一九三七)[M].北京:中国财政经济出版社,1987:135 – 138.

[3]杨丹芳,吕凯波,曾军平.中国财政透明度评估(2015)[J].上海财经大学学报,2015(5):4 – 14.

[4]王绍光.美国进步时代的启示[M].北京:中国财政经济出版社,2002:33.

[5]BARRO R J. Are government bonds net wealth? [J]. Journal of political economy, 1974(82):1095 – 1117.

[6]KORMENDI R C. Government debt, government spending, and private sector behavior [J]. The American economic review, 1983(73):994 – 1010.

[7]BARRO R J. On the determination of the public debt[J]. Journal of political economy, 1979(87):940 – 971.

[8]FLODÉN M. The effectiveness of government debt and transfers as insurance[J]. Journal of monetary economics, 2001(48):81 – 108.

[9]REINHART C M, ROGOFF K S. Growth in a time of debt[J]. American economic review, 2010(100):573 – 578.

[10]HERNDON T, ASH M, POLLIN R. Does high public debt consistently stifle economic growth? a critique of reinhart and rogoff[J]. Cambridge journal of economics, 2013(38):257 – 279.

[11]REINHART C M, ROGOFF K S. From financial crash to debt crisis[J]. The American economic review, 2011(101):1676 – 1706.

[12]DENES M,EGGERTSSON G B, GILBUKH S. Deficits, public debt dynamics and tax and spending multipliers[J]. The economic journal, 2013(123):133 – 163.

[13]BATTAGLINI M, NUNNARI S, PALFREY T R. The political economy of public debt: a laboratory study[J]. Journal of the European Economic Association,2020,18(4):1969 – 2012.

[14]马海涛,吕强.我国地方政府债务风险问题研究[J].财贸经济,2004(2):12 – 17.

[15]刘尚希.中国财政风险的制度特征:"风险大锅饭"[J].管理世界,2004(5):39 – 49.

[16]财政部财政科学研究所课题组.我国地方政府债务态势及其国际借鉴:以财政风险为视角[J].改革,2009(1):5 – 24.

[17]周黎安.中国地方官员的晋升锦标赛模式研究[J].经济研究,2007(7):36 – 50.

[18]缪小林,伏润民.我国地方政府性债务风险生成与测度研究——基于西部某省的经验数据[J].财贸经济,2012(1):17 – 24.

[19]缪小林,杨雅琴,师玉朋.地方政府债务增长动因:从预算支出扩张到经济增长预期[J].云南财经大学学报,2013(1):84－91.

[20]周黎安.行政发包制[J].社会,2014(6):1－38.

[21]罗党论,佘国满.地方官员变更与地方债发行[J].经济研究,2015(6):131－146.

[22]肖鹏,李燕.预算透明:环境基础、动力机制与提升路径[J].财贸经济,2011(1):21－25,85.

[23]陈志勇,陈思霞.制度环境、地方政府投资冲动与财政预算软约束[J].经济研究,2014(3):76－87.

[24]吴俊培,龚旻.一般公共预算透明的制度安排研究[J].财贸经济,2015(9):5－18.

[25]曹春方,马连福,沈小秀.财政压力、晋升压力、官员任期与地方国企过度投资[J].经济学(季刊),2014(4):1415－1436.

[26]马海涛,崔运政.地方政府债务纳入预算管理研究[J].当代财经,2014(6):23－31.

促进技术研发服务外包的财税政策选择

——基于科技中小企业的经验证据

姚凤民　余　可*

构建在信息不对称条件下政府对科技中小企业技术研发进行财政补贴的理论模型,分析并得出政府促进科技中小企业技术研发服务外包的财政补贴率满足的条件不等式。运用广东省科技中小企业问卷调查的数据,对理论分析得出的结论进行实证检验,结果表明:科技中小企业通过委托开发获得技术创新不会对其主营业务收入增长产生影响,但是通过与国内大学或科研院所合作研发获得技术创新则会产生显著的正相关性影响。即政府运用财政补贴政策促进了科技中小企业的在岸服务外包。

一、问题的提出

产业结构的升级离不开以企业为主体的技术研发创新,特别是离不开科技中小企业的技术研发。但技术研发是一项风险投资,有着相当大的不确定性,不但要投入大量的资金,还需要具备一定数量的科研人员以及耗资巨大的实验室、科研设备等,这些苛刻的条件是中小企业无法承担的。科技中小企业不具备单独进行技术研发的能力,这是否就意味着其无法通过技术研发来开拓市场和推进企业的成长? 答案是否定的。根据交易成本理论和资源外包理论,科技中小企业可以从技术研发成本的角度以及技术研发资源的互补性方面,考虑是否将技术研发活动进行服务外包以及如何外包等问题,其目的是通过服务外包降低研发成本,提升企业的核心竞争力。这一做法目前在国际上已很普遍。例如,随着网络技术和

---

* 原载于《广东财经大学学报》2014 年第 3 期第 40—45 页。作者:姚凤民(1964—)男,内蒙古赤峰人,广东财经大学教授,博士;余可(1972—),男,四川达州人,广东财经大学财税学院副教授,博士。

现代服务业的飞速发展,20世纪90年代许多国际知名企业纷纷将信息系统、物流、人力资源管理等内置服务业务外包给专业的服务提供商,以达到降低成本、提升核心竞争力的目的。因此,科技中小企业进行技术研发服务外包具有重要的意义,它能够降低中小企业技术研发的风险度,确保这些企业健康成长,从而有利于我国产业结构的转型升级。

服务产品具有无形性、异质性、生产消费同时性等特点[1—2],技术研发服务也不例外,这些特点导致发包的科技中小企业除了要付出服务外包费,还要付出精力参与其中,此外,信息不对称和研发结果不确定等风险也会导致外包成本的增加。技术研发服务外包作为一项风险投资,需要政府运用财政补贴政策等措施来降低科技中小企业的成本和风险,促使其积极参与。但财政补贴率影响科技中小企业进行技术研发服务外包方式选择的条件是什么? 政府采用何种财政补贴机制更加有效? 等等问题正是本文将要探讨的问题。

二、文献综述

目前关于政府科技财政补贴政策的研究主要集中在以下三个方面。

微观层面多集中于对政府科技财政补贴与企业技术研发经费的互补效应和替代效应的研究。例如,在国外学者的研究中,考克伯恩和亨德森(Cockburn & Henderson,1998)[3]发现企业与由政府资助的高校进行技术研发合作,能提高其内部的"吸收能力";沃尔斯腾(Wallsten,1999)[4]的研究表明,政府研发补贴可能与私人投入存在替代关系,从而削弱私人研发的投资支出;大卫(David)等人(2000)[5]的实证分析证实政府增加公共科研方面的投入在单个企业层面上具有挤出效应,但在整体企业层面上则具有挤入效应。国内学者姚洋和章奇(2001)[6]的研究表明,我国政府在R&D投资方面占主导地位并不是一种有效率的状态。

宏观层面主要是对政府科技财政补贴政策影响经济增长的效应进行研究。例如,国外学者卡斯曼(Cassiman)等(2002)[7]发现政府加大对基础研究的资助力度,有利于通过知识传播促进技术进步,为其他应用研究工作提供技巧、方法和工具,能提高研究者吸收外部信息和改进应用研发的能力,从而促进经济增长。莫瑞斯(Morales,2004)[8]的研究证实,对私人研究的补贴、为私人研究项目提供公共资金以及在公共机构进行基础研究,对于经济增长具有明确的促进作用。迪诺普洛斯和西罗普洛斯(Dinopoulos & Syropoulos,2007)[9]的研究也表明,一定比例的研发支出补贴是决定长期经济增长的关键因素之一。

在宏观与微观相结合层面,主要集中于政府科技财政补贴政策对企业各种微观环境和行为变量的影响研究方面。例如,马克斯和霍华德(Marcus & Howard,2003)[10]、罗德里克(Rodrik,2004)[11]就政府科技财政补贴的选择性对产业生产率的影响进行研究;朱平芳和徐伟民(2003)[12]、郑绪涛和柳剑平(2008)[13]等学者对政府科技财政补贴的不同形式进行比较分析;安同良(2003)[14]在基于"企业技术能力"进行研究的基础上,创新性地指出在影响企业技术选择的各种变量中,"企业抱负"占据着重要地位,一个有着宏伟技术抱负和发展愿景的企业更有动力去进行具有原创意义的R&D活动,而政府R&D政策的着重点则在于准确甄别这些企业,并给予有针对性的补贴和资助。

在上述文献中,对于政府促进科技中小企业技术研发服务外包的财政策略行为的研究比较少见,与此相近的是安同良等(2009)[15]的文献。他们建立了一个企业R&D与最终产品生产的两阶段模型,引入企业与政策制定者之间的信息非对称分布因素,不仅考察了企业为获取R&D补贴而实施的信号传递行为,同时也分析了政策制定者在面临企业实施策略性行为时的最优对策;但在企业与R&D补贴政策制定者之间的动态不对称信息博弈模型中,他们将企业的博弈行为选择集合限定为原始创新和二次创新,对于企业特别是科技中小企业的技术研发服务外包行为的选择则没有考虑在内。本文将在企业与R&D补贴政策制定者之间的不对称信息博弈模型基础上,将科技中小企业的技术研发服务外包行为纳入其中,分析政府促进科技中小企业技术研发服务外包的财政策略,并基于广东省科技中小企业问卷调查的数据进行实证检验。

三、促进中小企业研发服务外包的财税政策模型的推导与假定

(一)理论模型框架

在设定模型之前,需要做出如下几点说明。

首先,我们需要对科技中小企业的概念进行界定,这样才能将科技中小企业与其他企业区分开来。根据《天津市科技型中小企业认定管理办法(试行)》的定义,科技型中小企业是指拥有一定科技人员,掌握自主知识产权、专有技术或先进知识,通过科技投入开展创新活动,提供产品或服务的中小企业。简而言之,科技型中小企业是以创新为使命和生存手段的企业。由此,本文将科技中小企业定义为知识生产企业,其生产投入主要为人力资本。

其次,在模型中,科技中小企业的技术研发行为包括自主创新研发和技术研发外包。其中,自主创新虽然包括原始创新和二次创新,但是本文通过对技术研发成功概率函数参数取值范围的确定,将这两类创新概念的内涵统一在本模型中。

最后,在模型中,各参与方均是信息不对称的。这意味着在进行第一次技术研发之前,政府对各科技中小企业研发能力的掌控并不充分,从而无法判断其研发成功概率的大小。但是,科技中小企业却十分清楚本企业及其竞争对手的技术研发能力状况,这是因为技术研发能力是科技中小企业生存与发展的关键因素。

基于上述分析,本文首先在安同良等(2009)[15]的 R&D 成功概率函数的基础上,加入 Griliches 知识生产函数(Griliches,1979)[16],则科技中小企业技术研发成功概率函数为:

$$p = \ln(Ak^{\alpha}) = \ln A + \alpha \ln h$$

其中,p 为科技中小企业在单位时间内取得一次技术研发创新成功的概率,且 $0 \leq p \leq 1$;h 为科技中小企业进行技术研发活动的人力资本投入;A 为常数且大于零;α 为技术研发成功概率相对于研发人力资本投入变化的弹性。

(二)理论模型的假定

假定在一个软件细分行业有 A、B 两个科技中小企业,它们共同争夺一个软件细分市场份额。在该市场的软件产品中,主要有两个技术研发创新点,即软件整体架构技术创新和软件纠错能力技术创新。

分析之前首先进行以下假定。

第一,假定 A 企业的研发能力大大高于 B 企业,即 $p_A > p_B$,并且二者进行无限次回合的技术研发投资博弈。

在软件整体架构技术创新方面,A 企业研发能力较强,属于具有原始创新的技术领先者;B 企业技术研发能力较弱,属于具有二次创新的技术追随者。其技术研发成功函数具有如下性质:

$$0 \leq p_{B1} < < p_{A1} \leq 1$$

在软件纠错能力技术创新方面,A 与 B 研发能力相似,均属于具有二次创新的技术追随者。其技术研发成功函数具有如下性质:

$$0 \leq p_{B2} \approx p_{A2} \leq 1$$

基于上述假定,就该软件产品的整体研发成功函数而言,A 企业要大于 B 企业

$$0 \leq p_B < p_A \leq 1$$

由于技术水平的差距决定了公司 R&D 竞争行为的积极性,虽然 A 企业的技术研发能力强于 B 企业,但如果差距控制在一定范围内,则两家企业之间会呈现出 A 企业作为技术领导者、B 企业作为技术追随者的创新投资博弈态势。

第二,假定每一个博弈回合包括两个阶段(见图1),阶段1(t_1—t_2)是 A 企业技术研发原始创新的垄断阶段,在该阶段 A 企业获得垄断利润。阶段2(t_2—t_3)

是从 B 企业技术研发二次创新成功的时刻,到 A 企业进一步技术研发原始创新成功的时刻,在该阶段 A、B 企业合谋,同时获得寡头垄断利润。

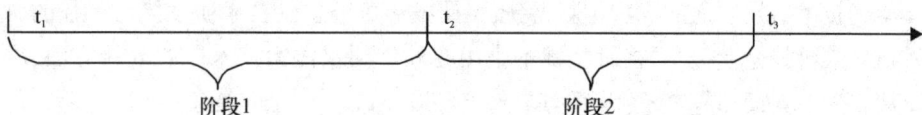

图1 企业技术研发投资博弈回合阶段图

第三,假定政府对两个企业的技术研发费用的补贴率分别为 s_A、s_B,由于政府对于两家企业的研发能力水平并不掌握充分信息,因此首先假定政府对两个企业的补贴率相等,即 $s_A = s_B$。

第四,假定 A 企业在阶段 1 获得垄断利润 R;在阶段 2,由于 B 企业进行技术研发二次创新成功或者通过技术研发服务外包成功,两企业共同获得寡头垄断市场利润,假定其各占市场份额的 50%,则分别获得利润 $R/2$。

第五,假定两家企业的生产要素和技术研发要素价格在阶段 1 和阶段 2 均保持不变,即资本利率和人力资本的收益率在阶段 1 和阶段 2 均保持不变。

(三)理论模型分析

基于上述假定,可以给出 A、B 企业技术研发创新成功后所创造的价值函数:

$$V_A = \int_{t_1}^{t_2} e^{-it} p_A R dt + \int_{t_2}^{t_3} e^{-it} p_B R/2 dt = \frac{p_A R}{i}(e^{-it_1} - e^{-it_2}) + \frac{p_B R}{2i}(e^{-it_2} - e^{-it_3})$$

$$V_B = \int_{t_2}^{t_3} e^{-it} p_B R/2 dt = \frac{p_B R}{2i}(e^{-it_2} - e^{-it_3})$$

其中,V_A、V_B 分别代表 A、B 企业技术研发创新成功后所创造价值的贴现值,i 为利率。为了简化分析,假定在阶段 1,A 企业没有通过出卖专利来获得收益。两家企业技术研发行为的利润最大化行为是:

$$\max\left[V_A - \int_0^{t_1}(1 - s_A)w(h_{A1} + h_{A2})\, e^{-it} dt \right]$$

$$\max\left[V_B - \int_0^{t_2}(1 - s_B)w(h_{B1} + h_{B2})\, e^{-it} dt \right]$$

其中,w 是技术研发人员的工资率,h_{A1}、h_{B1} 分别是 A、B 企业用于软件整体架构技术创新的人力资本投入,h_{A2}、h_{B2} 分别是 A、B 企业用于软件纠错技术创新的人力资本投入。

由于 B 企业的技术研发成功概率函数远远低于 A 企业,如果按照上述模型来进行技术研发投入的博弈竞赛,则 B 企业将永远在 A 企业后面追赶,而无法获得更多的垄断利润。B 企业要分享更多的垄断利润有两个选择:其一,加大对软件整体架构技术研发的投入力度,缩小 t_1 和 t_2 之间的时间间隔;其二,放弃在软件整体架构技术研发方面的二次创新,将技术研发服务外包给技术研发能力更强的研发机构或科技企业,从而将研发资本集中在软件纠错能力技术原始创新方面,尽可能在这一方面超越 A 企业,使其软件产品开发成功的时间在前。

如果 B 企业选择第一种方式,也就是其加大对软件整体架构技术研发的投入力度。由于 A 企业的软件整体架构研发能力大大强于 B 企业,假定其研发成功的概率是 B 企业的 N 倍,即 $p_A = Np_B$,且 $N > 2$。而如果 B 企业要想将 t_1 和 t_2 之间的时间间隔缩小为 0,也就是说两个企业同时创新成功,那么 B 企业必须将其技术研发成功的概率提升 N 倍。根据其成功概率函数可以看到,B 企业用于软件整体架构技术研发的资本投入必须相应提高,且提高的倍数为 N 的指数倍,则 B 企业的技术研发投入成本要增加到 $(1 - s_B)iN(k_{B1} + k_{B2})$。

这就意味着,B 企业要将技术研发能力提升到与 A 企业相同的水平,其技术研发成本要增加 N 倍以上。然而,在 B 企业通过提升研发能力而将 t_1 和 t_2 之间的时间间隔缩小为 0 之后,其获得的垄断收益增加到 $\int_{t_1}^{t_3} e^{-it} p_B R/2dt = \dfrac{Np_B R}{2i}(e^{-it_1} - e^{-it_3})$。由于 $e^{-it_1} - e^{-it_3} < 1$,因此,B 企业获得的垄断收益增加不到 N 倍。即对于 B 企业来说,通过加大技术研发投资力度以提升其研发能力,所获得的利润的增长速度赶不上成本投入的增长速度,因此这一选择得不偿失。

这种情况下,B 企业必然要做出另一选择,即将技术研发服务外包。服务外包一般分为离岸服务外包和在岸服务外包,其中离岸服务外包是向国外技术研发机构外包购买技术研发服务。

假定在 A、B 企业之外的地区有技术研发机构 C,C 所在地区经济发展水平较低,其从事技术研发的人力资本的工资率远低于 B 企业技术研发的投入,即 $w' < w$。同时,C 与 A 具有同等水平的技术研发能力。如果 B 企业向 C 进行离岸技术研发服务外包,则 C 不但能够在时刻 t_1 向 B 交出与 A 具有同等创新力的技术,而且其技术研发成本远低于 B 自主进行技术研发的成本,即

$$w'h_{C1} < (1 - s_B)w_B h_{B1}$$

在这一情形下,B 企业新增利润与加大对技术研发投入力度时获得的垄断利润相等。垄断利润不变,而技术研发成本大幅降低,必然提升 B 企业进行技术研发离岸服务外包的积极性。

要促使 B 向 C 进行技术研发的离岸服务外包,技术研发财政补贴率需要满足以下条件:

$$s_B < 1 - \frac{w'h_{C1}}{wh_{B1}} \qquad (1)$$

对于在岸服务外包而言,由于经济发展水平相同,作为接包方的技术研发机构的人力资本和劳动力工资与 B 企业相同。如果再考虑利息成本,则 B 企业进行技术研发在岸服务外包并不具备成本优势。但是,由于科研型高校和科研机构获得政府大量的资金投入,从而决定了这些机构的科研资源具有公共产品的属性。

基于上述分析,假定在岸科研机构 D 的技术研发能力与 A 企业相同,即 $p_D = p_A$。由于该科研机构由政府设立,其基础设施和设备均由财政投入,则该科研机构具有公益性,即该科研机构物质资本的利息成本可以不体现在其对外进行技术研发服务的成本之中。如果 B 企业欲在短期内提升其技术研发能力而将研发业务外包给 D,则只要 D 的技术研发成本满足以下条件:

$$wh_{D1} < (1 - s_B)wh_{B1} \qquad (2)$$

对式(2)进行变换,得到政府给予 B 企业技术研发财政补贴以促进在岸技术研发服务外包行为的条件:

$$s_B < 1 - \frac{h_{D1}}{h_{B1}} \qquad (3)$$

比较式(1)和(3)可以发现,政府选择支持企业进行离岸或在岸服务外包的关键在于不等式右侧值的大小。如果式(1)右侧值较小,则意味着政府采用较低的财政补贴率就能达到效果,在这一情况下政府必定支持企业进行技术研发的离岸服务外包;如果式(3)的右侧值较小,则意味着政府必定支持企业进行技术研发的在岸服务外包。

由于无法获得具体的数据,因此难以确定式(1)和(3)右侧值的大小。但一般而言,技术研发水平较高的经济体,其经济发展水平也较高,技术研发成本自然也较高。这就意味着 B 企业难以找到技术研发成本低且研发水平较高的离岸科研机构。即使存在这样的科研机构,B 企业的信息获取成本也足以抵消掉其研发成本的优势。

基于上述分析可知,政府较为可行的做法是运用财政补贴政策促使 B 企业向 D 进行技术研发的在岸服务外包。本文将构建并估算相关的计量分析模型,以验证上述结论。

四、实证分析:以广东省为例

文中数据来源于广东省科技厅在 2010 年 1 月进行的"振兴科技型中小企业

示范工程"的问卷调查。调查的潜在对象为广东省 2008 年通过认定的 1 831 家国家级高新技术企业（含深圳市）。组织者从这些企业中随机抽取 800 家作为最初的调查对象。问卷发放和回收时间为 2010 年 1 月至 3 月，最终回收 708 份，有效问卷 609 份。

设定的两个实证分析模型如下：

模型 1：

$$Y_i = \alpha_0 + \alpha_1 R\&D_i + \alpha_2 D_{wbi} + \alpha_3 Control_i + \alpha_4 D_{hyi} + \alpha_5 D_{dqi} + \varepsilon_i$$

模型 2：

$$D_{wbi} = \beta_0 + \beta_1 Fs_i + \beta_2 Control_i + \beta_3 D_{hyi} + \beta_4 D_{dqi} + \mu_i$$

分别对模型 1 和模型 2 设定原假设 H_1、H_2 和备选假设 H_3、H_4。

H_1：与国内大学或科研院所合作研发虚拟变量 D_{2wbi} 对于科技中小企业的主营收入不具有显著的正相关影响。

H_2：财政补贴变量对于科技中小企业选择与国内大学或科研院所合作研发不具有显著的正相关影响。

H_3：与国内大学或科研院所合作研发虚拟变量 D_{2wbi} 对于科技中小企业的主营收入具有显著的正相关影响。

H_4：财政补贴变量对于科技中小企业选择与国内大学或科研院所合作研发具有显著的正相关影响。

在模型 1 中，Y_i 为第 i 家科技中小企业的主营业务收入增长率。之所以采用主营业务收入增长率来衡量技术研发投入对科技中小企业增长率的影响，主要是因为企业进行技术研发的目的是增加主营业务收入，而其他增长率指标均有可能由其他非技术研发因素导致。该指标的计算公式为 $Y_i = \ln(R_{it}) - \ln(R_{it-1})$。其中，$R_{it}$ 表示第 i 家科技中小企业第 t 年的主营业务收入。由于问卷调查中获得的主营业务收入的数据为 2007—2009 年，因此，增长率数据仅为 2008 年和 2009 年。

R&D 代表技术研发投入变量。本文采用相对性指标作为科技中小企业的技术研发投入变量，计算公式为：$R\&D_i = R\&D_{it}/R_{it}$。其中 $R\&D_{it}$ 表示第 i 家科技中小企业第 t 年的技术研发投入。

本文从该问题的原始数据中获得两个虚拟变量指标：D_{1wbi} 代表只要选择 E，即选择委托开发选项，其赋值即为 1，否则为 0；D_{2wbi} 代表只要选择 F，即选择与国内大学或科研院所合作研发选项，其赋值即为 1，否则为 0。

财政补贴变量（Fs_i）代表第 i 家科技中小企业获得的政府对其技术研发投入的补助。该变量的计算公式是企业获得的国家或省级科技计划项目资助总额与企业 R&D 支出总额的比值,分别用 Fs_{1i} 和 Fs_{2i} 来表示。其中 Fs_{1i} 代表第 i 家科技中小企业获得的中央政府对其技术研发投入的补助,Fs_{2i} 代表第 i 家科技中小企业获得的广东省政府对其技术研发投入的补助。将这两个财政补贴变量纳入计量模型的原因,是中央财政和地方财政对于科技中小企业的技术研发和创新投资均有补贴,即中央政府和地方政府通过对科技中小企业技术研发投入的财政补贴参与其知识生产之中。

$Control_i$ 表示第 i 家科技中小企业的控制变量,设立控制变量是为了防止遗漏重要变量可能导致的模型设定偏误。本文将企业规模(Ta_i)、研发能力(H_i)、企业盈利能力(Pf_i)、企业贷款融资能力(Cd_i)、企业资本市场融资能力(Mv_i)、企业年龄(Age_i)、行业虚拟变量(D_{hyi})和地区虚拟变量(D_{dqi})作为控制变量。这些控制变量同时也是模型 2 的自变量。

企业规模(Ta_i)采用科技中小企业总资产的自然对数,研发能力(H_i)采用从事研究开发人员数的自然对数,企业盈利能力(Pf_i)采用税后利润与企业总资产的比值,企业贷款融资能力(Cd_i)采用科技中小企业第 t 年获得的银行和私人贷款的总额与同期的总资产的比值,企业资本市场融资能力(Mv_i)采用科技中小企业获得资本市场资金的总额与同期的总资产的比值,企业年龄(Age_i)代表科技中小企业从注册成立公司到问卷调查时的年限,采用公司成立年数的自然对数指标衡量其年龄,并在回归模型中加入其平方项,以便控制公司年龄对企业成长的影响。

行业虚拟变量(D_{hyi})代表了不同行业的差异性。本文将问卷调查中的 609 家中小企业分为 6 个行业,包括电子信息、生物与新医药、新材料、光机电一体化、高能源与高效节能以及其他行业。其赋值规则:如果第 i 家科技中小企业属于行业 j,则 $D_{hyij}=1$;如果不属于行业 j,则 $D_{hyij}=0$。

地区虚拟变量(D_{dqi})代表了广东省各市不同的经济发展水平和财政补贴水平的差异性。在设定地区虚拟变量的过程中,由于潮州、茂名、清远、汕头、汕尾、韶关、阳江和云浮 9 个城市的企业数均未超过 15 个,为保证统计推断的可信度,保证回归分析中有较高的自由度,将其归为一组,并设定一个虚拟变量来反映这些地区的特征。即本文将广东省科技中小企业分为广州、深圳、东莞、佛山、惠州、揭阳、梅州、湛江、肇庆、中山、珠海和其他 12 个地区。其赋值规则为:如果第 i 家科技中小企业属于地区 g,则 $D_{dqig}=1$;如果不属于地区 g,则 $D_{dqig}=0$。

将上述数据输入软件 Eviews5.0。首先对上述变量进行数据统计分析,再按照模型 1、模型 2 进行多元回归分析,其中模型 1 采用最小二乘法,模型 2 采用 Logit 模型,结果如表 1、表 2 所示。

表 1　模型 1 估计结果

因变量 自变量	Y_{i08}			Y_{i09}		
	(1)	(2)	(3)	(4)	(5)	(6)
C	0.351 ** (2.469)	0.315 ** (2.191)	0.092 6 (0.577)	0.032 (0.198)	0.064 (0.211)	0.012 (0.072)
$R\&D_{it}$	0.026 8 *** (4.945)	0.026 7 *** (4.962)	0.045 6 *** (7.477)	0.045 8 *** (7.56)	0.243 *** (6.5)	0.246 *** (6.618)
D_{1wbi}	−0.011 2 (−0.181)		0.009 (0.156)		0.025 4 (0.462)	
D_{2wbi}		0.061 4 * (1.652)		0.099 ** (2.36)		0.095 9 ** (2.253)
企业规模(Ta_i)	0.008 6 (1.073)	0.008 2 (1.033)	−0.001 6 (−0.17)	−0.001 9 (−0.213)	−0.006 5 (−0.721)	−0.007 (−0.797)
研发能力(H_i)	−0.017 7 (−1.235)	−0.019 4 (−1.353)	0.002 8 (0.171)	0.000 6 (0.0386)	0.008 (0.493)	0.006 (0.366)
企业盈利能力 (Pf_i)	−0.091 2 (−1.337)	−0.093 (−1.377)	−0.002 9 (−0.037)	−0.008 7 (−0.114)	0.101 (1.076)	0.086 (0.919 8)
企业贷款融资能力 (Cd_i)	0.066 (0.645)	0.065 (0.635)	−0.053 9 (−0.464)	−0.059 6 (−0.517)	−0.01 (−0.08)	−0.008 (−0.063)
企业资本市场 融资能力(Mv_i)	−0.009 8 (−0.061)	−0.027 (−0.167)	0.015 3 (0.085)	−0.004 (−0.022)	−0.346 (−1.453)	−0.344 (−1.451)
企业年龄(Age_i)	−0.104 (−1.389)	−0.108 (−1.453)	−0.072 3 (−0.858)	−0.078 (−0.932)	−0.063 (−0.743)	−0.069 (−0.819)
企业年龄(Age_i^2)	0.011 7 (0.877)	0.013 (0.943)	0.006 7 (0.446)	0.008 (0.531)	0.006 8 (0.444)	0.008 (0.537)
地区虚拟变量 (D_{dqi})	Yes	Yes	Yes	Yes	Yes	Yes
行业虚拟变量 (D_{hyi})	Yes	Yes	Yes	Yes	Yes	Yes
adj_R^2	0.065	0.07	0.101	0.11	0.085	0.093
F 值	2.515 ***	2.622 ***	3.445 ***	3.677 ***	3.024 ***	3.22 ***
样本数	609	609	609	609	609	609

说明: ***、**、* 分别表示在 1%、5% 和 10% 水平上显著;括号中为 t 值;(1) ~ (4) 栏的自变量为 2007 年数据,(5) ~ (6) 栏的自变量为 2008 年的数据,C 为截距项。

　　表 1 中,各栏的 F 值均在 1% 的水平上显著,说明模型具有整体显著性。具有

委托开发倾向的技术研发服务外包虚拟变量(D_{1wbi})的回归系数均不显著;而具有与国内大学或科研院所合作研发倾向的技术研发服务外包虚拟变量(D_{2wbi})的回归系数均在10%和5%的水平上显著,且均为正数。这说明科技中小企业通过委托开发获得技术创新并不会对其主营业务收入增长产生影响,但是通过与国内大学或科研院所合作研发来获得技术创新则会对其主营业务收入增长产生显著的正的影响。因此拒绝原假设 H_1,选择备选假设 H_3。

表2中,除(2)(3)栏外,其余各栏的LR值均在1%和5%的水平上显著,说明模型具有整体的显著性。从估计结果可以看到,在(1)~(4)栏中,无论是 Fs_{1i} 还是 Fs_{2i} 对于 D_{1wbi} 和 D_{2wbi} 的影响均不显著。但在(5)栏的模型估计系数中,Fs_{2i} 的回归系数显著性水平和数值最高,其在1%的显著性水平上对 D_{2wbi} 的影响系数为5.61。在(6)栏的模型估计系数中,Fs_{1i} 的回归系数为3.163,且在10%的水平上显著。这表明,财政补贴对于科技中小企业选择与国内大学或科研院所合作研发具有显著的正相关影响。因此,拒绝原假设 H_2,选择备选假设 H_4。

表2　模型2估计结果

自变量 \ 因变量	D_{1wbi}			D_{2wbi}		
	(1)	(2)	(3)	(4)	(5)	(6)
C	−4.045***	−4.357***	−3.628***	0.366	−0.137	0.157
	(−3.631)	(−3.86)	(−3.374)	(0.415)	(−0.14)	(0.178)
Fs_{1i}	−5.809	−0.217	−0.233	−0.458	1.425	3.163*
	(−1.593)	(−0.124)	(−0.571)	(−0.432)	(1.053)	(1.859)
Fs_{2i}	−0.468	−0.804	−0.18	2.037	5.61***	−0.164
	(−0.622)	(−0.745)	(−0.299)	(1.331)	(3.23)	(−0.563)
Ta_i	0.09	0.087	−0.035	0.013	0.0397	−0.008
	(1.203)	(1.202)	(−0.836)	(0.298)	(0.944)	(−0.243)
H_i	0.143	0.126	0.203*	0.128*	0.137*	0.114
	(1.198)	(1.085)	(1.93)	(1.662)	(1.758)	(1.475)
Pf_i	−1.07	0.263	−0.319	0.802	0.871*	2.757***
	(−1.298)	(0.704)	(−0.76)	(1.286)	(1.82)	(2.717)
Cd_i	−1.45	−0.864	−0.075	0.262	−0.28	0.368
	(−1.47)	(−1.129)	(−0.505)	(0.449)	(−0.366)	(0.827)
Mv_i	2.281**	2.235	0.0349	1.527	0.033	0.436
	(2.522)	(1.593)	(0.0799)	(1.282)	(0.026)	(0.724)
Age_i	0.51	0.626	0.64	0.351	0.459	0.563
	(1.06)	(1.247)	(1.24)	(0.739)	(0.814)	(1.234)

因变量 自变量	D_{1wbi}			D_{2wbi}		
	（1）	（2）	（3）	（4）	（5）	（6）
Age^2	−0.055 （−0.86）	−0.067 （−1.009）	−0.056 （−0.844）	−0.076 （−0.962）	−0.095 （−0.95）	−0.096 （−1.288）
D_{dqi}	Yes	Yes	Yes	Yes	Yes	Yes
D_{hyi}	Yes	Yes	Yes	Yes	Yes	Yes
McFadden R^2	0.079	0.063	0.055	0.134	0.151	0.144
LR 值（26df）	38.93 **	30.94	26.98	105.66 ***	119.32 ***	113.85 ***
样本数	609	609	609	609	609	609

说明：*** 、** 、* 分别表示在 1%、5% 和 10% 水平上显著；括号中为 Z 值；（1）（4）栏自变量为 2007 年数据，（2）（5）栏自变量为 2008 年数据，（3）（6）栏自变量为 2009 年数据，C 为截距项。

五、结论

本文的实证分析结果表明，科技中小企业通过委托开发获得技术创新不会对其主营业务收入增长产生影响，但是通过与国内大学或科研院所合作研发获得技术创新则会对其主营业务收入增长产生显著的正相关性的影响。虽然中央政府和地方政府给予广东省科技中小企业技术研发的财政补贴对于其主营业务增长率没有直接产生显著的影响，但是影响科技中小企业与国内大学或科研院所合作研发服务外包倾向的因素则主要包括中央和地方财政补贴变量。这验证了本文理论分析部分得出的结论，即政府运用财政补贴政策促进了科技中小企业向在岸科研机构进行技术研发的在岸服务外包。

我国的科技中小企业向高校和科研机构进行技术研发服务外包具有较大的成本优势，这是因为：第一，我国在岸科研机构大多为企事业单位，其与政府各部门间的联系频繁且紧密，政府对其信息了解得较为充分，从而大大降低了科技中小企业的搜寻成本；第二，在岸科研机构获得大量的科技财政投入，其拥有的科研基础设施和设备绝大部分由财政资金购置，具有公共产品的属性，应免费或以较低的价格服务于社会机构；第三，在岸科研机构的科研人员一般具有较高的学术修养和科研能力，财政资金为其提供工资薪金，科研人员有能力和义务为科技中小企业的技术创新提供帮助。

参考文献

[1]詹姆斯·A. 菲茨西蒙斯，莫娜·J. 菲茨西蒙斯 . 服务管理运作、战略与信息技术

[M].北京:机械工业出版社,2003.

[2]汪纯孝,蔡浩然.服务营销与服务质量管理[M].广州:中山大学出版社,2005.

[3]COCKBURN I M, HENDERSON R M. Absorptive capacity, co-authoring behavior, and the organization of research in drug discovery[J]. Journal of Industrial Economics, 1998,46(2): 157 – 181.

[4]WALLSTEN J. Do government industry R&D program increase private R&D: the case of the small business innovation research program[R]. Stanford,CA,USA:Department of Economics, Stanford University,1999.

[5]DAVID P, HALL B,TOOLE A. Is public R&D a complement or substitute for private R&D? a review of the econometric evidence[J]. Research Policy, 2000,29(4):497 – 529.

[6]姚洋,章奇.中国工业企业技术效率分析[J].经济研究,2001(10):13 – 19.

[7]CASSIMAN B, PEREZ D, VEUGELERS R. Endogenizing know-how flows through the nature of R&D investments [J]. International Journal of Industrial Organization, 2002, 20(6): 775 – 799.

[8]MORALES F. Research policy and endogenous growth[J]. Spanish Economic Review, 2004, 6(10): 179 – 209.

[9]DINOPOULOS E,SYROPOULOS C. Rent protection as a barrier to innovation and growth [J]. Economic Theory, 2007, 32(2):309 – 332.

[10]MARCUS N, HOWARD P. Industrial policy in an era of globalization: lessons from Asia [R]. Washington,USA:Institute for International Economics,2003.

[11]RODRIK D. Industrial policy for the 21st century[R]. Cambridge,MA;USA:John F. Kennedy School of Government, Harvard University,2004.

[12]朱平芳,徐伟民.政府的科技激励政策对大中型工业企业R&D投入及其专利产出的影响——上海市的实证研究[J].经济研究,2003(6): 45 – 53.

[13]郑绪涛,柳剑平.促进R&D活动的税收和补贴政策工具的有效搭配[J].产业经济研究,2008(1):26 – 36.

[14]安同良.中国企业的技术选择[J].经济研究,2003(7):76 – 84.

[15]安同良,周绍东,皮建才.R&D补贴对中国企业自主创新的激励效应[J].经济研究,2009(10):87 – 98.

[16]GRILICHES Z. Issues in assessing the contribution of R&D to productivity growth[J]. Bell Journal of Economics, 1979,10: 92 – 116.

我国财政政策和货币政策规则选择
与搭配研究

朱　军[*]

在动态随机一般均衡模型(DSGE 模型)的框架下,构建适合中国国情的动态"新凯恩斯主义"DSGE 模型以研究不同财政政策和货币政策规则的搭配效应。基于中国的宏观经济数据,通过"贝叶斯"估计比较不同货币政策规则情景下的财政政策效应及其整体的经济波动效应,研究发现:在同一货币政策规则下,不同财政政策规则的经济效应较为相似;在不同的货币政策规则之下,财政政策对私人消费、通货膨胀和债务水平的影响有明显差异;货币政策的经济波动效应大于财政政策的效果。

一、引言及文献综述

目前,在动态随机一般均衡模型(DSGE 模型)框架下研究经济问题是现代宏观经济理论研究的主要范式。但是,基于这一范式的研究是在货币的短期"非中性"基础之上展开的,因而相关研究大多是从货币政策及其货币政策规则的角度来考察的。这些研究成果集中体现在盖利(Gali,2008)[1]的经典著作之中,以及刘斌(2010)[2]、张卫平(2012)[3]等在动态随机一般均衡范式下对货币政策的专题应用介绍。当前国内外文献对动态随机一般均衡模型中的货币政策及其政策规则等讨论较多,其中张杰平(2012)[4]、楚尔鸣和许先普(2012)[5]等基于 DSGE 模型研究了动态"新凯恩斯主义"框架下的中国货币政策规则和最优规则的选择问题。

欧洲的债务危机及其经济疲软背景下的政府经济功能"再定位"使得各国学

---

* 原载于《广东财经大学学报》2014 年第 4 期第 4 - 13 页。作者:朱军(1980—),男,江苏建湖人,南京财经大学公共财政研究中心副教授,财政部财政科学研究所博士后。

者日益关注 DSGE 模型中的财政政策问题。如斯特劳布和恰卡罗夫(Straub & Tchakarov,2007)[6]通过构建一个修正的新广域模型(New Area-Wide Model)研究公共支出结构变化的产出效应,他们认为,如果受到财政巩固框架(Fiscal Consolidation)的约束,降低公共投资、增加公共消费不利于增加经济产出;王文甫(2010)[7]通过构建动态的"新凯恩斯主义"DSGE 模型(摩擦特征为"价格黏性"和"流动性"约束)讨论了增加政府总公共开支的产出效应;简志宏等(2011)[8]构建包括货币供应机制的 DSGE 模型研究我国的公共购买支出、政府投资支出等对消费和私人投资的经济效应;基于匈牙利的宏观经济数据,本克和詹卡布(Benk & Jakab,2011)[9]研究了财政政策调整的"非凯恩斯主义"产出效应,他们认为,在动态"新凯恩斯主义"DSGE 模型中,财政巩固框架约束下的财政结构政策具有一定的抑制效应;基于标准的"新凯恩斯主义"DSGE 模型,川姆和杨(Traum & Yang, 2015)[10]设定了一个包含具体财政规范的模型研究美国"公共债务"变化的经济效应;基于国民经济核算的收支平衡等式,张佐敏(2013)[11]研究了税收变化、转移支付和政府支出变化的"财政政策规则"及其经济稳定效应;在动态"新凯恩斯主义"的 DSGE 模型中,胡永刚和郭长林(2013)[12]研究了以"产出缺口"和"通货膨胀缺口"的系数变化所形成的不同的财政政策规则对于私人消费的影响;等等。

总结现有文献可以发现,目前在动态"新凯恩斯主义"的框架中专题讨论中国财政政策规则并进行比较研究的文献较少,除贾俊雪和郭庆旺(2012)[13]外,DSGE 框架下有关财政政策的研究绝大多数都是在讨论"单一总公共支出"的产出效应。这明显不同于含生产性开支或不同支出类型的理论研究及其对应的实证研究。海德肯和葛瑞夫(Heideken & Graeve,2012)[14]指出,在当前的动态宏观经济体系中("新兴"古典综合体系,New Neoclassical Synthesis),财政政策问题可能被长期忽视了。实际上,在新古典宏观经济学(New Classical Macroeconomics)中,许多学者基于 Barro-Karras(1990、1993)[15—16]框架形成了衡量公共支出产出效率、获得最优财政政策的计量回归模型。在实证方面,这一范式得到广泛的应用,相关文献较多。当然,该框架只能进行事后的验证分析,不能用于财政政策比较以及情景模拟分析。在经济理论研究无法进行"实验"的情况下,新一代的 DSGE 模型弥补了这一缺陷(Vetlov 等,2010)[17]。但是在该框架中,目前关于财政政策规则的研究相对较少,其涉及的财政政策或是假定政府是"无为的""单一的"(张杰平,2012),或是设定的财政政策较为单一,未考虑与货币政策规则的搭配效应(张佐敏,2013;胡永刚和郭长林,2013)。并且,当前所涉及的"政策规则"未考虑刘越飞和刘斌(2012)[18]总结的多种形式。

总体而言,上述基于我国宏观经济数据的财政货币政策研究多是基于确定性参数加以考察的,多采取张志栋和靳玉英(2011)[19]等形式的实证研究,多未考虑采取"贝叶斯"估计方法进行数值模拟。实际上,"贝叶斯"方法无论是针对嵌套模型还是非嵌套模型均可进行比较和选择,在这方面其更具优势。另一方面,基于 DSGE 结构模型的"贝叶斯"估计在最大似然估计的基础上强调了"待估参数分布"的重要性。相对于传统的最大似然估计、GMM 估计等方法,"贝叶斯"估计方法有两大优点:一是可以利用研究者掌握的待估参数的信息;二是由于"贝叶斯"估计方法是基于状态空间模型的,因此可以有效避免使用难以观测到的经济变量,例如资产存量和劳动时间等。事实上,近年来"贝叶斯"估计方法已经被大量运用于估计 DSGE 模型(Smets 和 Wounters,2003;Leeper 等,2010)[20—21]。

综合上述文献在财政政策规则研究方面存在的不足,笔者构建了一个动态的"新凯恩斯主义"DSGE 模型来讨论不同财政政策规则的经济效应。首先,考虑了财政政策的经济生产性,同时设定了复合政府模式下针对不同经济情景的财政政策规则,这显然不同于利泊(Leeper,1991)[22]、贾俊雪和郭庆旺(2012)等基于债务约束的单一财政政策规则设定(当然后者是在前者的基础上将其拓展为针对中国经济的情况进行研究)。其次,在经典 DSGE 模型的基础上,将货币政策设定为适合中国情景的形式加以研究。本文的经济模型系统不同于定位于单一政策规则的系统模型。最后,重点通过"贝叶斯"估计方法进行参数估计,比较不同货币政策规则之下的财政政策效应。

二、动态"新凯恩斯主义"的理论模型

(一)基本假设

假定在一个包含中间厂商和最终厂商的摩擦经济中,经济行为的主体包括代表性消费者、厂商和政策主体。各自的经济问题如下。

1.消费者的经济问题

对于经济系统中的代表性消费者,假定其效用函数为:

$$U(C_t, N_t, \frac{M_t}{P_t}) = \frac{C_t^{1-\sigma} - 1}{1-\sigma} - \frac{N_t^{1+\psi}}{1+\psi} + \frac{[\frac{M_t}{P_t}]^{1-\xi} - 1}{1-\xi} \quad (1)$$

其中:C_t 代表消费者的实际消费,N_t 代表劳动供给量,M_t/P_t 代表持有货币给消费者带来的经济效用(M_t 为名义货币供应量,P_t 为总物价水平)。参数项中,σ 为消费的风险厌恶系数,ψ 为费里希劳动供给弹性的倒数,ξ 为货币余额的替代弹性。此处的效用函数为可分离的形式。此时代表消费者的经济问题为:

$$\text{Max} \sum_{t=0}^{\infty} \beta^t \cdot U(C_t, N_t, \frac{M_t}{P_t})$$

上式中 β 为贴现因子。

参照盖利(Gali,2008)、刘斌(2010)等设定的 DSGE 模型的基本范式,结合宏观数据的可获取性和本文研究模型的主要特征,设定消费者的预算约束方程为:

$$P_t C_t + P_t I_t + M_t + B_t \leqslant R_{t-1} B_{t-1} + M_{t-1} + (1 - T_{kt})(W_t N_t + R_{t-1}^k P_t K_t) + F_t \quad (2)$$

其中: P_t、C_t 分别代表消费者消费商品的价格和实际消费量,I_t 为代表性消费者的实际资本投资支出,M_t 代表名义货币供给量,B_t 为债务水平,R_t 为名义利率(对数化的表达为 i_t),R_{t-1}^k 代表资本品的实际投资回报率,T_{kt} 代表消费者承担的宏观税收负担,W_t 为名义工资水平,N_t 为劳动供给量,F_t 代表消费者的其他资源禀赋收入。为简化分析,未考虑投资的调整成本①。

2. 厂商的经济问题

本文以动态"新凯恩斯主义"常用的迪克西特和斯蒂格利茨(Dixit & Stiglitz, 1977)[23]垄断竞争模型为基础,将厂商分为中间厂商和最终厂商,其中中间厂商在垄断竞争市场中面临价格调整的压力。对于最终产品厂商而言,其最终产品 Y_t 需要通过中间产品 $Y_t(j)$ 形成。最终产品的生产过程为完全竞争的市场,参照迪克西特和斯蒂格利茨的基本设定,假定生产函数为:

$$Y_t = \left[\int_0^1 Y_t(j)^{1-\frac{1}{\varepsilon_p}} d_j \right]^{\frac{\varepsilon_p}{\varepsilon_p-1}} \quad (3)$$

其中 ε_p 代表不同商品的替代需求弹性。根据利润最大化条件获得最终产品的"要素需求方程",结果如下:

$$Y_t(j) = \left[\frac{P_t(j)}{P_t} \right]^{-\varepsilon_p} \cdot Y_t \quad (4)$$

最终产品的生产是在完全竞争市场上生产的。此处同迪克西特和斯蒂格利茨(1977)的范式,定义 P_t 的价格形式为:

$$P_t = \left[\int_0^1 P_t(j)^{1-\varepsilon_p} d_j \right]^{\frac{1}{1-\varepsilon_p}} \quad (5)$$

参照巴罗(1990)[15]的研究,假定政府开支具有"生产性"。设定中间厂商的生产方程为:

$$Y_t(j) = A_t \cdot K_t(j)^{\alpha} \cdot N_t(j)^{1-\alpha} G_t(j)^e \quad (6)$$

其中: A_t 代表技术进步水平,$G_t(j)$ 代表政府总公共支出水平,其余为参数项(除掉

---

① 考虑到目前资本折旧的形式较多,且还没有针对中国的、专门的资本折旧模型选择方面的比较研究,因此本文未考虑这一问题。并且,本文赞同刘斌(2010)《动态一般均衡模型及其应用》一书的观点:我们建立模型的目标是模型能够尽量简洁,能够保证理论与数据的尽量相容。

已解释变量)。根据卡尔夫(Calvo,1983)[24]的方法设定黏性价格,获得含价格调整时的厂商利润最大化问题:

$$Max \quad E_t \sum_{k=0}^{\infty} (\theta\beta)^t \cdot \{ \Lambda_{t,t+k} \cdot Y_{t+k}(j) \cdot (\frac{P_t^*}{P_{t+k}} - MC_{t+k}) \} \tag{7}$$

其中:θ 为价格黏性程度,意指 θ 比例的中间品厂商保持价格不变,$\Lambda_{t,t+k}$ 代表随机贴现因子,MC_{t+k} 代表第 $t+k$ 期的实际边际成本,$Y_{t+k}(j)$ 代表在 t 期的厂商 j 在第 $t+k$ 期面临的需求函数,P_{t+k} 代表中间厂商在 t 期重新设定价格的水平,P_t^* 代表在 t 期的最优价格水平。据此求解相关优化条件,获得价格和预期通货膨胀 π_{t+1} 的关系——同盖利(Gali,2008)的标准范式进行求解。进一步地,根据黏性价格的设定,形成价格总水平动态变化的方程如下:

$$P_t = [\theta \cdot P_{t-1}^{1-\varepsilon_P} + (1-\theta) \cdot P^{*\,1-\varepsilon_P}]^{\frac{1}{1-\varepsilon_P}} \tag{8}$$

3.政策主体问题

对于政策主体而言,假定其为一个多功能的"复合政府",其经济政策分为三个方面。

一是货币政策的政策规则,具体规则可以分为两大类。规则之一是扩展的泰勒(Taylor,1993)[25]利率规则。目前多数文献认为该规则可以更好地刻画中国货币政策实践(如谢平和罗雄,2002;张屹山和张代强,2007;李成等,2010;郑挺国和刘金全,2010;等等)[26-29],本文综合相关文献的研究,设定我国的货币政策规则如下:

$$\hat{i}_t = \rho_r \cdot \hat{i}_{t-1} + (1-\rho_r)[\phi_1 \cdot (\hat{\pi}_{t+1} - \hat{\pi}_t) + \phi_2 \cdot \hat{\pi}_t + \phi_3 \cdot \hat{y}_t] + v_t \tag{9}$$

其中 i_t 为名义利率[其与相关资本回报水平的等价关系为 $i_t = -log(R_t)$,符号变量中的"$\wedge$"表示其偏离稳态值的结果],v_t 为货币政策规则冲击,其余为参数项。在这一规则下,名义利率与预期通货膨胀率、产出缺口相联系,货币政策的冲击方程为:

$$\hat{v}_t = \rho_v \cdot \hat{v}_{t-1} + e_{vt} \tag{10}$$

许多学者对货币政策持有不同的观点,他们认为中国的货币政策由中央银行控制,具有货币供应量规则的特征。譬如,李春吉等(2010)[30]、徐高(2008)[31]、薛鹤翔(2010)[32]、杨柳和李力(2011)[33]等认为我国的货币政策应遵循"货币供应量"规则。在此,货币政策的规则之二为"货币供应量规则"。其中,货币增量率 z_t 满足如下经济规律:

$$\hat{z}_t = \Gamma_1 \cdot \hat{z}_{t-1} - \Gamma_2 \cdot \hat{\pi}_{t+1} - \Gamma_3 \cdot \hat{y}_t + \chi_t \tag{11}$$

其中 χ_t 代指货币供应量规则之下的"政策冲击",服从一阶平稳的 AR(1)过程。

$$\chi_t = \rho_\chi \cdot \chi_{t-1} + e_{\chi t} \tag{12}$$

此时名义货币供应量的增长方程为：

$$\hat{m}_t = \hat{m}_{t-1} - \hat{\pi}_t + \hat{z}_t \tag{13}$$

二是对"财政政策"规则的考虑。综合各国政府的实践,财政政策规则主要存在于表 1 所列示的几种情形:由于我国中央地方财政关系尚未完全理顺,因而各级政府主体的财政支出决策运行模式存在纵向、横向间的差异性和政策实践的复杂性,从而导致财政政策在经济发展的不同阶段定位也不尽相同。表 1 中 g_t 为政府总公共支出 G_t 的对数化形式,后文线性化系统中的小写形式同样为其大写形式的对数化表达。

表 1 DSGE 框架中的财政政策规则考虑

序号	线性表达	经济内涵
一	$\hat{g}_t = \rho_g \cdot \hat{g}_{t-1} + \varepsilon_{g_t}$	"连续支出"规则
二	$\hat{g}_t = \rho_g \hat{g}_{t-1} + (1-\rho_g) \cdot \phi_{gy} \hat{y}_t + \varepsilon_{g_t}$	"连续支出"与"相机抉择"的复合规则
三	$\hat{g}_t = \rho_g \hat{g}_{t-1} + (1-\rho_g) \cdot (\phi_{gy} \hat{y}_t + \phi_{g\pi} \hat{\pi}_t) + \varepsilon_{g_t}$	"相机抉择"与盯住"通胀"的复合规则
四	$\hat{g}_t = \rho_g \hat{g}_{t-1} + (1-\rho_g) \cdot \phi_{gb} \hat{b}_t + \varepsilon_{g_t}$	"连续支出"与"控制债务"的复合规则
五	$\hat{g}_t = \rho_g \hat{g}_{t-1} + (1-\rho_g) \cdot \phi_{g\pi} \hat{\pi}_t + \varepsilon_{g_t}$	"连续支出"和盯住"通胀"的复合规则

表 1 中"规则一"是较多文献都会考虑的规则,如张杰平(2012)、王文甫(2010);"规则二"是政府采取"相机抉择"的形式;"规则三"是政府综合"相机抉择"与盯住"通货膨胀"的形式,对此,张宇麟和昌忠泽(2008)[34]认为治理通货膨胀应该重视财政政策的作用①。

三是考虑政府总资产的平衡,这同雅加里和詹特尔(Aiyagari & Gentler,1985)[35]的系统假设一致。此时宏观经济部门的财政预算约束为：

$$G_t + \frac{M_{t-1} + R_{t-1} B_{t-1}}{P_t} = T_{kt} \cdot Y_t + \frac{B_t + M_t}{P_t} \tag{14}$$

亦即政府的总支出(包括总公共开支、当期债务还本付息支出和当期公众持有的货币形式)等于政府的总收入,收入项目为政府发行的债务收入、总税收收入和发行货币的收入。符号变量的含义同预算约束(2)中的结果。

---

① 本文在规则设定时综合考虑了刘越飞和刘斌在《国外财政规则研究新进展及对我国的启示》一文中的内容。

（二）系统均衡问题

对代表性消费者的基本问题进行优化求解，获得消费者优化问题的一阶条件。将具体的一阶条件进行线性化。对于中间厂商而言，根据成本最小化的问题可以获得厂商"价格总水平"的变动方程。其结果为：

$$p^* - p_{t-1} = (1 - \theta\beta) \cdot \sum_{t=0}^{\infty} (\theta\beta)^t \cdot (MC_{t+k} + p_{t+k} - p_{t-1}) \qquad (15)$$

将该方程结合价格与通货膨胀的关系（$\pi_t = p_t - p_{t-1}$），可以获得"新凯恩斯主义"的菲利普斯曲线（NKPC）。

对于厂商和政府部门而言，将其他条件进行线性化处理，结果如下：

$$\hat{y_t} = \hat{a_t} + \alpha \cdot \hat{k}_{t-1} + (1 - \alpha) \cdot \hat{n_t} + e \hat{g_t} \qquad (16)$$

$$\hat{k_t} - \hat{n_t} = \hat{w_t} - \hat{R}_{kt} \qquad (17)$$

$$\frac{\overline{G}}{\overline{Y}} \cdot \hat{g_t} + \frac{\overline{R \cdot \overline{b}}}{\overline{Y}} (\hat{b}_{t-1} + \hat{i}_{t-1} - \hat{\pi_t}) + \frac{\overline{m}}{\overline{Y}} (\hat{m}_{t-1} - \hat{m_t} - \hat{\pi_t}) = \frac{\overline{b}}{\overline{Y}} \cdot \hat{b_t} + \overline{T_k} \cdot (\hat{T}_{kt} + \hat{Y_t})$$

$$\qquad (18)$$

$$\hat{y_t} = (\overline{C/Y}) \cdot \hat{c_t} + (\overline{K/Y}) \cdot [\hat{K_t} - (1 - \delta)\hat{K}_{t-1}] + (\overline{G/Y}) \cdot \hat{g_t} \qquad (19)$$

根据上述经济系统的设定，可以对不同货币政策规则下的财政政策效应进行比较。

三、参数估计

（一）初步参数校准

整个经济系统中的内生变量包括：y_t、b_t、c_t、k_t、n_t、π_t、w_t、p_t、m_t、i_t、R_{kt}、T_{kt}、a_t、g_t、v_t（替代变量包括 χ_t、z_t）。该经济系统中需要进行校准的参数包括：β、θ、σ、ψ、ξ、η、α、e、δ、ε_p、ρ_r、ϕ_1、ϕ_2、ϕ_3、ρ_v、ρ_a、ρ_g、ρ_{tk}（替代参数包括 Γ_1、Γ_2、Γ_3、ρ_χ）。对于系统的相关参数，根据历年的名义利率水平设定主观的贴现因子 β 为 0.947；设定价格黏性程度 θ 为 0.75；考虑到消费效应的对数形式并参考张卫平（2012）的估计结论，本文对消费风险厌恶系数估计为 1。对于费里希劳动供给弹性的倒数，同样估计为 1。将货币余额的替代弹性 ξ 取值为 1；对于货币需求对利率的半弹性，借鉴张杰平（2012）的结果估计为 2.58。基于历年《中国统计年鉴》中的基础数据，在对原始数据进行 GDP 价格指数调整、H－P 滤波（获得趋势项）及时间序列回归后，估计出资本的产出弹性 α 和政府支出的产出弹性 e，分别取值为 0.627 和 0.50。本文借鉴贾俊雪和郭庆旺（2012）[13]的生产函数模式将政府支出直接纳入产出函数估计相应的参数。进而本文资本的产出弹性 α 和政府支出的产出弹性 e

根据受约束的回归方程(产出函数的对数化形式)进行计量回归获得;参考王文甫(2010)的估计结论,将不同商品的替代需求弹性 ε_p 取值为 4.61。对于不同货币规则的估计系数,参照张(Zhang,2009)[36]采用 GMM 估计方法的结论以及张杰平(2012)的结论,将货币政策规则的相关参数分别估计为 0.75、2.6、0.4、0.6、0.51、0.8、1.5、0.75。对于非结构参数——技术进步、政府支出与收入税的一阶自回归系数 ρ_a、ρ_g 和 ρ_{tk},在同一样本数据下将其估计为 0.60、0.61 和 0.556。具体参数的估计结果见表 2。

对于货币政策规则二中的参数选择,同张(2009)[36] GMM 估计方法的结论和张杰平(2012)[4]的校准考虑,初步校准见表 3。

表 2　参数的基本校准结果

参数	取值	参数	取值	参数	取值
β	0.94	θ	0.75	σ	1
ψ	1	ξ	1	η	2.58
α	0.627	e	0.50	δ	0.10
ε_p	4.61	ρ_r	0.75	ϕ_1	2.6
ϕ_2	0.4	ϕ_3	0.6	ρ_v	0.51
ρ_a	0.60	ρ_g	0.61	ρ_{tk}	0.556

表 3　替代"货币政策规则二"的参数选择

参数	Γ_1	Γ_2	Γ_3	ρ_χ
取值	0.8	1	1.5	0.75

对于上述系统的线性化结果,还需估计的稳态值有:$\overline{T}_k$、$\overline{R}$、$\overline{C/Y}$、$\overline{K/Y}$、$\overline{G/Y}$、$\overline{b/Y}$、$\overline{m/Y}$。对于宏观税负 $\overline{T}_k$,根据历年总税收数据和 GDP 数据估计出"平均税负",其他参数则通过一阶系统的稳态值并结合初步的参数校准进行估计。

(二)"贝叶斯"参数估计

对于上述参数校准的初步结果,本文采取不同于张佐敏(2013)、胡永刚和郭长林(2013)等的参数校准方法,而是对非结构参数通过"贝叶斯"估计方法进行再估计。在估计的过程中,采用马尔科夫－蒙特卡洛模拟方法(Markov Chain Monte Carlo,MCMC),基于 MH 算法随机抽样 2 万次,并去掉前 1 万次①。具体抽样时,对每一个参数选择一个标准的概率分布函数,然后根据参数的初始值和抽

---

① 限于篇幅,本文未列出 Dyane 程序和体系化的线性化处理结果。有兴趣的读者可向作者索取。

样设定的次数进行统计抽样,最后根据设定的接受概率(一般在0.2～0.5之间)获得后验的结果。而标准概率分布的选择是根据参数的性质、取值范围综合判断形成,方法参见格里弗利(Griffoli,2010)[37]的分析。

在进行"贝叶斯"估计之后获得检验多变量"收敛性"的统计量,结果如图1所示。

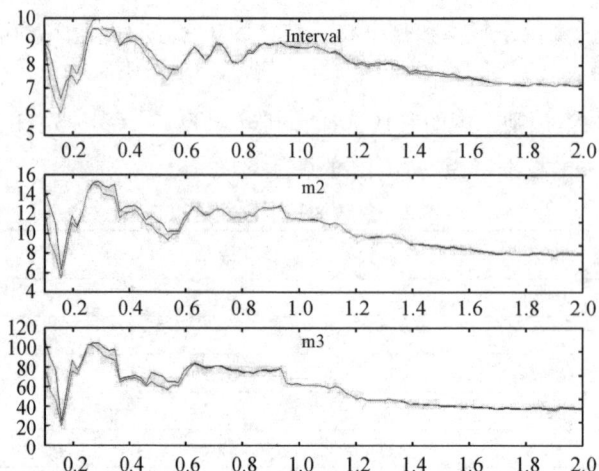

图1　检验"收敛性"的多变量诊断统计量

注:横轴表示模拟次数,纵轴表示度量指标的差异。其中"interval"代表参数均值,"m2"是方差,"m3"是第3阶矩。

由图1中的结果可知:在后期1万次以后,曲线拟合较好,说明参数的"贝叶斯"估计结果整体性能较好。基于贝叶斯估计结果,可以比较不同货币政策规则下的财政政策效应,下文将分"同一"货币政策规则和"不同"货币政策规则两种情况分别进行研究。

四、搭配型财政政策与货币政策配合的经济效应

基于上述"贝叶斯"估计的参数结果,本文通过 Matlab 嵌套软件包 Dynare 4.2.5进行数值分析。假定财政政策规则形成一个标准单位的冲击(假定财政支出增加1%),其对于产出的影响结果如表4所示①。

---

① 限于篇幅,本文亦未列出不同货币规则下其他多个变量在观察期内的脉冲响应结果以及图2的 Matlab 程序。有兴趣的读者可向作者索取。

表4 不同货币政策规则下的财政政策"产出效应"

时期	货币利率规则					货币供应量规则				
	(1)	(2)	(3)	(4)	(5)	(1)	(2)	(3)	(4)	(5)
1	0.017 7	0.040 6	0.026 9	0.085 1	0.016 7	0.047 1	0.053 6	0.053 1	0.124 3	0.046 4
2	0.118 4	0.102 9	0.114 7	0.060 7	0.119 8	0.124 2	0.115 9	0.118 7	0.022 9	0.127 3
3	0.075 0	0.054 2	0.068 2	-0.006 6	0.076 5	0.071 3	0.061 3	0.064 4	-0.084 6	0.075 0
4	0.047 6	0.028 6	0.040 7	-0.031 0	0.048 9	0.039 1	0.030 7	0.033 8	-0.104 1	0.043 0
5	0.030 2	0.015 1	0.024 3	-0.031 0	0.031 3	0.019 8	0.013 8	0.016 8	-0.061 1	0.023 6
6	0.019 2	0.008 0	0.014 6	-0.021 6	0.020 1	0.008 4	0.004 6	0.007 4	0.001 4	0.012 0
7	0.012 3	0.004 3	0.008 8	-0.011 5	0.012 9	0.001 9	-0.000 1	0.002 5	0.046 0	0.005 2
8	0.007 8	0.002 3	0.005 3	-0.004 4	0.008 4	-0.001 6	-0.002 4	-0.000 1	0.056 3	0.001 4
9	0.005 0	0.001 2	0.003 2	-0.000 6	0.005 4	-0.003 4	-0.003 4	-0.001 2	0.037 4	-0.000 6
10	0.003 2	0.000 7	0.002 0	0.000 8	0.003 5	-0.004 1	-0.003 6	-0.001 7	0.006 9	-0.001 6
11	0.002 1	0.000 4	0.001 2	0.000 8	0.002 3	-0.004 2	-0.003 5	-0.001 7	-0.017 4	-0.001 9
12	0.001 3	0.000 2	0.000 8	0.000 4	0.001 5	-0.004 0	-0.003 2	-0.001 6	-0.026 1	-0.002 0
13	0.000 9	0.000 1	0.000 5	-0.000 1	0.001 0	-0.003 6	-0.002 8	-0.001 4	-0.019 8	-0.001 8
14	0.000 6	0.000 1	0.000 3	-0.000 4	0.000 7	-0.003 2	-0.002 4	-0.001 2	-0.006 2	-0.001 6
15	0.000 4	0.000 0	0.000 2	-0.000 5	0.000 4	-0.002 8	-0.002 1	-0.001 0	0.006 2	-0.001 4
16	0.000 2	0.000 0	0.000 1	-0.000 5	0.000 3	-0.002 4	-0.001 8	-0.000 8	0.011 8	-0.001 2

续表

时期	货币利率规则					货币供应量规则				
	(1)	(2)	(3)	(4)	(5)	(1)	(2)	(3)	(4)	(5)
17	0.000 2	0.000 0	0.000 1	-0.000 4	0.000 2	-0.002 0	-0.001 5	-0.000 7	0.010 2	-0.001 0
18	0.000 1	0.000 0	0.000 1	-0.000 3	0.000 1	-0.001 7	-0.001 3	-0.000 6	0.004 2	-0.000 8
19	0.000 1	0.000 0	0.000 0	-0.000 2	0.000 1	-0.001 5	-0.001 1	-0.000 4	-0.001 9	-0.000 6
20	0.000 1	0.000 0	0.000 0	-0.000 2	0.000 1	-0.001 2	-0.000 9	-0.000 4	-0.005 3	-0.000 5
21	0.000 0	0.000 0	0.000 0	-0.000 1	0.000 0	-0.001 0	-0.000 8	-0.000 3	-0.005 2	-0.000 4
22	0.000 0	0.000 0	0.000 0	-0.000 1	0.000 0	-0.000 8	-0.000 6	-0.000 2	-0.002 7	-0.000 3
23	0.000 0	0.000 0	0.000 0	0.000 1	0.000 0	-0.000 7	-0.000 5	-0.000 2	0.000 3	-0.000 3
24	0.000 0	0.000 0	0.000 0	-0.000 1	0.000 0	-0.000 6	-0.000 4	-0.000 1	0.002 2	-0.000 2
25	0.000 0	0.000 0	0.000 0	-0.000 1	0.000 0	-0.000 5	-0.000 4	-0.000 1	0.002 5	-0.000 2
26	0.000 0	0.000 0	0.000 0	0.000 0	0.000 0	-0.000 4	-0.000 3	-0.000 1	0.001 5	-0.000 1
27	0.000 0	0.000 0	0.000 0	0.000 0	0.000 0	-0.000 3	-0.000 3	-0.000 1	0.000 1	-0.000 1
28	0.000 0	0.000 0	0.000 0	0.000 0	0.000 0	-0.000 3	-0.000 2	0.000 0	-0.000 9	-0.000 1
29	0.000 0	0.000 0	0.000 0	0.000 0	0.000 0	-0.000 2	-0.000 2	0.000 0	-0.001 2	-0.000 1
30	0.000 0	0.000 0	0.000 0	0.000 0	0.000 0	-0.000 2	-0.000 1	0.000 0	-0.000 8	0.000 0

注：表中(1)～(5)分别表示财政政策"规则一"至"规则五"。

由表4中的结果可知:在货币利率规则之内,除规则四之外,不同的财政政策规则对于"经济总产出"具有相似的经济效应。政府增加公共开支在短期内会使总产出增加,并且在第二期旋即到达最大化。当然,财政支出增加1%,即期(随后的第一期)的正向"扩张效应"相对较小,规则以下仅为0.017 7%。这一结论不同于克里斯蒂诺(Christiano)等(2011)[38]财政政策乘数大于1的结论(名义利率的零约束下)。当然,从整个观察期内的累计效应来看,就货币利率规则而言,财政政策规则一对于经济产出的总弹性为0.342 6,而其他规则二、三、五对于经济产出的总弹性分别为0.258 7、0.312 0和0.350 5,差距相对较小。在货币供应量规则之内,不同财政政策规则对于"经济总产出"也具有相似的经济效应,只是考虑"盯住债务"的规则四与其他略有不同。财政政策规则四对于宏观经济具有凯恩斯主义的"非线性"影响。

由于货币政策规则组内的财政政策差异较小,此处以财政政策规则三为对象比较不同货币政策规则中的政策差异。限于篇幅,以经济总产出 Y、私人消费 C、通货膨胀效应 π 和债务水平 B 的响应为分析对象。四个宏观变量的响应过程如图2所示。

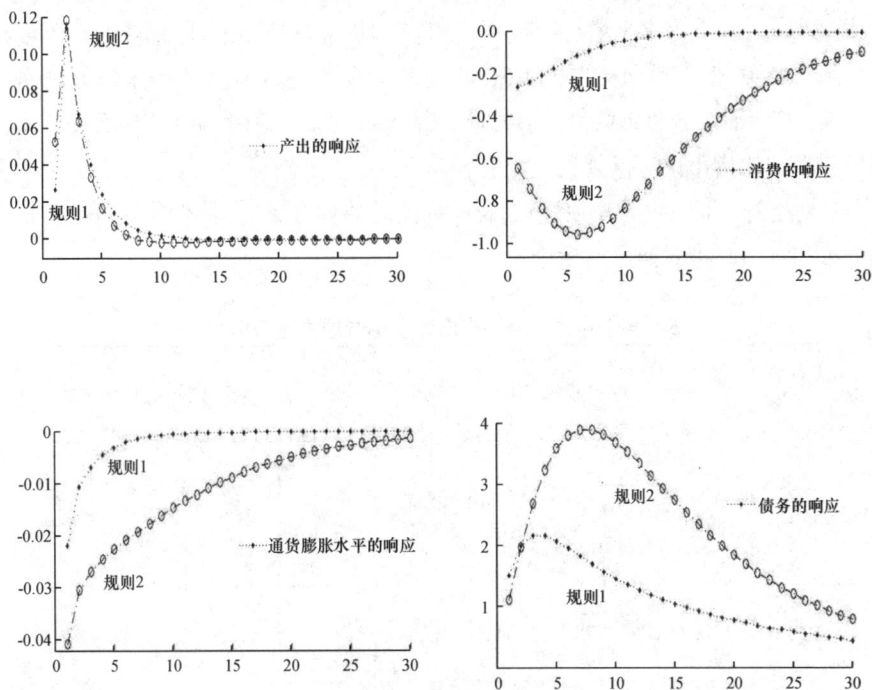

图2　不同货币政策规则下财政政策规则三的经济效应

注:"规则1"代表货币"利率规则"的匹配结果;"规则2"代表货币"供应量规则"的匹配结果。

在财政政策搭配货币"利率规则"时,财政政策的波动效应要小于其与"货币供应量规则"的搭配结果。在货币政策的利率规则下,财政支出增加1%,随后其在第一期的产出扩张效应为0.026 9%;而在货币供应量规则下,财政政策的即期正向扩张效应为0.053 1%;在货币政策的利率规则下,财政政策规则三在观察期内的总产出弹性为0.312,而在货币供应量规则中,财政政策规则三在观察期内的总产出弹性为0.286。对于代表性消费者的消费而言,财政政策在不同的货币政策规则下对其影响过程存在差异,但均对私人消费产生了一定的挤出效应,并且挤出效应趋于稳态的时间远远大于产出,效应也较大。在货币利率规则之下,财政政策的波动要小于其与货币供应量规则的搭配结果。在货币利率规则下,财政政策的总挤出效应为1.476%。就通货膨胀而言,在不同的货币政策规则之下,财政政策对其的影响过程与对私人消费的影响相似。货币利率规则下,财政政策的波动小于其与"货币供应量规则"的搭配结果。对于债务而言,不同的货币政策规则之下,财政政策对其的影响过程有很大差异。其中,在货币政策的利率规则中,财政政策开始扩张政府债务,但第三期之后债务水平开始逐渐下降并低于稳态水平,最后趋于稳定。在这一规则下财政政策使政府债务膨胀的最高水平达2.168 8%(财政支出水平增加1%)。而在货币供应量规则中,扩张性财政政策在初期降低债务,但随后即产生扩张效应,财政政策使得政府债务扩张的最高水平达3.743%。而结合货币政策的脉冲响应结果可发现,"利率冲击"对于政府债务的控制影响比货币供应量规则更为显著。

针对上述不同"冲击源"对于宏观经济波动的冲击影响,表5将不同的财政搭配政策和货币政策对照进行讨论。

表5   各个冲击对经济产出波动影响的方差分解(%)

冲击源 搭配政策 政策搭配	利率政策规则				货币供应量规则			
	技术 冲击	货币 政策 冲击	公共支出 冲击	税收 冲击	技术 冲击	货币 政策 冲击	公共 支出 冲击	税收 冲击
财政政策规则一	13.03	82.97	3.64	0.37	24.7	64.69	10.48	0.13
财政政策规则二	12.35	84.58	2.73	0.34	25.86	63.94	10.07	0.13

续表

冲击源 搭配政策	利率政策规则				货币供应量规则			
政策搭配	技术 冲击	货币 政策 冲击	公共支出 冲击	税收 冲击	技术 冲击	货币 政策 冲击	公共 支出 冲击	税收 冲击
财政政策规 则三	12.73	83.67	3.25	0.36	28.19	60.16	11.5	0.15
财政政策规 则四	1.38	97.88	0.26	0.48	14.27	79.38	5.59	0.97
财政政策规 则五	12.99	82.97	3.67	0.36	27.14	60.53	12.18	0.14

由表 5 的结果可知:(1)无论是在"利率政策规则"还是在"货币供应量规则"之下,货币政策冲击对于我国宏观经济的波动贡献较大;(2)在同一货币政策规则下,财政政策是影响宏观经济波动的第三个主要贡献源;(3)货币供应量规则与不同的财政政策搭配时,财政政策的经济波动效应较大。这说明为降低公共支出对产出的波动影响,考虑由利率规则搭配财政政策较好。

五、结 论

通过构建含政府开支产出函数的动态"新凯恩斯主义"DSGE 模型,以及采用"贝叶斯"参数估计方法,研究发现如下五点:(1)在同一货币政策规则下,不同的财政政策规则对于"经济总产出"具有相似的经济效应。这表明尽管政府在不同经济阶段的财政政策定位有所差异,但是政府连续性的增量预算支出安排决定了其在宏观经济中的重要作用。从而在同一货币政策规则下,不同财政政策规则的经济效应具有相似性。(2)在"货币供应量规则"之下,考虑在一定程度上盯住"债务"的财政政策规则与其他政策规则有一定的差别。(3)在不同的货币政策规则下,财政政策对私人消费的影响过程有差异,但均对私人消费产生了"挤出效应"。从长期来看,我国的总公共支出会挤出私人消费,因而未来压缩政府公共支出规模,特别是非生产性的行政性支出可能是启动私人消费的重要因素。(4)在货币利率规则下,财政政策扩张了政府债务,但随后债务水平开始下降并趋于稳态。此时,增加1%的财政支出冲击会使政府债务膨胀率高达1.943 5%;而在货币供应量规则下,扩张性财政政策在初期有助于降低债务,但随后即产生"扩张效应",增加1%的财政支出将使政府债务最高水平扩张到3.639 5%。(5)在同一货币政策规则下,财政政策是影响宏观经济波动的第三个主要来源,并且政府公共支出对于宏观经济的波动效应高于税收的波动效应。这可能是源于税收的确定性程度高于公共支出,中国各级地方政府的支出预算约束"软化"导致支出的膨胀,从而在一定程度上引致宏观经济的波动。

基于以上研究结论,笔者建议:(1)在货币政策采取"利率规则"的背景下,不同财政政策的差异性较小,因此在连续性特征较强时,政府部门应避免形成专门的针对某一目标的政策规则。(2)如果政府宏观经济管理的目标之一是控制政府债务,那么财政政策规则应与货币政策"利率规则"进行协调配合,此时的经济波动效应较小,对产出的影响也最小。(3)如果政府财政政策的目标要求是对经济主体的波动影响较小,那么财政政策应考虑与"货币利率规则"相配合。

本文研究的不足之处主要表现在,如未在开放经济形态下讨论不同政策规则的经济效应,也没有考虑公共资本的积累过程、流动性约束等情形。这有待后续研究进行完善。

参考文献

[1]GALI J. Monetary policy, inflation, and the business cycle an introduction to the new keynesian framework[M]. New Jersey:Princeton University Press, 2008:39 - 96.

[2]刘斌.动态一般均衡模型及其应用[M].北京:中国金融出版社,2010.

[3]张卫平.货币政策理论——基于动态一般均衡方法[M].北京:北京大学出版社,2012:2 - 23.

[4]张杰平.DSGE 框架下我国货币政策规则的比较分析[J].上海经济研究,2012(3):93 - 102.

[5]楚尔鸣,许先普.中国最优货币政策规则选择[J].湘潭大学学报(哲学社会科学版),2012(7):59 - 64.

[6]STRAUB R, TSCHAKAROV I. Assessing the impact of a change in the composition of public spending:a DSGE approach[R]. Frankfurt am Main:ECB Working Paper Series,2007.

[7]王文甫.价格黏性、流动性约束与中国财政政策的宏观效应[J].管理世界,2010(9):11 - 27.

[8]简志宏,李霜,鲁娟.货币供应机制与财政支出的乘数效应——基于 DSGE 的分析[J].中国管理科学,2011(2):31 - 39.

[9]BENK S, JAKAB Z M. Non-keynesian effects of fiscal consolidation[R]. Working Paper of Unit at the Hungarian Ministry for National Economy, 2011.

[10]TRAUM N, YANG S S. When Does government debt crowd out investment? [J]. Journal of Applied Econometrics,2015,30(1):24 – 25.

[11]张佐敏.财政规则与政策效果——基于 DSGE 分析[J].经济研究,2013(1):46 – 53.

[12]胡永刚,郭长林.财政政策规则、预期与居民消费——基于经济波动的视角[J].经济研究,2013(3):96 – 107.

[13]贾俊雪,郭庆旺.财政支出类型、财政政策作用机理与最优财政货币政策规则[J].世界经济,2012(11):3 – 30.

[14]HEIDEKEN V Q,GRAEVE F D. Fiscal policy in contemporary DSGE models[R]. Society for Economic Dynamics in its series 2012 Meeting Papers,2012.

[15]BARRO R J. Government spending in a simple model of endogenous growth[J]. Journal of political economy, 1990, 98(5): 103 – 126.

[16]KARRAS G. Employment and output effects of government spending[J]. Economic inquiry, 1993, 31(3): 354 – 369.

[17]VETLOV R, FÉLIX M, FREY L, et al. The implementation of scenarios using DSGE models[R]. Central Bank of Cyprus Eurosystem, 2010.

[18]刘越飞,刘斌.国外财政规则研究新进展及对我国的启示[J].金融理论与实践,2012(8):103 – 106.

[19]张志栋,靳玉英.我国财政政策和货币政策相互作用的实证研究——基于政策在价格决定中的作用[J].金融研究,2011(6):46 – 60.

[20]SMETS F, WOUTERS R. An estimated dynamic stochastic general equilibrium model of the Euro Area[J]. Journal of the European Economic Association, 2003, 5: 1123 – 1175.

[21]LEEPER E M,MICHAEL P, NORA T. Dynamics of fiscal financing in the United States [J]. Journal of econometrics, 2010, 156(2): 304 – 321.

[22]LEEPER E M. Equilibrium under "active" and "passive" monetary and fiscal policies [J]. Journal of monetary economics, 1991, 27(1): 129 – 147.

[23]DIXIT A K,STIGLITZ J E. Monopolistic competition and optimum product diversity[J]. American economic review, 1977,67(3): 297 – 308.

[24]CALVO G A. Staggered prices in a utility-maximizing framework[J]. Journal of monetary economics, 1983, 12(3): 383 – 398.

[25]TAYLOR J. Discretion versus policy rules in practice[J]. Carnegie-rochester series on public policy, 1993,39: 195 – 214.

[26]谢平,罗雄.泰勒规则及其在中国货币政策中的检验[J].经济研究,2002(3):3 – 12.

[27]张屹山,张代强.前瞻性货币政策反应函数在我国货币政策中的检验[J].经济研究,2007(3):20 – 32.

[28]李成,王彬,马文涛.资产价格、汇率波动与最优利率规则[J].经济研究,2010(3):91 –103.

[29]郑挺国,刘金全.区制转移形式的"泰勒规则"及其在中国货币政策中的应用[J].经济研究,2010(3):40 –52.

[30]李春吉,范从来,孟晓宏.中国货币经济波动分析:基于垄断竞争动态一般均衡模型的估计[J].世界经济,2010(7):96 –120.

[31]徐高.基于动态随机一般均衡模型的中国经济波动数量分析[D].北京:北京大学,2008.

[32]薛鹤翔.中国的产出持续性——基于刚性价格和刚性工资模型的动态分析[J].经济学(季刊),2010(4):1360 –1384.

[33]杨柳,李力.货币冲击与中国经济波动——基于 DSGE 模型的数量分析[J].当代经济科学,2011(5):1 –9.

[34]张宇麟,昌忠泽.治理通货膨胀应该重视财政政策的作用[J].当代财经,2008(11):34 –38.

[35]AIYAGARI R S,GERTLER M. The backing of government bonds and monetarism[J]. Journal of monetary economics, 1985, 16(1): 19 –44.

[36]ZHANG W L. China's monetary policy: quantity versus price rules[J]. Journal of monetary economics, 2009, 31(3): 473 –484.

[37]GRIFFOLI T M. Dynare user guide:an introduction to the solution & estimation of DSGE models[R]. DYNARE, 2010: 49 –52.

[38]CHRISTIANO L,EICHENBAUM M,REBELO S. When is the government spending multiplier large? [J]. Journal of political economy, 2011, 119(1): 78 –121.

扩大医疗保险覆盖面有利于
经济发展和社会福利改善吗

聂思痕*

医疗保险作为社会保障的重要组成部分,普遍认为其可以提升社会福利水平,进而保障并促进经济社会发展,因此不断扩大其覆盖面成为必然。根据动态可计算一般均衡理论建立医疗保险各方主体行为模型,并通过对比医疗保险覆盖面扩大前后的模拟结果,发现经济效率确实有所改善,但也出现了资本积累率下降和劳动力供给的扭曲,经济产出不增反减,社会代际福利的总体水平也有所降低。因此,调整医疗保险扩面举措及相应政策尤为必要,应适度放开计划生育政策,加强医疗保险环节间的精算联系,探索名义账户制度和调整医疗保险费率设定,以积极应对其对经济发展和社会福利的负面冲击。

医疗保险作为社会保障体系的重要组成部分,被视为有效提升社会福利水平,进而保障经济社会发展的"稳定器",积极发展本国的医疗保险体系已成为各国共识。当前,我国由城镇职工基本医疗保险(职工医保)与城镇居民基本医疗保险(居民医保)、新型农村合作医疗保险(新农合)共同组成的医疗保险体系已基本覆盖全体国民,且事实上仍在不断发展,表现为医疗保险覆盖范围不断扩大(扩面):一方面,在城镇化深入推进的作用下,越来越多的原来由居民医保和新农合提供保障的人群,基于实际需要或健康需求考虑,被纳入了保障水平远高于另外两大险种的城镇职工医保网络,理论上尚未参加职工医保的 60 岁以下人群都属于扩面对象;另一方面,职工医保的保障水平和科学性远强于另外两大保险,居民医保和新农合不断缩小保障水平以及提高运营效率都可视为向职工医保看齐,因此也可视为其某种程度上的扩面。作为贯彻落实中央政府让改革成果惠及百姓

---

* 原载于《广东财经大学学报》2015 年第 3 期第 4 – 11 页。作者:聂思痕(1981—),男,江西丰城人,江西财经大学产业经济学博士研究生。

决策的重要体现,医疗保险体系扩面似乎已成为当前的必然选择。但在复杂的人口、就业、收入分配结构下,在我国城镇化加速和老龄化加剧的现实国情下,不断扩大医疗保险覆盖面是否仍然有益于经济发展和社会福利水平的提高则是一个值得探讨的问题。

一、文献综述及理论分析

自哈伯德(Hubbard)等(1995)[1]提出社会保障体系由于能减少消费者的未来不确定性从而减少预防性储蓄,进而显著影响当期消费的观点以来,相关研究大多围绕其加以展开。如格鲁伯和叶洛维茨(Gruber & Yelowitz,1999)[2]针对20世纪八九十年代美国低收入人群的基本医疗保险(Medicaid)大幅扩张的研究发现,更容易获得的医疗保障以及更高的保额将使家庭持有的财产降低17.7%,消费提高5.2%。瓦格斯夫和普拉达内(Wagstaff & Pradhan,2005)[3]基于越南的研究发现医疗保险将使家庭消费显著增加,其中非食品类的消费最为显著。周(Chou)等(2003,2004)[4—5]测算出台湾1995年推行的全民医疗保障体系使居民储蓄水平显著降低8.6%~13.7%。甘犁等(2010)[6]的测算表明,政府在新农合上的投资将撬动约2.36倍的农村居民消费,职工医保将带动4.16倍的城镇家庭消费,居民医保让参保家庭新增消费2 190亿元。马双等(2011)[7]的实证研究测算出全民医保的实现可使居民储蓄降低约4.4%,与此同时消费总支出将增加7%左右。臧文斌等(2012)[8]的研究发现,同等情况下参保家庭的年非医疗消费支出比未参保家庭约高出13.0%,医疗消费没有发生显著变化;家庭收入差距会产生放大作用,参保对低收入家庭和中等收入家庭的影响分别为20.2%和12.6%,对高收入家庭基本没有影响。白重恩等(2012)[9]分析发现,新农合使非医疗支出类的家庭消费增加约5.6个百分点,且会随医疗保险保障水平的提高而增强。

综上可知,已有文献的研究多基于2个假设,即医疗保险可降低居民未来医疗支出的不确定性并提高其福利水平,而后从医疗保险与储蓄率、利率与消费互动关系的视角切入,得出医疗保险的实施可降低储蓄率、刺激消费,进而得出医疗保险扩面可促进经济发展的结论或推论。本文则认为,储蓄与消费不能代表现代经济体系内容的全部,据此做出相应判断并不妥当。判断医疗保险扩面是否能促进经济发展应基于其对经济效率的改善和经济产出的提高进行分析,因此应在储蓄、消费的基础上综合考虑经济产出、劳动力供给、资本积累与劳动报酬增长率等多重因素。不能想当然地认为医疗保险的实施可提高福利水平,尤其是在我国当前人口结构与收入结构较为复杂的情况下。作为第三次收入分配调节机制的重要组成部分,医疗保险扩面确实可通过调节扩面对象的收入对其福利水平产生影响,但人口结构和收入结构的复杂性可能扭曲这一方向,甚至有可能产生逆向变化。此外,经济发展的加速与社会福利水平的提高并不存在必然的因果关系,应充分考虑宏观背景的影响。我国目前正处于加速老龄化与新型城镇化积极推动的阶段,它将在未来很长一段时间内通过影响人口结构演变从而对医疗保险体系的运行施加影响。老龄化加速显然不利于经济发展,也会危及医疗保险基金的安全,但它也会促进医疗保险的扩面,如扩面对象积极参保、社会福利水平有所提升等,但基于信息不对称导致的道德风险可能会进一步危及基金安全,影响社会福利水平的提升。城镇化普遍被认为有助于经济发展,我国当前也将其视为经济转型升级的重要动力,它将显著促进医疗保险扩面并巩固医疗保险基金的安全,提升社会福利水平,但过多的低龄人群进入医疗保险体系可能会降低这部分人的福利水平,进而抑制劳动意愿,从而对劳动力供给产生负激励,对经济总产出形成消极作用,社会福利水平提升也会受影响。简而言之,我国当前老龄化与城镇化两大趋势会对经济发展和社会福利产生正反两方面的作用,这是一个复杂的动态变化过程。有鉴于此,本文以职工医保为我国医疗保险体系的代表,引入城镇化、老龄化对人口结构动态变化、收入存在差距的影响进而导致参保人群存在显著的类别差异等因素,从动态视角展开研究①,将代际模型与生命周期模型进行结合,建立契合参保人群特征的动态可计算的一般均衡模型,通过对医疗保险各方主体(企业、劳动者和政府)的行为进行刻画进而对扩面进行经济和福利分析。

二、模型的建立及参数赋值求解

(一)建立模型

基于医疗保险所涉及的劳资双方及政府三方主体分别建立子模型,并假定三者在动态一般均衡条件下实现劳动力、资本及产成品的出清。

1. 企业行为子模型。如忽略企业间的差别,可假设企业只投入了资本和劳动力两种要素,并按照利润最大化原则对资源进行配置,其间按规定缴纳增值税及参保费用。进一步假定增值税是唯一税种。建立如下生产函数:

$$y_t = (K_{t-1})^{1-\theta}(A_t L_t)^{\theta} \tag{1}$$

其中,y 为产出、K 为资本、L 为劳动力、A 代表技术水平。

令 $\tilde{y}_t = y_t/A$,$\tilde{K}_{t-1} = K_{t-1}/A_{t-1}$,$\tilde{L}_{t-1} = L_t/A_{t-1}$,则生产函数可进一步改写为:

$$\tilde{y}_t = (\tilde{K}_{t-1})^{1-\theta}/(\tilde{L}_t)^{\theta}\exp[-\theta\ln(A_t/A_{t-1})] \tag{2}$$

---

① 如未做说明,下文中的医疗保险均指职工医保。

其中，A_t/A_{t-1} 表示技术进步率，因此式(2)反映了技术进步的变化对产出的影响。

此外，还可建立企业的资本积累动态模型：

$$\tilde{K}_t - \tilde{K}_{t-1} = \{ I_t - [\delta + \theta\ln(A_t/A_{t-1})\tilde{K}_{t-1}]\}/[1 + \theta\ln(A_t/A_{t-1})] \tag{3}$$

其中，I_t 与 δ 分别代表资本与折旧率。

2. 个人消费及劳动行为子模型。假定个人间只有收入差异，则保障人群可分为三类：按既定标准缴费和享受报销的群体；机关事业单位群体，这部分主体虽有缴费但实质上仍由财政负担，且报销比率较前一类主体高；尚未纳入医疗保险的其他劳动者。为体现老龄化的冲击，保证代际模型成立，需假设退休前劳动者身体健康，所发生的医疗费用可忽略①。进一步假设个人按照生命周期效用最大化配置一生的消费、劳动和储蓄。建立如下效用函数：

$$MaxU_{t,age}^i = \begin{cases} \dfrac{(u_{t,age}^i)^{1-1/\lambda}}{1-1/\lambda} + \dfrac{1}{1+\rho}U_{t+1,age+1}^i, & T_0 \le age < T_2 \\[2mm] \dfrac{(u_{t,age}^i)^{1-1/\lambda}}{1-1/\lambda}, & age = T \end{cases} \tag{4}$$

$$u_{t,age}^i = [(1-a)(c_{t,age}^i)^{1-1/\sigma} + a(l_{t,age}^i)^{1-1/\sigma}]^{1/(1-1/\xi)}$$

其中，$U_{t,age}^i$ 代表第 i 类人当前及未来的总效用，$i = 1,2,3$；t 代表考察的时间区间；age 表示个人的年龄；T_0 和 T_2 分别对应进入和退出医疗保险的年龄；λ 为跨期替代弹性；ρ 为效用的时间偏好；$u_{t,age}^i$ 为个人效用函数；$l_{t,age}^i$ 为休闲；α 为对休闲的偏好。各类人群均因年龄、收入等因素受如下约束：

$$PW_{t+1,age}^i = \begin{cases} 0, age < T_0 \\ (1+\tilde{r}_t)[(PW_{t,age}^i + (1-\tilde{\tau}_t^{w,i})\tilde{w}_{t,age}^i(l_{t,age}^{max} - l_{t,age}^i) - (1+\tau_t^c)c_{t,age}^i + pay_{t,age}^i)], T_0 \le age < T \\ PW_{t,age}^i + (1-\tilde{\tau}_t^{w,i})\tilde{w}_{t,age}^i(l_{t,age}^{max} - l_{t,age}^i) - (1+\tau_t^c)c_{t,age}^i + pay_{t,age}^i, age = T \end{cases} \tag{5}$$

其中，$PW_{t+1,age}^i$ 代表个人财富，$\tilde{r}$ 为利率，$\tilde{\tau}_t^{w,i}$ 为个人缴纳费率；$l_{t,age}^{max}$ 为个人可配置的最大休闲时间，且 $l_{t,age}^i$ 趋于 1；$\tilde{w}_{t,age}^i$ 为实得工资，w_t 为工资率。且根据前文所述，为保证代际模型成立，还需满足如下约束：

$$pay_{t,age}^i = \begin{cases} 0, age < T_1 \\ k_{t,age}^i \xi_{t,age}^i w_t, T_1 \le age < T^2 \end{cases} \tag{6}$$

其中，T_1 代表个人无须缴纳医疗保险费的年龄；$k_{t,age}^i$ 为医疗保险的实际报销比例；$\xi_{t,age}^i$ 为个人的劳动生产率。

---

① 事实上，由于劳动者退休前的医疗费用发生频率、额度很大程度上受所在地区经济发展程度的影响，因此为简化分析而对其忽略显得尤为必要。此外，从各类卫生领域的统计资料来看，老年人的医疗费用显著高于其他人群，这也契合此处的假设。

3. 政府行为子模型。税收是政府用来支付医疗保险运营成本、弥补医疗保险收支差额的唯一来源,为简化分析,进一步假设政府财政支出和负债规模占产出比不变,赤字时通过增加税收进行弥补,反之则减少税收。

假设 T_t 为财政总收入,G_t 为财政总支出,$\tilde{L}_{t-1}$ 为劳动力总量,τ_t^c 为产品价格中的隐含税率,τ_t^k 为增值税率,则有:

$$
\begin{cases}
T_t = \tilde{\tau}_t^{w,i} \tilde{w}_t^i \tilde{L}_t + \tau_t^c \sum_i \sum_{age=T_0}^T c_{t,age}^i + \tau_t^k Di \tilde{v}_t^i \\
G_{t+1} = sy_t + \sum_i \sum_{age=T_0}^T pay_{t,age}
\end{cases}
\tag{7}
$$

建立描述财政收支及负债的动态方程式。假设负债与 GDP 比为 k,则有:

$$
D_{t+1} = (1 + \tilde{r}_t)(D_t + G_t - T_t) = ky_t
\tag{8}
$$

4. 市场出清子模型。实现动态一般均衡,则劳资双方及政府均实现了资本和劳动力的要素市场出清以及产成品市场的出清:

$$
\begin{cases}
T_t = \sum_i \sum_{age=T_0}^T \xi_{t,age}^i + (l_{max} - l_{t,age}^i) \\
D_t + V_t = \sum_i \sum_{age=T_0}^T A_{t,age}^i \\
y_t = sy_t + I_t + \sum_i \sum_{age=T_0}^T c_{t,age}^i
\end{cases}
\tag{9}
$$

(二)参数设定

模型所涉及的参数中,税率、财政收支及政府负债可以直接引用当前规定或2011 年《中国统计年鉴》中的相关数据,其他参数设定如下。

1. 考察区间。我国全民医保在 2010 年基本实现,故以此为起点。根据改革开放分三步走的战略构想,预计我国 2040 年达到中等发达国家水平、实现城镇化目标,故以此为终点。其间有人退出、退休,也有人进入。

2. 年龄。援引《中国人力资源和社会保障年鉴(2011)》数据,全国就业人员年龄构成中,16~19 岁人群占比 3.2%,20~24 岁人群占比 11.1%,因此设定 20 岁为参加工作可以进入医疗保险的年龄。根据第六次人口普查数据,我国国民预期寿命为 74.8 岁;根据联合国经济和社会事务部关于中国人口预期寿命的预测数据计算,2010 年和 2040 年中国人口的预期寿命为 73.8 岁和 77.9 岁①。为方便计算,本文取近似值 75 岁。假定 75 岁为退出医疗保险体系的平均年龄,进一步假设退

①　数据出自联合国秘书处经济社会部人口处发布的 *World Population Prospects: The 2010 Revision*。由于无 2040 年的直接数据,因此笔者基于 2020—2025 年的预期寿命 75.6 岁与2045—2050 年的预期寿命 79.1 岁,再结合预期寿命变化趋势推算得出 2040 年的预期寿命为 77.9 岁。

休年龄为 60 岁。

3. 技术进步率。关于技术进步率的估算值目前尚未达成共识。张军和施少华(2003)[10]估算的 1978—1998 年的全要素生产率平均增长率为 2.8%,平均产出增长率为 9.7%。郭庆旺和贾俊雪(2005)[11]估算的 1979—2004 年的全要素生产率平均增长率为 0.891%,平均产出增长率为 9.6%。李宾和曾庆雄(2009)[12]估算的 1979—2007 年全要素生产率平均增长率为 3.588%,平均产出增长率为 9.8%。综合文献中估算的结果并参考以上 3 个数据的平均值,取 2.5% 作为本文的年度全要素生产率增长率。

4. 人口结构变动相关参数。根据"中国人口与发展研究中心课题组"的数据,2040 年完成基本工业化的城镇率为 75%,而 2010 年的城镇化率约为 45%,每年城镇化率平均为 1%,因此进一步假设每年有 1% 的农村人口进入城镇就业。本文取 1981—2010 年中国总的人口增长率作为基准期数据,根据《中国统计年鉴》可知该数据为 0.339 9。再根据联合国经济和社会事务部关于中国人口预测的数据,计算得到 2011—2040 年的年度人口增长率为 0.048 3%,转化为每期人口增长率为 0.014 1,因此人口增长率分别取值为 0.339 9 和 0.014 1。

5. 医疗保险的实际报销率。医疗保险政策设定报销比例为 77%,但实际报销比例无法达到。根据中华人民共和国审计署 2012 年第 34 号公告"全国社会保障资金审计结果"可知,2009—2011 年全国平均实际报销率分别为 61.55%、63.20% 和 64.10%,本文参考 2010 年的平均实际报销率,取近似值为 63%。

6. 其他参数。年度资本折旧率参照林忠晶和龚六堂(2007)[13]的文献设定为 0.1,由于考察区间为 30 年,因此折旧率 δ 为 0.952 9。根据历年数据可测算出 1981—2010 年我国平均年度实际利率为 0.015 5①,考虑效用的时间偏好则应该是小于利率约束的,所以其年度取值 0.01。按照考察区间进行折算,可知其取值为 0.334 5。关于休闲偏好则存在较大差异,汉森和伦斯特鲁兹(Hansen & Lnstrup,2009、2012)[14-15]分别取 0.5、1.5 和 0.8 进行了模拟检验。综合文献及中国现实设定为 1.5②。此外,关于跨期替代弹性和资本 - 劳动替代率,本文在模拟中利用 2010 年的数据,推导稳态状况下使模型输出变量和实际内生变量偏差最小时的个人及企业偏好的参数值。

---

① 实际利率根据金融机构一年期法定存款利率减去商品零售价格指数得到。由于 1994 年的商品零售物价指数异常,予以剔除。数据来源于《新中国 60 年统计资料汇编》及 2010—2011 年的《中国统计年鉴》。

② 事实上,在退休年龄已设定的情况下,休闲偏好的设定对结论并无太大影响。

三、模拟结果及分析说明

对模型进行求解,从经济和福利两个角度对医疗保险扩面前后的模型模拟结果进行对比分析,发现二者均发生了变化。见表1、表2。

(一)经济分析结果说明

1. 经济效率分析。笔者认为,衡量一个独立的经济体是否处于效率状态可以通过比较总的劳动报酬增长率与利率处于何种关系来进行判断。如前者低于后者,则处于有效率的状态,反之则处于非效率状态。从表1可以发现,扩面后初期储蓄率不降反升且高于扩面前,直到2015年前后这一趋势才有所改变。这是因为人口红利的存在使得新增劳动力提供了足以抵消老龄化带来的支出增加,且医疗保险缴费基数的调整使得绝对数的上涨对新增劳动力形成了大于替代效应的收入效应,进而在短期内刺激劳动力供给增加,储蓄率因此上升。此后,随着人口红利的逐步消失,医疗保险收支将趋于失衡。老龄化的加剧会进一步放大这种趋势,必将出现赤字且会超过个人收入效应和替代效应的净额,储蓄率因此不断下降。从结果来看,趋于稳态的储蓄率较扩面前维持3%左右的差距。由于储蓄率的下降,利率将会攀升。就利率来看,扩面后始终维持高于扩面前的水平,且将长期维持2%左右的差距,只有在2015年前后的一个时间段内扩面后的利率是低于扩面前的。

储蓄率的下降还会导致投资和资本积累的下降,在2015年前后很短的一段时期内,扩面后相对于扩面前的资本积累将会出现大幅波动,此后将维持稳步下降的趋势。相对于劳动力的供给来说资本将显得更为稀缺,因此,扩面后的工资率将在长期范围内低于扩面前。

由此可以认为,从长期来看,扩面将显著改善经济效率,使经济系统由非效率状态转变为效率状态。因此,医疗保险的扩面能提高消费,有助于扭转我国经济长期的非效率状态,提高经济的整体运行效率。

2. 经济效果分析。从表1的数据还可以发现,资本积累在人口红利消失后将逐年下降,且在2020年之后处于扩面后低于扩面前水平的状态,这种差距最大可达到24%。与此同时,劳动力供给在人口红利逐渐消失后将维持下降态势,且扩面将因降低新参保人群的实际收入而抑制其劳动意愿,进一步扭曲劳动力的供给。从长期来看,扩面将使得劳动力供给水平低于扩面前的3%左右。这也支持了前文所述的扩面使得工资率下降、利率升高的观点。根据这一情况可以做出判断,在人口红利消失前,扩面将使产出增加,但此后将逐年下降。从长期来看,扩面将使产出降低7%左右。就我国国情而言,产出的降低可视为某种程度上的经济衰退。

表1　扩面前后的模拟结果对比

年份	劳动报酬增长率		利率		储蓄率		利率		工资率		扩面后相对于扩面前的变化比率		
	扩面前	扩面后	扩面前	扩面后	扩面前	扩面后	扩面前	扩面后	扩面前	扩面后	劳动力供给	资本积累	产出
2010	0.082	0.098	0.060	0.066	0.180	0.220	0.060	0.070	1.000	0.980	0.012	−0.09	−0.01
2011	0.082	0.090	0.068	0.070	0.190	0.220	0.590	0.078	0.980	0.970	0.01	−0.07	0.00
2012	0.081	0.088	0.072	0.072	0.200	0.230	0.072	0.080	0.970	0.960	0.018	−0.02	0.05
2013	0.080	0.091	0.078	0.070	0.210	0.250	0.076	0.080	0.965	0.955	0.02	0.00	0.01
2014	0.080	0.080	0.079	0.069	0.220	0.270	0.078	0.078	0.960	0.960	0.03	0.06	0.035
2015	0.078	0.065	0.080	0.065	0.225	0.300	0.080	0.070	0.960	0.960	0.03	0.14	0.04
2016	0.076	0.051	0.080	0.060	0.230	0.290	0.080	0.062	0.955	0.970	0.00	0.20	0.02
2017	0.075	0.051	0.078	0.058	0.230	0.250	0.079	0.060	0.955	0.990	−0.04	0.19	0.00
2018	0.072	0.061	0.074	0.056	0.220	0.190	0.078	0.060	0.960	0.990	−0.05	0.15	−0.02
2019	0.070	0.061	0.074	0.058	0.220	0.180	0.076	0.061	0.962	0.988	−0.05	0.10	−0.028
2020	0.068	0.060	0.072	0.059	0.220	0.185	0.072	0.062	0.965	0.982	−0.45	0.05	−0.03
2021	0.066	0.060	0.070	0.060	0.220	0.190	0.070	0.065	0.968	0.980	−0.40	0.00	−0.03
2022	0.062	0.058	0.066	0.061	0.220	0.185	0.066	0.066	0.970	0.970	−0.35	−0.02	−0.03
2023	0.059	0.054	0.061	0.062	0.220	0.180	0.064	0.068	0.970	0.970	−0.30	−0.05	−0.03
2024	0.058	0.050	0.058	0.063	0.240	0.170	0.060	0.068	0.980	0.972	−0.21	−0.10	−0.03
2025	0.059	0.046	0.054	0.063	0.250	0.170	0.055	0.068	0.990	0.972	−0.20	−0.15	−0.035

续表

年份	劳动报酬增长率		利率		储蓄率		利率		工资率		扩面后相对于扩面前的变化比率		
	扩面前	扩面后	扩面前	扩面后	扩面前	扩面后	扩面前	扩面后	扩面前	扩面后	劳动力供给	资本积累	产出
2026	0.061	0.042	0.050	0.060	0.260	0.200	0.050	0.066	0.995	0.972	-0.25	-0.17	-0.045
2027	0.061	0.046	0.046	0.058	0.260	0.210	0.048	0.062	1.000	0.974	-0.30	-0.19	-0.053
2028	0.058	0.050	0.042	0.054	0.240	0.220	0.044	0.058	1.010	0.980	-0.45	-0.20	-0.06
2029	0.051	0.048	0.040	0.052	0.230	0.200	0.040	0.055	1.020	0.990	-0.49	-0.21	-0.07
2030	0.048	0.044	0.038	0.051	0.220	0.190	0.038	0.053	1.030	1.000	-0.50	-0.212	-0.07
2031	0.044	0.042	0.036	0.050	0.220	0.190	0.036	0.051	1.040	1.010	-0.50	-0.213	-0.071
2032	0.042	0.041	0.034	0.049	0.220	0.190	0.034	0.050	1.042	1.015	-0.49	-0.214	-0.072
2033	0.041	0.041	0.032	0.048	0.215	0.190	0.032	0.048	1.046	1.020	-0.48	-0.220	-0.072
2034	0.041	0.040	0.031	0.046	0.210	0.190	0.030	0.046	1.048	1.025	-0.47	-0.223	-0.072
2035	0.038	0.040	0.029	0.044	0.215	0.190	0.028	0.045	1.049	1.029	-0.46	-0.225	-0.072
2036	0.035	0.039	0.028	0.042	0.210	0.190	0.026	0.043	1.050	1.030	-0.45	-0.226	-0.071
2037	0.031	0.034	0.026	0.040	0.200	0.180	0.024	0.041	1.051	1.033	-0.42	-0.227	-0.070
2038	0.028	0.026	0.024	0.038	0.200	0.170	0.022	0.040	1.056	1.036	-0.40	-0.229	-0.067
2039	0.022	0.020	0.022	0.037	0.198	0.160	0.020	0.040	1.058	1.038	-0.39	-0.230	-0.068
2040	0.021	0.020	0.021	0.037	0.190	0.150	0.019	0.039	1.060	1.040	-0.38	-0.240	-0.069

注：囿于篇幅限制，文中未展开。事实上，如进一步求解可发现，2040年之后的几十年内各指标均趋于稳定，数值不会再产生大的波动。

表2 不同类型人群扩面前后的福利水平变化情况

距离退出的剩余年限(年)	第一类人群(%)	第二类人群(%)	第三类人群(%)
10	0	0	9
15	−10	4	55
17	−21	10	50
19	−5	20	15
21	1	21	11
23	5	18	−1
25	−2	10	−13
27	−10	0	−22
29	−15	−8	−31
31	−13	−8	−21
33	−12	−8	−18
35	−11	−9	−16
37	−10	−10	−15
39	−10	−11	−14
41	−8	−9	−11
43	−8	−8	−9
45	−5	−5	−5

(二)福利分析结果说明

扩面是为了让更多的人得到医疗保障,那据此是否可以认为扩面有助于福利水平的提升呢?围绕这一问题,本文通过等价财富变化 EV(Equivalent Variation)来对不同类别的劳动者群体的福利水平变化进行分析:

$$EV_{t_0,t} = (U^2_{t_0,t}/U^1_{t_0,t})^{1/(1-1/\gamma)} - 1 \qquad (10)$$

上式表示年龄为 t_0 的个人在 t 时刻的 EV。进一步地,定义在年龄为 i、时刻为 s,首次参保的个人退出医疗保险之前(设退出时刻为 L)的等价福利变化总和为:

$$EV = \sum_{t_0=i}^{T} EV_{t_0,t} \prod_{t=s}^{L} (1 - r_t) \qquad (11)$$

在对模拟结果进行对比后发现,不同人群的福利水平变化不尽相同(表2)。

第一类人群是受到前文所述经济发展影响的典型。医疗保险的缴、报均处于标准水平,虽然工资率有所降低,但由于其医疗保险缴费绝对值并不高,因此所受冲击不大,且由于这类人群储蓄意愿比较强、储蓄率更高,在利率上升的影响下储蓄回报的相对值、绝对值反而更高。因此，这类群体中临近退休的人群福利水平反而略有提高，而较为年轻的人群由于从储蓄中获得的收益较大，其福利水平也有较大幅度提高，但其会在储蓄率整体趋低作用下有所减弱。

第二类人群缴、报水平显著较高，因此受到的影响也更大。这类人群中临近退出医疗保险的人群（接近75周岁）由于储蓄或个人账户金额都消耗殆尽，因此利率上涨对其影响也不大，但工资率的下降使其之后所获得的回报显著降低，总福利水平有所降低。距离退出时间较远的人群由于储蓄和个人账户金额较多，利率上涨将使其收益的绝对值、相对值较高，因此可以有效抵冲工资率相对下降造成的对福利的负面影响。

第三类人群由于是在扩面之后才进入的，因此其中临近退休的人群将会以极低的成本获得长期的医疗保障，福利水平呈现跃升态势。遗憾的是，越来越多的省份严格执行15年的年限规定，这类人群将会因为参保年限不足而无法在退休时享受到对应的福利。而对于较为年轻仍需长期缴费的人群，由于其储蓄较少，利息回报自然也少，而收入不高的境况在工资率降低、工资水平下降的影响下将进一步恶化，因此，这类人群的福利水平将大幅下降。

进一步地，在对上述三类人群的代际福利分别进行加总后可以发现，扩面有利于第一类人群实现代际总福利改进，另外两类人群将会出现代际总福利损失。更为严重的是，社会总体福利将会随着扩面的推进出现损失，社会的公平正义在改善的同时整体福利却出现下降。

四、结论与政策建议

综上所述，被普遍认同的医疗保险扩面在将更多人群纳入医疗保障范围内的同时可以提高社会福利水平，并促进经济发展的观点与事实并不完全相符。在老龄化、收入分配差异及城镇化的作用下，现有的医疗保险发展路径对经济和个人福利以及社会福利水平产生了有所区别的长期动态影响。

基于对比研究，本文认为扩面能使利率的整体水平始终维持在高于总的劳动报酬收入增长水平的状态中，经济系统因而从消费不足导致的非效率状态中解脱出来，从这个角度来看，扩面显然能够改善经济效率。但这也是要付出代价的，扩面将长期降低居民储蓄率并挤出投资，使资本积累下降，利率整体走高，且扩面在向未参加医疗保险的劳动群体提供医疗保障的同时，由于这部分人群也必须缴纳一定的参保费用，支出的增加从一定程度上会扭曲劳动力的供给，由于降低幅度低于资本积累下降的幅度，这将使得资本相对于劳动力更为稀缺，所以工资率从长期来看将相对降低，这也使得产出水平较扩面前更低。在经济分析结果基础上展开的福利分析发现，只有当前已经参加且按照既定标准参保的人群通过扩面能够实现代际福利的改进,机关事业单位群体以及尚未参加的人群不仅代际福利水平有所降低,且三类人群的总体代际福利都会在扩面的进程中有所恶化。

基于以上分析,应进一步完善医疗保险,缓解乃至根除其对资本市场、劳动力市场和产出的不利影响,建议如下。

1. 人口老龄化是现状形成的重要原因之一。推迟退休年龄能有效改善养老保险体系运行状况,但同样作为社会保险重要险种的医疗保险则无法对其进行简单的复制。这是因为就参保者个体而言,其医疗费用支出水平将随自身年龄的增大、趋于衰老而呈阶梯式上涨,并不会因为仍在工作就不会生病。简单推迟退休年龄只不过使得部分应退休但未退休的人群在达到新的退休年龄之前仍需要缴纳参保费用,从某种角度来看这部分人群从纯受益者变为需支付一部分费用,而这部分费用就体现为参保费用。这无助于从根本上改善整个医疗保险体系的运行效率。因此,应适度调整生育政策,增加劳动力供给,通过调整人口结构以缓解医疗保险收支失衡的压力,降低医疗保险扩面刺激消费的同时所形成的对投资的挤出效应,劳动力的短缺和资本积累的下降将有所缓解。

2. 在机制设计方面,应加强医疗保险机制设计的科学性,加强城镇职工基本医疗保险缴费和支付环节的精算联系,降低对劳动力市场的负面影响,缓解劳动力供给扭曲的同时减少对产出的负面冲击[16]。医疗保险与养老保险一样也是实行"统账结合"的模式,虽然中央政府一直强调要做实"个人账户",弥补社保欠账,医疗保险体系也自始至终贯彻执行中央政府这一政令,但显然名义账户制度更能有效提升精算联系的力度,通过提高精算激励的效率来降低对劳动力市场和产出的扭曲,确保制度的安全性和可持续性。

3. 费率设定应做调整。我国当前的医疗保险费率设定为收入的 8%,这是中央政府基于弥补社保欠账考虑设定的,即较实际需要有所超越(具体差值将另文研究)。较高费率的设定在特定时期是必须的,但过高的参保成本可能放大参保者的道德风险,并将部分潜在参保人群挡在门槛之外,而"寅吃卯粮"也显然不利于推动人口结构向医疗保险支付能力的转化,扩面实际工作中普遍存在的劳动者参保意愿不强就是这一情况的突出体现。因此,在时机成熟时适当降低费率,不仅能有效缓解扩面所造成的负面冲击,更能充分发挥制度的优越性,调动劳动者群体的参保积极性,提高产出水平,缓解财政压力,并在实现替代率的同时强化其可持续性,从实质上提高当代人的福利水平。

参考文献

[1] HUBBARD R G, SKINNER J, ZELDES S P. Precautionary saving and social insurance

[J]. Journal of political economy,1995(103):360 – 399.

[2]GRUBER J, YELOWITZ A. Public health insurance and private savings[J]. Journal of political economy,1999(107):1249 – 1274.

[3]WAGSTAFF A M,PRADHAN. Health insurance impacts on health and nonmedical—consumption in a developing country[R]. Washington D. C.: World Bank Policy Research Working Paper Series,2005.

[4]CHOU S Y,LIU J T, HAMMITT J K. National health insurance and precautionary saving:evidence from Taiwan[J]. Journal of public economics, 2003(87):1873 – 1894.

[5]CHOU S Y, LIU J T, HUANG C. Health insurance and savings over the life cycle-a semiparametric smooth coefficient estimation[J]. Journal of applied econometrics, 2004(42): 295 – 322.

[6]甘犁,刘国恩,马双,等. 基本医疗保险对促进家庭消费的影响[J]. 经济研究,2010 (S1):30 – 38.

[7]马双,臧文斌,甘犁,等. 新型农村合作医疗保险对农村居民食物消费的影响分析 [J]. 经济学(季刊),2011(4):249 – 270.

[8]臧文斌,刘国恩,徐菲,等. 中国城镇居民基本医疗保险对家庭消费的影响[J]. 经济研究,2012(7):75 – 85.

[9]白重恩,李宏彬,吴斌珍,等. 医疗保险与消费:来自新型农村合作医疗的证据[J]. 经济研究,2012(2):41 – 53.

[10]张军,施少华. 中国经济全要素生产率的变动:1952—1998[J]. 世界经济文汇, 2003(2):17 – 24.

[11]郭庆旺,贾俊雪. 中国全要素生产率的估算:1979—2004[J]. 经济研究,2005(6): 51 – 60.

[12]李宾,曾志雄. 中国全要素生产率变动的再测算:1978—2007[J]. 数量经济技术经济研究,2009(3):3 – 15.

[13]林忠晶,龚六堂. 退休年龄、教育年限与社会保障[J].经济学(季刊),2007(1): 211 – 230.

[14]HANSEN C W,LNSTRUP L. The optimal legal retirement age in an olg model with endogenous labour supply[J]. University of Southern Denmark in its series discussion papers of business and economies, 2009(5):102 – 118.

[15]HANSENC W, LNSTRUP L. Can higher life expectancy induce more schooling and earlier retirement? [J]. Journal of population economics, 2012,25(4):1249 – 1264.

[16]刘俊霞. 对突破我国医药卫生体制改革瓶颈的思考[J]. 海南大学学报, 2013(3): 126 – 130.

基于轴心原理的大陆与
英美财政理论范式比较

严维石[*]

借鉴贝尔的轴心原理,基于财政面对的核心现实问题视角对欧洲大陆与英美财政理论范式进行比较。全面型大陆财政理论服务于当时西欧大陆全能政府,遵循多维目标的归纳逻辑理论范式;英美财政理论研究有限政府下的民主效率财政,依据单一效率维度的演绎逻辑理论范式,更切合学科发展与学术趋势。当前,主流英美财政理论面临政治性财政赤字与财政危机问题。从法律上重新划分政府、市场与社会的职能边界和实施政治周期内的财政收支平衡制度方面的理论研究,可为有效治理财政赤字与财政危机提供理论支持。

一、引 言

在学术史上,财政学与经济学之间的学科关系发生过颠覆性的转折。财政学较政治经济学和经济学更早脱离一般人文社会综合学科而成为一门独立的学科,大陆财政学早已是一门自成体系的学科。随着古典、新古典经济学与凯恩斯宏观经济学的发展,以英美财政学为主流的现代财政学(如马斯格雷夫的财政学)却成为宏观经济学的一部分和一个子学科。财政学与经济学关系的"颠倒性"变迁是一个值得探讨的学术问题,对这种关系变化的关注和对英美财政学的质疑与财政学重建的努力已经展开(李俊生,2014;马珺,2012)[1-2]。有趣的是,贸易学与财政学也有着相似的理论演变,早期重商主义贸易理论与大陆官方财政学出现在同一时期,产生于相似的原因。需要指出的是,有学者认为重商主义理论也是财政理论(侯艳蕾,2000)[3],尽管重商主义贸易理论在特定货币与财富观的背景下带有明显的财政目的,但它仍然只是贸易理论。门·托马斯(Mun Thomas,1630)[4]

* 原载于《广东财经大学学报》2015 年第 3 期第 12 - 18 页。作者:严维石(1971—),男,江苏兴化人,广东财经大学经济贸易学院副教授,中央财经大学中国财政学院博士后。

从重商主义视角提出增加英国财富的重商主义晚期贸易学理论同样要比政治经济学和经济学早,而后贸易学也成为经济学的子学科。以上分析并不意味着财政学与贸易学理论变迁同根同源。丹尼尔·贝尔运用"轴心原理"解析资本主义文化矛盾问题,指出经济、政治与文化领域的不同轴心原理分别为效率、平等和自我实现[5]。本文将借鉴贝尔的思想,从财政轴心原理视角来考察其理论演变。它的轴心原理是指解决财政实践面临的核心问题所需要遵循的基本原则。这里将依据大陆与英美财政理论的轴心原理变化来解析财政理论的演变逻辑,并试图说明大陆财政学衰弱和英美财政学兴起的原因。

二、应对核心现实问题的大陆与英美财政理论范式比较分析

任何一个学科都是在与其所面对的现实核心问题的互动中发展起来的,且随着经济社会环境的变化,核心问题也会相应地变化。然而,核心问题的转折性变化将有可能使学科的轴心原理、地位和研究范式等发生根本性改变。重商主义贸易理论的核心问题是一国如何积累金银货币财富,它通过促进出口和限制进口这一轴心原理解决当时的核心问题;自古典贸易理论以来,贸易的核心问题是如何发挥一国的优势和"比较优势",因而自由贸易或者战略贸易理论轴心原理是通过自由市场或战略性政策发挥一国的比较优势。财政学经历了大陆财政到英美财政理论的演变过程,而且大陆财政与英美财政理论在研究轴心原理和范式上存在明显区别。下文将首先对核心问题展开讨论。

(一)大陆财政理论面对的核心现实问题及其研究范式

在欧洲王国或者城邦国家经过漫长的中世纪发展成为独立民族国家的过程中,西欧大陆国家的财政实践与理论继承了王国王室"家政"的一些传统。罗马帝国垮台后,各个王国之间的分歧与战争伴随着整个中世纪历史。西欧大陆各国之间缺乏天然屏障的地形地貌特征使这些国家在发生冲突与战争时缺少隔离带与缓冲区。在这种情形下,各王国所面临的核心问题就是如何在侵略与反侵略的斗争中生存和发展。此时,各国财政实践与理论的核心问题,是保证王国在生存竞争中守卫国家或对外扩张。面对这样的核心问题,财政实践与理论围绕以下几个问题展开。

一是财政收入的保障问题。政府如何保障守卫国家或对外扩张的财政支持?相对于英国而言,法国和德国的财政收入不仅依赖于各种税收,还经常发行债券,特别是在战争时期。到1789年,法国的国债总额约为42亿锂,而同期法国一年的税收收入仅3亿锂[6],其财政收入的保障压力显而易见。同样,信用不足使得普鲁士政府通过发行国债筹措收入的举措并不成功,其发行国库券的亏损数额占全部发行金额的 1/4,甚至更多[6]。中世纪以来,以德法为主的西欧大陆国家财政实践遇到的首要问题是如何筹集足够的财政收入。过重的税收与横征暴敛引起民众暴动的事例屡见不鲜,这从一个侧面反映了当时财政收入的保障问题。当然,普鲁士政府财政获得了大量的公共资产的生产性收入,在 17 世纪和 18 世纪,重要的公共资产不断增值,尤其是公共土地和森林,以及重工业和铁路,其对财政的贡献也随之增加。1875—1913 年,政府生产性收入占经常性收入的比重由 5.79% 提升至 15.4%[6]。

二是政府通过财政刺激经济发展来应对竞争压力。西欧大陆国家经历中世纪以来漫长的国家纷争,占用大量的经济资源,大部分的欧陆国家经济发展比较落后。各国取得民族国家独立之后,其政府以关税保护相对落后的产业,通过建立国家所有的企业来推动经济社会的发展。"1700 年前后所有的法国企业都或多或少地依赖于政府资助"[7]。直到今天,像法国这样的西欧国家还存在着大量的国有企业。由于英国较早进行了工业革命,大陆国家不仅要面对来自英国的竞争压力,其国家之间的纷争也使他们背负着沉重的财政包袱,这些国家财政干预经济的程度明显高于英国和后来的美国。

三是为了增强民族国家形成之后的民众凝聚力,政府财政深度介入社会各领域。大陆国家社会保障和公共教育等社会性财政支出比较突出。这些国家间的边界与居民所属关系随着纷争而不断改变,民族国家形成较晚,为了凝聚民众和促进社会的和谐统一,政府一般实施较优厚的社会保障政策,以提高居民的安全感。高税收与高福利在一定程度上阻滞了居民之间的跨国迁徙,从而有利于社会稳定。显然,造成国家财政不堪重负的部分西欧大陆国家的高福利政策有其独特历史原因,不宜效仿。

总之,西欧大陆国家财政的核心问题是相对落后的国家如何才能在邻国的竞争压力下保家卫国或对外扩张。大陆国家的政府要全面应对相对落后的局面,民众关心也关注国家独立、经济发展和社会稳定等核心问题。而像英国和后来的美国那样限制全能政府和制约政府权力,不是当时西欧大陆民众的核心议题。国家财政收入保障、财政推动经济发展和财政介入社会领域等全面财政才是当时西欧大陆政府财政实践与理论的核心问题,政府较为全面地介入经济与社会生活。民族国家建立前后,西欧大陆国家出现了不少的政治强人与强势政府。正如剑桥欧洲经济史所言:"在 18 世纪普鲁士的政治思维中,国家观念所发挥的作用要比在其他独裁政权中更大,国家影响也更广泛、更有力。然而在每一个地方,专制君主所发展或创造的官僚体制在促进统一、中央集权和国家意识方面所发挥的作用或多或少都有类似之处。"[7]强权的政治家与政府通过实施全面财政政策推进国家发展在当时的西欧大陆非常普遍。财政目标涵盖经济发展、国家安全与社会和谐;财政收入不局限于税收,也包括国有资源与企业收益;财政支出投向多个经济社会领域。另外,西欧国家的货币独立于财政明显晚于英美就是一个佐证,当然战后德国是一个例外,因为美国战后仿照美联储塑造德国中央银行。

大陆财政的核心问题在一定程度上决定了其轴心原理与财政学研究范式。在发展滞后和较短民族国家历史的背景下,生存与发展是大陆财政的核心问题。大陆国家财政涵盖的领域广泛,财政理论研究领域也相对宽广,涉及学科门类较多,研究方法类似于综合社会科学。大陆财政学有很深的历史渊源,古希腊的色诺芬、柏拉图和亚里士多德等思想家的著作中可以散见当时的财政论说,多是讨论皇家收入与开支的家政问题,这也是在当时政治体制下的财政问题。这一历史渊源至今依然影响着西欧大陆国家的财政理论与实践。大陆财政理论孕育于当时的欧洲大陆社会实践,其分析范式带有明显的欧洲大陆政治经济时代的烙印。西欧大陆财政背负着国家政治、经济与社会抱负,这使得财政实践与理论走向跨学科综合,以国家生存与发展为其财政的实践指导和理论研究方向。

大陆财政学范式的主要特征体现在两方面:一方面,基于多元目标构建大陆财政学。欧洲尤其是西欧国家多有公国或王国的经历,因此欧洲大陆国家财政也留有公国或王国的财政印记,也就是说,大陆财政一定程度上传承了大公家庭财政或者王室财政的思想,财政要义是保证王室或者大公的财政实现有效运转与稳定。相对于英国,大陆国家的民主意识相对落后,因此财政效率问题不是财政学关注的核心问题。罗森堡和小伯泽尔(2009)[8]在讨论欧洲经济增长问题时,认为欧洲政权分散是其经济增长的原因之一。单个国家的国力有限,国家之间相互竞争,因惧怕其他国家的经济和军事竞争而不可能对本国人民的财富妄加征敛。至少从中世纪以来,欧洲大陆战争绵延不绝,由此导致的人口迁徙并不鲜见。因此,欧洲大陆独立民族国家面临的竞争是全方位的,西欧国家间的竞争也使得各国在社会保障以及其他社会福利方面赢得民心,让民众安居乐业显得尤为重要,从而导致财政不局限于经济目的,而是被赋予更多的政治与社会目标。大陆财政实践与理论的互动使得财政理论集中于探讨如何为政府财政多元目标的实现提供理论支持,而不关注财政的效率问题。

另一方面,大陆财政学的跨学科性与严谨分析框架缺失。在走向现代民族国家的过程中,西欧国家财政带有深深的战争与维护国家独立的烙印,从王国王室的"家政"到后来逐步形成民族国家的财政是一脉相承的,但是财政不起决定性作用(霍夫曼和诺伯格,2008)[9]。相对于英国,西欧大陆国家的市场经济与相关产业发展滞后,因此,独立后,它们都不同程度地利用政府财政干预经济发展,更加重要的是,随着政府职能延伸至社会领域,其财政更加明显地介入到社会领域的各个方面[10]。大陆财政理论因西欧大陆财政实践应运而生,财政目标的多元性导致相应的财政理论具有跨学科特征,涉及政治学、社会学和政治经济学等多个学科。这些不同学科的分析范式不尽相同,且自身也面临着分析框架不够严谨的问题。比如,对政府主导的社会保障系统问题,经济学家着重分析这种系统对财政、就业以及经济增长的影响;社会学家则关注该系统如何促进社会和谐;政治学家将发展与改革该系统可能对各个政党以及政治格局产生的影响作为研究焦点。显然,含有政治意图的财政理论聚焦于如何保障满足相应需要的财政收入,自然以实用为轴心原则;针对经济目标,财政理论以效率轴心原则展开理论研究;为了社会和谐,财政理论以公平正义为原则。在此种情况下,大陆财政学家关注的理论侧重点不尽相同,理论上似乎百花齐放,但却掩盖不了一个史实,即大陆财政理论不可能在统一假设基础与单一轴心原理为核心的严密逻辑演绎基础上构建分析框架。这样也就不可能进行有效的学术争论,难以高效推进财政理论的发展。

大陆财政理论不缺乏思想性,但其多维目标基础上的归纳式研究范式在学术竞争中不具优势,自然也就失去话语主导权。但学术界对大陆财政的眷念并没有停止,以贝克霍斯和沃格纳(Backhaus & Wagner,2005)[11]为代表的财政学家一直在尝试复兴大陆财政学。不过在学科细分趋势下,这种努力的效果有待观察。

(二)英美财政理论应对的核心现实问题及其研究范式

像德国和法国一样,英国也曾经历过数次战争。不同的是,英吉利海峡这个天然屏障在一定程度上保护了英国,它也有助于促进英国以盎格鲁－撒克逊为主流融合成民族国家。中世纪以来,英国面对的威胁主要不是来自战争,而是国内各阶层之间的利益冲突,尤其是国王、贵族和新兴经济阶层之间与日俱增的利益争夺。直至光荣革命,君主立宪制成为各阶层协商并符合各方利益的英国政治体制。在光荣革命前后,国家政治生活的核心问题是还政于民,即将国家实权从国王转移至议会,最终由议会下院掌控。随着议会民主政治的实施,议会对政府权力的制衡使得财政的核心问题成为民主与效率财政。后来的美国与此类似,联邦政府财政预算及其债务上限都需要由国会进行审查批准。政府财政收支预算以及相关问题需要接受议会下院议员质询与批准,意味着政府必须对财政项目的必要性与紧迫性加以说明。财政项目方案应全面且扼要,只有如此议员才会相信该项目是经过严密论证的,因为每个议员可能代表不同的利益集团,为了财政收支及其相关问题议员之间会进行激烈的竞争。显然,财政项目中的任何缺陷都可能被利益受损或者不能获益集团的议员代表加以利用以影响财政项目的批准和监督。当然,对于像税收类的财政收入项目,无论是提高税收还是新开征税收都会面临相当大的抵制压力;而对于财政支出,则往往会受到利益相关的地方及其议员的欢迎,更重要的是,一般情况下,对大部分地方是帕累托改进,在议会压力很小。但无论是增加财政收入还是支出在议会都会面临效率审查,相关理论论证与说明可能在民众、学术界、经济界和政界等引起广泛讨论。多角度解读财政项目的效率问题势必成为一条主线。

要说清楚财政效率问题,对相关财政项目进行定量分析与预测是不可或缺的,作为在野党或者其他质疑方,对财政项目的质疑也必须建立在定性分析的基础之上。无论论证方还是质疑方,他们需要一个共同接受的理论框架作为争论平台,否则即使定量分析也很难达成一致。当然,效率财政并不意味着所有财政项目都要进行效率检查,很多历史悠久的财政项目因为"锁定效应"作用往往得到默认,除非面临严峻的财政困难,一般此类项目不会被进行效率检查;调整与开辟新的财政项目通常会面临效率检查或者因特殊事件免于或减轻效率检查。

明显不同于大陆财政,英美民主效率财政实践使得其财政理论采取严谨分析框架与以定量分析为主的研究范式。这种研究范式的特点主要体现在以下3个方面。

1. 以效率为目标的财政理论可以基于一致性的行为假设。多种原因导致英美财政以效率原理进行实践,效率财政就意味着财政项目要进行收益与成本或者投入与产出评估,这就要求对财政行为进行理性假设。而在西欧大陆国家,多元目标的财政理论涉及经济、政治与社会行为各方面,很难对其财政行为进行一致性"刻画"。

2. 效率财政理论立足于严谨理论框架。为了进行财政效率研究,建立一个严谨的框架是必然的,一般而言,此类研究框架通过数学工具构建符合财政逻辑的数理结构系统。这样的系统有利于框架合理性与逻辑严密性的检验,数理逻辑严密的分析框架之间的竞争就在于框架基本假设的合理性,而基本假设的合理性判断则建立在对历史经验的观察之上,尤其是历史数据分析。

3. 效率财政理论与经济学相融合。民主财政推动下的效率财政理论具备经济学特质,效率问题是经济学研究的基本问题,效率财政理论可以对财政行为人的行为进行一致性假设。英美包括财政问题在内的宏观经济问题推动现代宏观经济学的发展,凯恩斯宏观经济学和新古典宏观经济学等理论都在以自己的方式回应宏观财政等经济问题。财政问题与其他宏观经济问题交织在一起,使得关于财政问题的研究必须内置于整体宏观经济背景中,因而,效率财政理论研究自然成为经济学,主要是宏观经济学的一部分。

基于单一假设基础和逻辑演绎研究范式的英美财政理论符合有限政府与效

率财政现实的需要。它在与大陆全能政府的全面财政理论竞争中获得话语主导权，从而成为主流财政理论。效率财政可存在于集权社会，但持久实施效率财政的有效机制是民主社会。在议会（国会）民主制下，政府失去全面财政能力，财政项目需要经议会审批，议会及其议员对财政项目进行监督。民主财政存在类似政治性的财政赤字问题，民主对财政收入与支出约束的不对称性可能引起赤字，甚至诱发财政危机或经济危机，但是民主财政使得政府财政的约束得以加强，有助于促进财政节约。民主财政让议员、学界和公众都成为财政批评者，相当部分的财政项目将公开，接受全社会评判。这种评判机制是实现效率财政的基础。

（三）具备范式竞争优势的英美财政理论占据主流

科学史学家托马斯·库恩提出以科学范式以及科学家共同体社会学特征（学术认同等）的视角研究学科变迁[12]。在一门科学的发展过程中，范式竞争是推动科学发展的基本动力，范式的新旧替代标志着科学的"革命性"变化。如查尔默斯（1999）[13]所言，范式由一些具有普遍性的理论假设和逻辑关系以及它们的应用方法构成，而这些是某个特定科学家共同体成员所接受的。

显然，科学在范式变迁中不断发展与进步，范式竞争是推动科学发展的基本动力之一。相对于西欧大陆财政，英美财政理论的范式优势主要表现在以下方面。其一，单维行为目标理论比多维行为目标理论更为严谨。基于效率的英美财政理论优于西欧大陆全面财政理论，将效率作为财政理论研究的基本维度意味着可以遵循统一逻辑来构建理论，避免多维度引发的多元行为假设使得理论说服力不足。单维行为假设理论可能将财政理论研究范围缩小了，相应的理论也不再全面，但它提高了理论研究的逻辑严谨性。其二，基于严谨框架的定量研究优于归纳式定性阐释（严维石，2013）[14]。与其他社会科学一样，大陆财政理论采用归纳式定性研究，主要借助于文字阐述。面对同一财政问题，大陆财政理论学家从不同视角、不同内涵的概念对相关问题进行阐释性研究。这种多样性的研究分析基本上无法形成有效的学术争论，无法统一概念界定，缺乏统一平台分析比较研究结果。大陆财政研究范式缺乏精确性和严谨性使得学术争论的效率与效果有限。其三，英美财政理论范式适合于推动有限政府而非全能政府的分析研究。现实观察显示，民主效率财政比较符合世界范围内的现实与趋势。更为重要的是，政府与政治行为的研究成果使得公众和学术界相信，全能政府与全面财政的效率受到质疑。在世界范围内，国有企业低效率与社会保障入不敷出所引起的财政压力不堪重负现象值得关注，从一个侧面反映全能政府与全面财政已经不现实。其四，相对于欧洲大陆财政，英美财政理论更具有验证性。卡尔·波普尔论证科学与非科学的划界标准不是可证实性而是可证伪性，科学的方法不是归纳法而是演绎检验法[15]。如经济学一样，拥有严谨数理框架的英美财政学理论不可能像自然科学那样进行可重复验证的科学范式，也就不可能实现相应的证伪性。但是，数理框架严谨的英美财政理论可通过财政序列数据、截面数据和面板数据的分析进行一定程度的验证。数据实证研究对相应的理论框架进行检验，继而提高理论的合理性与科学性。

显然，英美财政理论因其范式优势占据主流。具有欧洲大陆背景的马斯科雷夫转变为英美主流财政理论家，这在一定程度上也说明了范式优势。由欧洲大陆财政向英美财政理论变迁是民主与有限政府的政治理论实践产物，也是财政理论科学化发展不可逆的结果。这并不意味着主流英美财政理论不存在问题，它依然面临着财政职能的界定问题，市场失灵不是财政政策研究的起点，也不是财政职能的天然边界。随着相关技术与基础设施的完善，外部性与公共物品产权的界定问题将在很大程度上成为可能，财政政策职能也可能随之收缩。从长远角度来讲，主流财政学家需要思考市场、政府与社会的有效职能边界，特别是政府与社会边界；在有效划分它们的职能边界之前，短期内，财政赤字与财政危机问题将一直伴随着财政理论的发展。

三、英美财政理论的主要问题及其出路

英美财政理论服务于有限政府的效率财政。然而，民主财政并没有严格约束政府实施效率财政，而是在一定程度上成为争取财政预算与财政项目分配的手段，政府举债机制等使得政府行为边界在一定程度上没有缩小而是扩大了。政府行为边界的模糊性激励当选人及其政府采取功利主义的财政政策行为，真实效率财政一般并没有实现。但欧美财政危机频发，表明实践中的民主效率财政存在机制缺陷。早期英美财政理论没有将财政收入与支出融合成整体，而是割裂开来进行分析[16]，这种理论"传统"助长了赤字财政实践。因此，民主财政一个重要的局限就是政治性财政赤字严重（郭剑鸣，2010）[17]，尤其是在美国与西欧表现得比较明显，它在一定程度上引发了财政与债务危机。

民主政治与民主财政孕育的政治性财政赤字是英美财政理论与实践的主要问题之一，民主财政存在的基本问题体现在两个方面。一是选举政治使得当选人及其政府倾向于让主要选民享受减税或不增税。选举政治在一定程度上创造了大量政客，而不是培育政治家。无论是总统（总理）选举还是议会选举，候选人为了讨好选民往往尽可能地甚至无原则地进行减税承诺。同时，政府举债没有得到很好地控制，无形中政府债务通过各种方式不断增加。最重要的是政府举债存在明显的跨届性，本届政府需要偿付上一届政府的到期债务，当期举债则延至下一

届政府进行偿还,这种机制使得政府举债在一定程度上难以控制。二是政府刺激性财政开支没有受到严格控制。政府开支项目对地方与大企业来说是促进经济增长和增加收入的动力源之一,"大量不必要的利益平衡项目"激励议员之间进行"互惠合作",从而使得大量的政府开支项目得到议会的批准通过。

显而易见,当前的民主财政天然地因税收增长抑制机制与开支增长机制引发财政赤字,更麻烦的是,目前还没有有效的机制来扭转财政赤字的增长。古典与新古典经济学家对政府及其行为的解读依然有着重要的现实意义,现实距理想的有限政府依然很遥远。作为主流理论,英美财政学必须面对这一重大财政课题,即如何通过民主财政实现有限政府和效率财政,政治性财政赤字问题研究是主流财政理论重要的组成部分。针对这一财政问题的出路:一方面,在宪法层面上对政府行为重新进行界定,厘清市场、政府与社会的边界。国内外实践表明,政府越界代替市场问题依然存在,大量微观经济政策依然困扰着市场主体,政府借助于监管干预企业生产经营的情况并不罕见,这种越界至少引起了学界与企业界的注意与反应。更困难的问题表现在,像在社会保障领域,政府越界进入往往受到欢迎,社会保障在一定程度上变成政府保障,只有问题严重时才有可能引起关注。如果说政府与市场边界是一个值得关注的问题,那么政府与社会之间没有边界似乎不是问题,也没有引起注意。政府机会主义干预社会不仅造成不堪重负的财政压力,而且稀释了社会关系与社会情感。进行社会互助或慈善的社会组织本身可以解决相应的社会问题,在此过程中,它们同时融洽社会关系,增进社会情感。更为重要的是,融洽社会关系与社会情感奠定了市场发挥功能的基础,这就是所谓的"同情"。政府通过政策越界干预破坏了市场主体决策,政府也可越界干预社会来稀释社会关系与社会情感,继而消解市场的社会道德基础,这两个机制使有限政府问题需要被重新思考与研究。政府干预社会的财政行为存在轮棘效应,相应的财政政策可以增加但却很难削减或者取消。

另一方面,政治周期的预算平衡制度是遏制政治性财政赤字的一个选择。欧美主要国家的政治性财政赤字源于民主选举的政治制度,总统(总理)和议员候选人的机会主义迎合选民财政策略是政治性财政赤字的动力,而政府债务管控缺失和跨界性为政治性财政赤字提供了很大的空间。实施财政政治周期平衡制度可以压缩政治性财政赤字的空间,它也有助于约束政府行为,实行有限政府。

四、结 论

本文探讨了欧洲大陆财政与英美财政理论之间变迁的原因。服务于欧洲大陆全能政府的全面财政理论随着政治环境与政治体制的演变而逐步丧失存在的实践基础,英美财政理论适应了有限政府的效率财政实践要求。更重要的是,相对于欧洲大陆理论,英美财政理论的范式依托基于单维目标的逻辑演绎研究框架,其科学性优于多维目标归纳式的大陆财政理论。不少财政学家(如 Forte,2010)[18]希望大陆财政与英美财政理论走向融合,但是面对追求财政效率的现实,缺乏严谨框架与精确分析的理论只能是一个理论分支。如同沃格纳(Wagner,2007)[19]所构建的跨学科的财政理论是对主流财政理论的有益补充一样,它不可能占据主流,其范式不可能被以效率财政为核心的当前及以后的学术共同体普遍接受。英美财政学像新古典经济学一样长期占据主流地位不是因为它没有缺陷,而是其分析框架相对严谨。马斯格雷夫的财政理论与布坎南的民主财政论都以宏观经济学的基本分析框架为依据,其分歧主要体现在对于国家基本观点及其政府财政行为效果的评价方面[20]。

世界范围内的政治性财政赤字和财政危机使民主政治、有限政府和效率财政之间关系的理论逻辑严谨性变得脆弱。英美主流财政理论必须接受这一挑战,为政治性财政赤字有效治理提供理论支撑,新古典宏观经济学中李嘉图－巴罗等价定理的证明可能有助于英美财政学关注一个老问题,即将财政收入与支出融合成一个整体。这样才有可能克服财政赤字问题,进一步发展民主效率财政理论。

参考文献

[1]李俊生.盎格鲁－撒克逊学派财政理论的破产与科学财政理论的重建——反思当代"主流"财政理论[J].经济学动态,2014(4):117－130.

[2]马珺.财政学:两大传统的分离与融合[J].经济理论与经济管理,2012(10):63－73.

[3]侯艳蕾.经济结构变迁与西方财政理论的三次大发展[J].金融教学与研究,2000(3):24－27.

[4]MUN T. England's treasure by foreign trade[M]. New York:Macmillan,1903.

[5]丹尼尔·贝尔.资本主义文化矛盾[M].南京:江苏人民出版社,2010.

[6]马金华.外国财政史[M].北京:中国财政经济出版社,2011:64－65.

[7]波斯坦,科尔曼,马赛厄斯.剑桥欧洲经济史:第五卷[M].北京:经济科学出版社,2002.

[8]罗森堡,小伯泽尔.西方现代社会的经济变迁[M].北京:中信出版社,2009:111－112.

[9]菲利浦·霍夫曼,凯瑟琳·诺伯格.财政危机、自由和代议制政府(1450—1789)[M].上海:上海人民出版社,2008.

[10]波斯坦,里奇,米勒.剑桥欧洲经济史:第三卷[M].北京:经济科学出版社,2002:343－382.

[11]BACKHAUS J G, WAGNER R E. From continental public finance to public choice: mapping continuity[J]. History of political economy, 2005, 37: 314.

[12]KUHN T. The structure of scientific revolutions[M]. Chicago: University of Chicago Press, 1970.

[13]查尔默斯.科学究竟是什么[M].北京:商务印书馆,2011:108－109.

[14]严维石.经济学研究方法演变[J].中央财经大学学报,2013(3):39－44.

[15]卡尔·波普尔.科学发现的逻辑[M].北京:中国美术学院出版社,2008.

[16]KENDRICK M S. Public expenditure: a neglected consideration in tax incidence theory [J]. The American economic review, 1930: 226－230.

[17]郭剑鸣.民主理性蜕化与西方"政治性赤字"的膨胀[J].学术月刊,2010(11):5－11.

[18]FORTE F. Principles of public economics: a public choice approach[M]. Cheltenham: Edward Elgar Publishing, 2010.

[19]WAGNER R E. Fiscal sociology and the theory of public finance: an exploratory essay [M]. Cheltenham: Edward Elgar Publishing, 2007.

[20]詹姆斯·M.布坎南,理查德·马斯格雷夫.公共财政与公共选择:两种截然不同的国家观[M].北京:中国财政经济出版社,2000.

财政民生支出有助于稳增长和调结构吗?

李普亮*

统筹稳增长、调结构和惠民生是当前宏观经济调控的重要取向。财政民生支出作为惠民生的重要载体,对稳增长和调结构的效应值得关注。基于中国2007—2012年31个省(市)面板数据的实证检验发现:财政民生支出对当期的经济增长和产业结构调整并未表现出正向效应,个别类型的支出甚至表现出显著的负向影响,这表明以往的财政民生支出未能实现惠民生、稳增长与调结构的兼容。在经济新常态下,必须更加注重提升财政民生支出的配置和使用效率,促使其能兼顾惠民生、稳增长和调结构的现实需要,确保各级政府在面对多元化发展目标时拥有足够的激励以增加财政民生支出。

一、引 言

改革开放30多年来,中国经济保持了高速增长态势。但自2011年四季度以来,GDP增速开始步入"换档期",自2012年二季度至今一直处于"7时代",尤其是2015年一季度GDP同比增速仅为7%,创下6年以来的新低。尽管理论界对于中国经济能否重返高速增长之路还存在争议,但越来越多的学者倾向于认为中国经济正呈现"新常态"。中国经济的新常态有三个特点:一是从高速增长转为中高速增长;二是经济结构不断优化升级,第三产业、消费需求逐步成为主体,城乡区域差距逐步缩小,居民收入占比上升,发展成果惠及更广大民众;三是从要素驱动、投资驱动转向创新驱动①。在经济新常态下,宏观经济调控的目标取向必然是多元化的。中国社科院财经战略研究院发布的《中国宏观经济运行报告(2014—2015)》指出,新常态下的中国经济宏观调控必须坚持多目标的区间调控、

---

* 原载于《广东财经大学学报》2015年第5期第46–57页。作者:李普亮(1980—),男,山东莱芜人,惠州学院经济管理系副教授,博士。

① 参见中国指数研究院《2013年房地产市场总结报告》。

定向调控和结构调控,一方面要保就业、稳增长、防风险、稳物价;另一方面也要调结构、惠民生、促改革。但不管宏观经济调控的目标如何多元化,有一点毋庸置疑,那就是经济社会发展的成果必须由全体人民共享,必须保障和改善民生尤其是基本民生,这是决策层的执政理念使然。

诚然,政府保障和改善民生的手段复杂多样,但财政作为国家治理的基础和重要支柱,对保障和改善民生的地位和作用无可替代,而财政民生支出无疑又是财政保障和改善民生的重要载体。近年来,中央和地方各级财政对民生的投入规模逐年增加,强度不断提升。如果以财政用于教育、医疗卫生、文化体育与传媒、社会保障和就业以及节能环保方面的支出为民生支出的代表,那么在2007—2013年,财政民生支出规模由16 453.9亿元增至50 406亿元,年均增长20.5%,占财政支出的比重也相应地由33.1%上升至36.1%,对于保障和改善民生发挥了重要作用。然而,在经济新常态下,惠民生并非各级政府的唯一追求,必须将其与稳增长、调结构等其他重大目标统筹考虑,因为如果没有适度的经济增长,惠民生将成为无源之水;如果不注重对经济结构的战略性调整,经济增长也将难以持续。那么,财政民生支出在惠民生的同时,能否实现与稳增长和调结构的兼容?如果回答是肯定的,则各级政府将有足够的激励持续加大对民生领域的投入;但如果回答是否定的,各级政府尤其是地方政府很有可能对其财政支出结构进行策略性调整,优先投向与经济增长直接相关的领域,从而忽视对民生的改善。因此,研究财政民生支出可否实现稳增长、调结构和惠民生的兼容,对于经济新常态下财政支出结构的调整和优化具有很强的现实意义。

二、文献述评

财政民生支出是中国语境下的一种特有表达,国外虽鲜有文献直接涉及财政民生支出的经济社会效应问题,但有关政府支出与经济增长方面的文献十分丰富。相关经济理论及经验证据表明,政府支出与经济增长之间的关系迄今仍是一个悬而未决的话题。不过一些学者已经意识到,不同类型的政府支出对经济增长的影响确实存在一定的差异。人们习惯于将政府支出分为生产性支出和非生产性支出,国际货币基金组织则将政府支出分为资本性支出和经常性支出①;一般认为,生产性支出和资本性支出有助于经济增长,而非生产性支出和经常性支出则会阻碍经济增长。巴罗(Barro,1991)[1]的实证研究表明经济增长与政府消费

---

① 资本性支出是指用于购买或生产使用寿命超过一年的耐用品的支出;经常性支出是指工资和各种补助等,用于非耐用品的支出。

支出占 GDP 的比重呈反向变化；阿绍尔（Aschauer，1989）[2]、威廉姆·伊斯特利和塞吉奥·雷贝洛（William Easterly & Sergio Rebelo，1993）[3]等的实证研究得出政府增加在高速公路、机场、市政建设等基础设施方面的支出能够促进经济增长的结论。亚历克西乌（Alexiou，2009）[4]基于东南欧 7 个国家 1995—2005 年数据的实证研究结果显示，政府用于资本形成、发展援助、私人投资和贸易开放的支出对经济增长的影响为正，并且在统计上显著；而用于人口增长方面的政府支出对经济增长的影响在统计上不显著。德夫拉詹（Devarajan）等（1996）[5]利用 43 个国家 1970—1990 年数据的实证研究则发现，财政支出中经常性支出份额的提高对经济增长的影响在统计上显著为正，而资本性支出与经济增长的关系为负，因此，看起来是生产性的财政支出如果使用过度也会变得具有非生产性。近期的实证文献中，莫森·梅赫拉拉（Mohsen Mehrara）等（2013）[6]、维杰·甘加尔和哈尼·古塔（Vijay Gangal & Honey Gupta，2013）[7]分别以伊朗和印度为例对政府支出和经济增长的关系进行个案研究，得到的结论也不一致。

与政府支出和经济增长关系的相关研究相比，国外有关政府支出对经济结构影响的文献相对较少。主流观点认为，财政政策是结构性政策，财政支出的倾斜性有利于实现结构调整的目标。政府支出及不同类型政府支出对经济增长的效应同样引起国内学者广泛而持久的关注，他们顺应中国经济发展方式的逐步转变，开始更多地关注财政支出对经济结构的效应影响。经济结构战略性调整的核心是产业结构的调整和优化，因此，财政支出对产业结构调整的效应成为学术界关注的热点。相关研究主要基于两条线索展开：一是从理论层面凝练财政支出对产业结构的影响机制；二是从实证层面检验财政支出对产业结构调整的效应。郭小东（2009）[8]从政府支出规模、生产要素积累这一新的角度构建理论模型，提出政府支出通过改变全要素生产率和各个产业的资本、劳动这两种生产要素积累对产业结构产生影响。郭晔和赖章福（2011）[9]则认为，财政支出政策主要以财富效应、生产效应及其衍生的内部需求效应以及研发效应对实体经济产生影响，并作用于产业结构调整。储德银和建克成（2014）[10]将财政支出对产业结构调整的作用机制概括为两个方面：一是财政支出政策通过乘数效应从总量上抑制或阻滞产业结构调整；二是不同支出项目通过改变社会需求结构影响企业投资行为与生产决策时存在较大差异，进而会影响产业结构。张同斌和高铁梅（2012）[11]的分析角度有所不同，认为政府的补贴支出通过使高新技术产品成本降低和价格下降促进其消费需求，进而带动产业结构调整。

财政支出对产业结构究竟产生何种效应则是一个实证问题。郭小东等（2009）[8]基于 20 个国家的面板数据检验发现，政府支出对第三产业的发展产生积极影响,而对第一产业尤其是第二产业产生消极影响。储德银和建克成(2014)[10]基于2004—2011年30个省份面板数据的分析表明,财政支出总量增加不利于产业结构升级,王保滔等(2014)[12]的研究结论则与此相反。

不同类型财政支出的产业结构调整效应存在一定差异。贾俊雪等(2011)[13]基于42个国家和地区1980—2005年的数据进行实证分析,发现社会保障支出的增加对短期经济增长具有抑制作用但并不显著,对长期经济增长则具有显著的负向影响。董万好和刘兰娟(2012)[14]基于CGE模拟分析,发现财政科教投入对于促进产业结构转型具有推动作用。陈立泰等(2012)[15]利用中国28个省市1990—2010年的数据检验了财政支出对服务业发展的影响,发现经济建设类支出是服务业发展的主要推动力,科教支出则稍显不足,而社会保障类支出限制了服务业发展。储德银和建克成(2014)[10]的实证研究结果显示,政府投资性支出和行政管理支出不利于产业结构调整,但教育支出和科技支出对产业结构调整存在正效应。郭晔和赖章福(2010)[16]的研究则表明,我国财政支出的产业结构调整效应呈现出区域性差异。

相比之下,集中探讨财政民生支出对经济增长效应和产业结构调整效应的文献并不多见。在这些相关文献中,赵天奕(2012)[17]采用非线性平滑转换回归模型(STR)对我国1978—2010年财政民生支出与经济增长之间的动态关系进行实证检验,结果表明:民生财政支出与经济增长之间存在长期非线性关系,且两者之间有明显的区间转制动态特征,若民生财政支出负增长率高于14.85%,则经济增长率下降;若大于18.87%,则促进经济增长。杨志安等(2013)[18]通过对中国1981—2011年的预算内民生支出和非民生支出与长期经济增长关系的实证分析发现,财政民生支出与经济增长呈现正相关,说明社会保障支出、教育、医疗卫生、就业和住房保障支出能够对经济增长起到促进作用,但是对经济增长的弹性系数较小,贡献程度较弱。

总的来看,已有相关研究至少在以下两个层面还存在一定的不足:一是部分实证研究采用的是时间序列数据模型,不仅样本数据较少,而且没有考虑地区异质性因素及宏观经济环境的影响,实证结果的可靠性恐难保证;二是对财政民生支出效应的分析视角比较单一,忽视了宏观经济调控目标取向的多元性及其相互之间的协调性,没有考虑财政民生支出对惠民生、稳增长与调结构的兼容性,而这一点恰恰对处于新常态的中国经济十分重要。为此,本文在借鉴已有研究成果的基础上,结合经济新常态下宏观经济调控的多元化目标,统筹考虑并检验财政民生支出对稳增长和调结构的效应,不仅可为评价财政民生支出绩效提供更加全面的分析视角,而且可为进一步理解和优化各级政府财政支出行为提供有益启示。

三、财政民生支出对经济增长的效应分析

(一)模型设定

经济新常态下,经济发展更加注重转变方式和调结构,但这并不意味着对经济增速可以放任自流,对于转型期的中国来说,保持适当的经济增速对于保障就业、改善民生和化解多种社会矛盾依然十分重要。财政民生支出只是经济增长的一种影响因素,为更好地检验它们之间的关系,需控制其他因素的影响。由于现实中对经济增长的影响因素很多,很多文献都根据自身的需要或者数据的可得性选择控制变量,没有一定的标准。考虑经典的索洛模型将资本和劳动视为经济增长的关键变量,本文在选取控制变量时首先在模型中加入资本和劳动两个控制变量,其他控制变量的选择综合借鉴了邵全权(2012)[19]、严成樑(2012)[20]等学者的做法。另外,考虑了经济增长可能存在路径依赖,因此在模型中加入因变量的一阶滞后作为部分遗漏变量的代理变量(Sachs 和 Warner,1995)[21]。本文通过构建如下动态面板数据模型实证检验财政民生支出对经济增长的效应:

$$gdprate_{i,t} = \alpha_i + \beta_0 + \beta_1 gdprate_{i,t-1} + \beta_2 lnmsh_{i,t} + \beta_3 lnnmsh_{i,t} + \beta_4 lnzb_{i,t} +$$

$$\beta_5 edu_{i,t} + \beta_6 lnlabour_{i,t} + \beta_7 open_{i,t} + \beta_8 taxratio_{i,t} + \sum_{j=2007}^{2012} \gamma_j year_j + \varepsilon_{i,t} \qquad (1)$$

其中,$gdprate$ 是因变量,代表 GDP 增长速度;msh 是核心解释变量,代表财政民生支出。其他控制变量定义如下:$nmsh$ 代表除财政民生支出以外的其他财政支出①;zb 代表物质资本,用全社会固定资产投资表示;edu 代表人力资本,用 6 岁及以上人口中高中和大专及以上人口所占比重表示;$labour$ 代表劳动投入,用三次产业就业人数表示;$open$ 代表对外开放度,用进出口总额占 GDP 比重表示;$taxratio$ 代表税收负担,用公共财政预算收入占 GDP 比重表示;α_i 代表个体效应,用于控制地区间异质因素的影响;$year$ 为时间虚拟变量,用于控制宏观经济环境变化的影响。为了减小异方差影响,同时使变量系数更具经济含义,本文对各类财政支出、全社会固定资产投资、三次产业就业人数等绝对指标进行对数化处理。此外,为了检验不同类型财政民生支出对经济增长效应的差异,本文进一步选取财政支出中的教育支出(jy)、医疗卫生支出(yl)、文化体育与传媒支出(wt)、社会保障和就业支出(shb)以及节能环保支出(hb)取代财政民生支出(msh)。将模型(1)扩展为模型(2),并选取适当的方法对其进行估计。

---

① 可以简称为"非财政民生支出"。

$$gdprate_{i,t} = \alpha_i + \beta_0 + \beta_1 gdprate_{i,t-1} + \beta_2 lnjy_{i,t} + \beta_3 lnyl_{i,t} + \beta_4 lnwt_{i,t} +$$

$$\beta_5 lnshb_{i,t} + \beta_6 lnhb_{i,t} + \beta_7 lnnmsh_{i,t} + \beta_8 lnzb_{i,t} + \beta_9 edu_{i,t} + \beta_{10} lnlabour_{i,t} +$$

$$\beta_{11} open_{i,t} + \beta_{12} taxratio_{i,t} + \sum_{j=2007}^{2012} \gamma_j year_j + \varepsilon_{i,t} \qquad (2)$$

（二）数据来源及说明

文中数据主要来自 2008—2013 年的《中国统计年鉴》及各省相关年度的统计年鉴。将样本数据的起始时间确定为 2007 年主要基于以下考虑：其一，自 2007 年起，我国政府收支分类科目进行了较大幅度调整，由于分类标准、科目涵盖内容不同，新的支出功能分类科目与原支出科目之间并不存在严格的一一对应关系①；其二，中共十七大明确要求加快推进以改善民生为重点的社会建设，着力保障和改善民生，此后，民生问题备受各级政府关注，财政的民生导向也日益突显。选取 2007 年及以后的样本数据进行实证分析，得到的结论可以更好地反映近年来我国民生导向的财政政策绩效。为剔除价格因素影响，本文利用商品零售价格指数（以 2007 年为基期）对各项财政支出进行价格调整，利用固定资产投资价格指数（以 2007 年为基期）对全社会固定资产投资进行价格调整。需要特别说明的是，建立全覆盖、高水平的民生财政是今后的重要目标，但财政支出不可能在短期内高水平地满足全部民生需求，只能分步骤、有重点地实施（中国社会科学院财贸所课题组，2008）[22]。现阶段，对于财政民生支出的口径学界还存在不少争议。从理论上讲，所有的公共财政支出都应是直接或间接服务于民生，要绝对区分民生支出和非民生支出实际上不可能，但由于财力有限，财政分配不可能在某一时期对于民生事项面面俱到，平均用力，只能在认真权衡利弊得失后选择本阶段最需要保障且有能力保障的民生事项予以重点倾斜，即从基本民生的"托底"保障做起（贾康等，2011）[23]。安体富（2008）[24]认为，民生财政是指在整个财政支出中，用于教育、医疗卫生、社保和就业、环保、公共安全等民生方面的支出占到相当高的比例，甚至处于主导地位。按照上述观点，财政民生支出应当界定为用于教育、医疗卫生、社保和就业、环保、公共安全等民生方面的支出。许多实证文献也分别对财政民生支出给出了自己的界定。如杨志安等（2013）[18]将社会保障、教育、医疗卫生、就业保障及住房保障等支出作为财政民生支出的代表。易行健等（2013）[25]研究的财政民生支出主要包括用于教育、科学技术、文化体育和传媒、

---

① 以教育支出为例，2007 年之前，教育基本建设支出列入了"基本建设支出"类，而 2007 年及以后，政府支出功能分类科目没有设置"基本建设支出"类，而是按照职能和活动设置类款项科目，教育基本建设支出列入了"教育"类。因此，2007 年及以后的财政民生支出数据相对更加完整，而且年度数据具有较强的可比性。

社会保障和就业以及医疗卫生方面的财政支出。李晓嘉(2014)[26]将财政民生支出界定为财政支出用于医疗卫生、教育、社会保障、科学研究及政策性补贴等方面的总和。可见,尽管学者们对财政民生支出的界定不完全一致,但总体上大同小异。在借鉴已有研究成果的基础上,结合中国国情,本文选取了理论界和实务部门普遍认可的、与人民群众生活直接相关的教育支出、医疗卫生支出、文化体育与传媒支出、社会保障和就业支出以及节能环保支出作为民生财政的代表性支出,这些类型的支出涉及人类生存和发展最基本的需要,在居民的财政民生支出需求偏好序列中具有很强的普遍性和持久性。

模型(1)和模型(2)中各个变量的数值特征如表1所示。

表1 变量的描述性统计

变量名	变量定义	最小值	最大值	均值	标准差
gdprate	GDP增长速度	0.018	0.281	0.176	0.054
lnmsh	财政民生支出	4.382	7.873	6.527	0.697
lnjy	教育支出	3.514	7.184	5.638	0.747
lnyl	医疗卫生支出	2.435	6.095	4.633	0.760
lnwt	文化体育与传媒支出	1.519	5.054	3.481	0.666
lnshb	社会保障和就业支出	2.851	6.437	5.325	0.703
lnhb	节能环保支出	1.561	5.418	3.866	0.720
lnnmsh	非财政民生支出	4.926	8.259	6.915	0.691
lnzb	全社会固定资产投资	5.600	10.163	8.513	0.953
edu	高中和大专及以上人口比重	0.041	0.596	0.237	0.094
lnlabour	三次产业就业人数	5.064	8.788	7.481	0.915
open	对外开放度	0.027	1.709	0.317	0.362
taxratio	税收负担	0.055	0.185	0.096	0.029

注:msh、nmsh、zb、labour、jy、yl、wt、shb、hb等变量进行了对数化处理。

(三)实证结果及分析

由于模型(1)的解释变量中包含了因变量的一阶滞后项,同时考虑了财政支出、固定资产投资、三次产业就业人数、对外开放度及税收负担等变量可能与经济增长存在相互影响,变量的内生性问题不可避免,此时无论是采用混合OLS、固定效应还是随机效应估计,均不能保证得出无偏和一致的参数。为此,本文采用一步系统 GMM 方法(Blundell 和 Bond,1998)[27]对模型进行估计①。估计过程中,仅将高中和大专及以上人口比重与年度虚拟变量视为严格外生,结果如表 2 所示。

表 2 系统 GMM 估计结果

自变量	(1)	(2)	(3)	(4)
L. gdprate	0.114(0.107)	0.072(0.090)	0.157(0.099)	0.093(0.090)
lnmsh	−0.014(0.012)	−0.033(0.037)		
lnjy			0.008(0.030)	−0.033(0.028)
lnyl			−0.030(0.026)	−0.060(0.026)**
lnwt			−0.041(0.010)***	−0.007(0.014)
lnshb			0.013(0.014)	−0.009(0.012)
lnhb			0.037(0.016)**	0.013(0.009)
lnnmsh		−0.034(0.025)		0.020(0.020)
lnzb		0.037(0.019)*		0.028(0.013)**
edu		−0.016(0.086)		0.047(0.053)
lnlabour		−0.0001(0.017)		0.024(0.017)
open		−0.040(0.018)**		−0.043(0.015)***
taxratio		0.426(0.264)		0.357(0.182)*
常数项	0.190(0.090)**	0.220(0.071)***	0.119(0.039)***	0.009(0.044)
年度虚拟变量	Yes	Yes	Yes	Yes
F 值	74.92***	65.15***	48.13***	78.35***
AR(1)	0.001	0.001	0.000	0.001
AR(2)	0.392	0.548	0.275	0.289
Hansen test	0.555	1.000	1.000	1.000
观察值	155	155	155	155

注: *、**、***分别代表10%、5%和1%的显著性水平;模型估计结果中括号内的数值为经过 robust 修正后的标准误;AR(1)、AR(2)和 Hansen test 给出的都是统计量对应的 p 值。表4—表5同。

---

① 系统 GMM 利用了比一阶差分 GMM 更多的信息,因此,前者比后者的估计结果更有效。而且,相对来说,SYS-GMM 估计量具有更好的有限样本性质,是目前解决内生性问题较为有效的方法。

  表2 的回归结果显示,AR(2)的 P 值均大于0.1,不能拒绝模型残差不存在二阶自相关的原假设,Hansen 检验结果也不能拒绝工具变量有效的原假设。不难看出,不论是否控制其他变量,$lnmsh$ 的系数均为负,但在统计上并不显著,这就意味着财政民生支出对促进经济增长基本上没有发挥作用。那么,不同类型的财政民生支出对经济增长的效应是否存在差异? 回归结果(3)和(4)显示,是否控制其他变量对模型估计结果有一定的影响,考虑经济增长因素的复杂性,选取回归结果(4)作为分析对象。可以看出,在各项财政民生支出中,教育支出、文化体育与传媒支出、社会保障和就业支出及节能环保支出对经济增长的效应在统计上均不显著,而医疗卫生支出对经济增长甚至表现出显著的负向影响。Roodman(2006)[28]指出,对于动态面板模型,虽然 OLS 和固定效应估计量分别上偏和下偏于因变量滞后项的真实值,但二者却构成了真实的合理区间。为此,本文分别对模型(1)和(2)进行 OLS 估计和固定效应估计①,发现运用系统 GMM 估计的 $gdprate$ 一阶滞后项的系数值的确介于 OLS 估计量和固定效应估计量之间②。

  另外,本文还进行了如下稳健性检验:(1)选取财政民生支出占 GDP 比重这一相对指标作为财政民生支出的度量指标,再次对模型进行系统 GMM 估计,实证结果未发生明显改变;(2)考虑到财政民生支出可能会对经济增长产生非线性影响,在模型中加入财政民生支出的二次项,结果显示,财政民生支出的系数在统计上仍不显著。这说明本文的估计结果是稳健的。

  理解上述实证结果的关键在于厘清财政民生支出对经济增长的影响机理。如前所述,本文涉及的财政民生支出主要包括财政用于教育、医疗卫生、文化体育与传媒、社会保障和就业以及节能环保方面的支出。传统观点认为,政府用于教育、医疗卫生、文化体育及环境保护方面的支出属于消费性支出,社会保障支出属于转移性支出,它们具有非生产性,通常不能直接促进当期经济增长,而且因这些支出增加而引起的税收增长还会对私人消费和投资产生抑制作用。按照这一逻辑,在 GDP 导向的政绩考核体系下,地方政府通常难有大幅增加财政民生支出的热情。但随着人力资本理论的诞生和发展,人们对政府消费性支出有了新的认识。现代社会,人们往往将教育支出视为人力资本投资,这种投资与其他生产性投资有着共同之处,即都以取得未来的发展和收益为投资目的之一,因而也具有生产性特征。文化和医疗卫生支出虽然是以提高国民的精神文明程度和身体素

---

① 进行 OLS 估计和固定效应估计时在模型中加入了控制变量。

② 其中,模型(1)中因变量一阶滞后项的 OLS 估计量是 0.139,固定效应估计量是 -0.244;模型(2)中因变量一阶滞后项的 OLS 估计量是 0.093,固定效应估计量是 -0.256。

质为基本目的,但也能对劳动者综合素质的提高起到有效促进作用,有助于提高人的生产能力,而这种能力的高低对经济增长有着重要影响。环境保护支出有助于减少各种环境污染,改善人们的生存环境,保护人们的身心健康,同时还可减少经济活动中的负外部性,从长远来看同样有利于经济增长。社会保障支出可以通过缓解甚至消除人们的后顾之忧促进消费和投资,进而推动经济增长。但问题的关键在于,财政民生支出对经济增长的影响是间接的,而且存在一定时滞,两者之间的传导机制还会受到许多不确定性因素的影响,而本文主要考察的是财政民生支出对当期经济增长的影响,这种短期影响在统计上不显著其实并不足为奇。尤其需要注意的是,在各项财政民生支出中,医疗卫生支出的系数值显著为负的主要原因有两个:一是中国的医疗卫生资源配置不均衡,城乡之间、地区之间以及不同群体之间享受的医疗卫生资源差异较大,财政用于医疗卫生的资金使用效率也急需提高,制约了其对促进人体健康的积极效应;二是医疗卫生服务的主要功能在于恢复和保持人体健康状况,进一步提升人体健康程度的空间相对有限,因而短期内对经济增长的影响并不明显,而且,在财政支出总量一定的情况下,医疗卫生支出的增加还会因为挤占其他财政支出和引起税负增加而阻碍经济增长。

在各个控制变量中,全社会固定资产投资($lnzb$)的系数在统计上显著为正,表明投资对于稳增长发挥着重要作用,特别是在应对全球金融危机的过程中,中国经济之所以保持了较高增速,与大规模的固定资产投资密不可分。对外开放度($open$)对经济增长的影响在统计上显著为负,表明过度依赖国际市场不利于中国经济增长,应更加积极地促进外需和内需平衡。税收负担($taxratio$)的系数为正,并且统计上显著,表明税收负担的上升并不一定会对经济增长产生抑制效应,反而有可能通过税收结构的优化促进资源配置效率的提高进而促进经济增长。

四、财政民生支出对产业结构调整的效应分析

（一）模型设定

产业结构调整是经济结构调整的核心内容。对于产业结构调整的度量,学术界有着不同的处理方法。目前国家统计部门通常将第三产业增加值占 GDP 的比重视为产业结构调整的重要度量指标,而且,中共十八大报告和近年来的政府工作报告都将推动服务业特别是现代服务业发展作为产业结构调整的重要取向,本文选取第三产业增加值占 GDP 比重作为产业结构调整的度量指标。另外,中国的信息化进程正在加速,在信息化推动下的经济结构的服务化是产业结构升级的一种重要特征,鉴于在"经济服务化"过程中的一个典型事实是第三产业的增长率快于第二产业的增长率(吴敬琏,2008)[29],因此,本文借鉴干春晖等(2011)的做

法[30]，还选取了第三产业增加值与第二产业增加值之比作为产业结构调整的度量指标。为检验财政民生支出对产业结构调整的效应，构建如下模型：

$$structure_{i,t} = \alpha_i + \beta_0 + \beta_1 structure_{i,t-1} + \beta_2 lnmsh_{i,t} + \beta_3 lnnmsh_{i,t} +$$
$$\beta_4 lnzb_{i,t} + \beta_5 edu_{i,t} + \beta_6 lnlabour_{i,t} + \beta_7 open_{i,t} +$$
$$\beta_8 taxratio_{i,t} + \beta_9 lnpergdp_{i,t} + \sum_{j=2007}^{2012} \gamma_j year_j + \varepsilon_{i,t} \qquad (3)$$

其中，$structure$ 代表产业结构，分别用第三产业增加值占 GDP 比重（$tratio$）和第三产业增加值与第二产业增加值之比（$tsratio$）度量；$lnpergdp$ 为对数化的地区人均 GDP①，其余变量含义同前。与此同时，为了检验不同类型财政民生支出对产业结构调整的效应，进一步选取财政支出中的教育支出（jy）、医疗卫生支出（yl）、文化体育与传媒支出（wt）、社会保障和就业支出（shb）以及节能环保支出（hb）取代财政民生支出（msh）。将模型（3）扩展为模型（4），并选取适当的方法对其进行估计。各个变量的基本特征如表3所示。

$$structure_{i,t} = \alpha_i + \beta_0 + \beta_1 structure_{i,t-1} + \beta_2 lnjy_{i,t} + \beta_3 lnyl_{i,t} + \beta_4 lnwt_{i,t} +$$
$$\beta_5 lnshb_{i,t} + \beta_6 lnhb_{i,t} + \beta_7 lnnmsh_{i,t} + \beta_8 lnzb_{i,t} + \beta_9 edu_{i,t} +$$
$$\beta_{10} lnlabour_{i,t} + \beta_{11} open_{i,t} + \beta_{12} taxratio_{i,t} +$$
$$\beta_{13} lnpergdp_{i,t} + \sum_{j=2007}^{2012} \gamma_j year_j + \varepsilon_{i,t} \qquad (4)$$

表3　变量的描述性统计

变量名	变量定义	最小值	最大值	均值	标准差
$tratio$	第三产业增加值占 GDP 比重	0.286	0.765	0.404	0.086
$tsratio$	第三产业增加值与第二产业增加值之比	0.500	3.370	0.910	0.487
$lnpergdp$	地区人均 GDP	8.841	11.166	9.967	0.497

（二）实证结果及分析

分别以第三产业增加值占 GDP 比重（$tratio$）和第三产业增加值与第二产业增加值之比（$tsratio$）作为产业结构调整的度量指标，运用一步系统 GMM 估计财政民

---

① 地区人均 GDP 用人均 GDP 指数（2007 年为基期）进行了价格调整。

生支出对产业结构调整的效应,实证结果如表4和表5所示①。

表4 系统 GMM 估计结果

自变量	（1）	（2）	（3）	（4）
L. tratio	1.024(0.037)***	0.895(0.031)***	1.005(0.024)***	0.893(0.026)***
lnmsh	0.001(0.006)	−0.020(0.013)		
lnjy			0.011(0.011)	0.010(0.016)
lnyl			−0.007(0.010)	0.008(0.010)
lnwt			0.007(0.008)	−0.006(0.007)
lnshb			−0.004(0.005)	−0.014(0.006)**
lnhb			−0.006(0.005)	0.001(0.003)
lnnmsh		0.015(0.012)		0.012(0.009)
lnzb		−0.017(0.007)**		−0.015(0.006)**
edu		0.055(0.030)*		0.047(0.029)
lnlabour		0.018(0.006)***		0.004(0.007)
open		0.002(0.006)		−0.002(0.005)
taxratio		0.142(0.101)		0.162(0.063)**
lnpergdp		0.013(0.009)		0.009(0.007)
常数项	−0.008(0.038)	−0.063(0.072)	−0.001(0.019)	−0.048(0.062)
年度虚拟变量	Yes	Yes	Yes	Yes
F 值	223.15***	630.9***	484.28***	2122.44***
AR(1)	0.000	0.000	0.000	0.000
AR(2)	0.331	0.268	0.291	0.290
Hansen test	0.534	1.000	1.000	1.000
观察值	155	155	155	155

① 为了检验估计结果的稳健性,分别对模型(3)和模型(4)进行 OLS 估计和固定效应估计,结果发现,在加入各个控制变量时,每种情况下因变量一阶滞后的系数均介于 OLS 估计量和固定效应估计量之间。基于篇幅限制,本文没有报告回归结果,有兴趣的读者可向作者索取。

表5　系统 GMM 估计结果

自变量	(1)	(2)	(3)	(4)
L. tsratio	1.064(0.020)***	0.956(0.016)***	1.064(0.023)***	0.962(0.020)***
lnmsh	0.019(0.022)	−0.008(0.062)		
lnjy			0.020(0.048)	0.048(0.054)
lnyl			−0.011(0.049)	0.049(0.049)
lnwt			0.013(0.040)	−0.021(0.026)
lnshb			0.009(0.032)	−0.038(0.029)
lnhb			−0.003(0.027)	0.016(0.012)
lnnmsh				−0.021(0.043)
lnzb		−0.068(0.026)**		−0.058(0.025)**
edu		0.293(0.153)*		0.286(0.154)*
lnlabour		0.083(0.032)**		0.022(0.031)
open		−0.021(0.039)		−0.026(0.039)
taxratio		0.873(0.459)*		0.746(0.326)**
lnpergdp		0.066(0.036)*		0.042(0.028)
常数项	−0.147(0.153)	−0.496(0.331)		−0.311(0.288)
年度虚拟变量	Yes	Yes	Yes	Yes
F 值	820.19***	1894.91***	567.27***	6696.09***
AR(1)	0.001	0.001	0.001	0.001
AR(2)	0.528	0.495	0.522	0.505
Hansen test	0.550	1.000	1.000	1.000
观察值	155	155	155	155

　　回归结果显示，AR(2)的 P 值均大于 0.1,不能拒绝模型残差不存在二阶自相关的原假设,Hansen 检验结果也不能拒绝工具变量有效的原假设。不难看出,无论是以 tratio 还是以 tsratio 为产业结构调整的度量指标,得到的实证结果基本一致,即财政民生支出对产业结构调整的效应在统计上并不显著。从财政民生支出的构成来看,教育支出、医疗卫生支出、文化体育支出以及节能环保支出对产业结构调整的影响均不显著,而社会保障和就业支出甚至在一定程度上阻碍了产业结构调整。另外,从动态的角度看,一个经济体的产业结构变迁应该包括产业结构

合理化和产业结构高级化两个维度。本文还借鉴干春晖等(2011)的做法[30],通过计算泰尔指数度量了产业结构的合理化程度,并以泰尔指数为因变量,实证检验了财政民生支出对产业结构合理化的效应,结果发现,财政民生支出对提高产业结构的合理化程度同样没有发挥出显著作用。

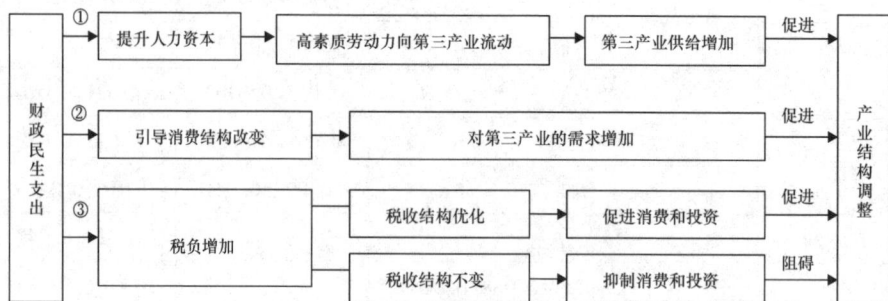

图1 财政民生支出对产业结构调整的影响机理示意图

理解上述实证结果同样需要厘清财政民生支出对产业结构调整的影响机理。由图1可看出,从理论上分析,财政民生支出对产业结构调整的作用机制是多元的,其对产业结构的最终影响取决于财政民生支出是否有助于增加社会对第三产业(尤其是新兴服务业)的供给和需求。但财政民生支出促进产业结构调整是一个循序渐进的过程,而且这一过程会受到诸多因素的制约。在作用机制①中,财政民生支出能否促进产业结构调整主要取决于财政民生支出对人力资本的影响程度及高素质劳动力在行业间的自由流动程度。在各项财政民生支出中,教育支出从长期来看可以促进教育发展,而且教育是提升人力资本最重要的途径,但其效果显现存在一定的时滞;医疗卫生支出的增加虽然有助于改善居民享受的医疗卫生水平,但医疗卫生服务的主要功能在于让人恢复和保持原来的健康状况,其对提高人体健康程度的效果相对有限;文化体育与传媒以及节能环保的支出对提升人力资本的即期作用同样不明显。不仅如此,由于我国劳动力市场尚不完善,劳动力在行业间的自由流动存在许多障碍,这会在一定程度上限制较高素质的劳动力向第三产业转移,进而不利于产业结构的转型升级。在作用机制②中,财政民生支出在理论上可以通过增强居民消费能力、降低居民为享受公共服务支付的价格、改善居民消费预期以及完善居民消费环境等途径提高居民服务性消费的比重,进而增加对第三产业(尤其是新兴服务业)发展的需求;但从现实来看,我国社会保障水平总体依然偏低,财政民生支出在强化居民消费能力、降低居民消费价格和改善居民消费预期方面的效果十分有限,制约了居民消费结构的升级进程,从而不利于从需求层面推动产业结构转型升级。在作用机制③中,由于税收"取之于民,用之于民",财政民生支出与税负往往如影相随,按照凯恩斯主义学派的观点,税负增加往往会抑制私人消费和投资,但财政民生支出的增加是如何通过改变税负影响产业结构不仅仅取决于其对税负总量的影响,还取决于税负总量增加的同时是否伴随着税收结构的优化和税收负担的合理再分配;后者可以通过引导资源的合理流动、提高资源配置效率和优化社会收入分配格局从而推动产业结构转型升级。由于本文在实证分析过程中已将税收负担作为控制变量,因此财政民生支出通过改变税负影响产业结构调整的作用机制可不予考虑。

在各个控制变量中,*tratio* 和 *tsratio* 的一阶滞后项的系数值较大,而且在统计上高度显著,表明一个地区的产业结构调整具有很强的路径依赖。6 岁及以上人口中高中和大专及以上人口所占比重(*edu*)的系数值在统计上也显著为正,表明人力资本存量对推动产业结构调整发挥着重要作用。全社会固定资产投资(*zb*)对产业结构调整的效应在统计上显著为负,这与我国固定资产投资主要集中在第二产业有关。税收负担(*taxratio*)的系数在统计上显著为正,这与储德银和建克成(2014)[11]的实证结果一致,表明税负高低对于产业结构调整无可厚非,关键在于在税负提升的同时能否通过税制结构优化和税收优惠政策的调整引导资源合理流动,提高资源配置效率,进而推动产业结构转型升级。

五、结论与政策含义

在中国经济新常态下,宏观经济调控的目标取向更加多元化。如何实现稳增长、调结构和惠民生的目标兼容和良性循环是经济新常态下不容回避的重大战略问题。财政民生支出作为政府惠民生的重要载体,其在实现惠民生的同时,可否兼顾稳增长和调结构的目标需求。本文以 GDP 增长率为经济增长的度量指标,以第三产业增加值占 GDP 比重、第三产业增加值与第二产业增加值之比为产业结构调整的度量指标,通过构造动态面板数据模型,基于我国2007—2012 年31 个省(市)面板数据进行实证研究,发现财政民生支出对稳定经济增长和推动产业结构转型升级并未表现出积极影响,而且个别类型的财政民生支出甚至对稳增长和调结构表现出显著的负向影响。这表明,以往的财政民生支出未能实现惠民生与稳增长和调结构的兼容,财政民生支出对经济社会发展的综合效应尚未显现出来。

本文的实证结果为更加全面深入地把握财政民生支出绩效提供了新的证据,同时具有以下政策含义。

首先,财政民生支出的主要功能在于惠民生,其对促进当期经济增长和产业转型升级的效果并不明显,因此,在对地方政府的政绩考核中必须统筹兼顾稳增长、调结构和惠民生三大目标取向,如果过度重视稳增长和调结构,很有可能导致地方政府对其财政支出结构进行策略性调整。比如,由于固定资产投资对经济增长的效应立竿见影,为了追求短期经济绩效,地方政府可能倾向于将财政支出更多地投入该领域,从而弱化其对基本民生领域(如教育、医疗卫生、社会保障等)的投入激励。

其次,尽管财政民生支出对当期的经济增长和产业结构调整没有表现出显著影响,但并不能由此简单否定财政民生支出对稳增长和调结构的功效。因为从理论上分析,财政民生支出理应能够对经济增长和产业结构调整存在积极效应,问题的症结在于以下两个方面:一是财政民生支出促进经济增长和产业结构调整的作用机制不够畅通,较为低下的配置和使用效率影响其对稳增长和调结构的效应①;二是财政民生支出对经济增长和产业结构调整的效应存在一定的时滞。以财政教育支出为例,尽管本文的实证结果显示,该项支出对当期第三产业增加值占 GDP 比重及第三产业增加值与第二产业增加值之比两个指标均未表现出显著影响,但 6 岁及以上人口中高中和大专及以上在人口所占比重对上述两个指标的影响却比较显著,这就意味着受教育水平是推动产业结构调整的重要因素,而财政教育支出对于提高人们文化程度的重要性不言而喻,是一个需要不断积累和沉淀的过程。

最后,财政民生支出在稳增长和调结构方面尚未发挥出应有的积极作用,不能成为各级政府削减对民生领域投入力度的理由。因为以人为本是科学发展观的核心,让发展成果惠及大众是经济社会发展的终极目标,稳增长和调结构终究还是为了更好地惠民生。惠民生与稳增长和调结构在短期内看似存在一定的冲突,但从长远来看,不断增进民生水平可为稳增长和调结构提供持久动力。因此,在经济新常态下,财政民生支出的强度不能降低,但必须更加注重提升财政民生支出的配置和使用效率,使其在更好地惠民生的同时,能够兼顾稳增长和调结构的现实需要,进而使得各级政府尤其是地方政府在面对多元化的发展目标时拥有充足的激励以增加财政民生支出。

①　作者曾于 2013 年暑期针对广东省不同经济发达程度地区的 1745 个城镇居民进行了财政民生支出的相关调查,计算了受访城镇居民对财政民生支出的满意度,结果发现,城镇居民对各项财政民生性支出的满意度总体较低,其中对教育支出、医疗卫生支出、社会保障支出和文化体育支出的满意度得分别仅为 58、56、58 和 60(满分为 100)(李普亮,2014)[31]。

参考文献

[1]BARRO R J. Economic growth in a crosssection of countries[J]. The quarterly journal of economics,1991,106(2):407 - 443.

[2]ASCHAUER D. Is government spending productive? [J]. Journal of monetary economics,1989,23: 177 - 200.

[3]EASTERLY W,REBELO S. Fiscal policy and economic growth: an empirical investigation[J]. Journal of monetary economics,1993,32(3):417 - 458.

[4]ALEXIOU C. Government spending and economic growth: econometric evidence from the South Eastern Europe[J]. Journal of economic and social research,2009,11(1):1 - 16.

[5]DEVARAJAN S,SWAROOP V,ZOU H. The composition of public expenditure and economic growth[J]. Journal of monetary economics, 1996,37(2):313 - 344.

[6]MEHRARA M,ABRISHAMI M,BOROUJLI M, et al. Government expenditure and economic growth in Iran[J]. International letters of social and humanistic sciences, 2013, 11: 76 - 83.

[7]GANGAL V,GUPTA M H. Public expenditure and economic growth: a case study of India[J]. Global journal of management and business studies,2013,3(2):191 - 196.

[8]郭小东,刘长生,简玉峰.政府支出规模、要素积累与产业结构效应[J].南方经济, 2009(3):51 - 61.

[9]郭晔,赖章福.政策调控下的区域产业结构调整[J].中国工业经济,2011(4): 74 - 83.

[10]储德银,建克成.财政政策与产业结构调整[J].经济学家,2014(2):80 - 91.

[11]张同斌,高铁梅.财税政策激励、高新技术产业发展与产业结构调整[J].经济研究, 2012(5):58 - 70.

[12]王保滔,张婷,杨一文.财政政策的产业结构优化效应分析[J].生产力研究,2014 (5):29 - 32.

[13]贾俊雪,郭庆旺,宁静.传统文化信念、社会保障与经济增长[J].世界经济,2011 (8):3 - 8.

[14]董万好,刘兰娟.财政科教支出对就业及产业结构调整的影响——基于CGE模型分析[J].上海经济研究,2012(2):41 - 52.

[15]陈立泰,余春玲,王鹏.产业转移背景下的财政支出与服务业发展——基于28个省市面板数据的经验分析[J].经济经纬,2012(5):22 - 26.

[16]郭晔,赖章福.货币政策与财政政策的区域产业结构调整效应比较[J].经济学家, 2010(5):67 - 74.

[17]赵天奕.民生财政与经济增长:1978—2010年——基于非线性STR模型的实证分析[J].经济研究参考,2012(58):10 - 17.

[18]杨志安,郭矜,闫婷.中国财政民生支出最优规模的实证分析[J].经济与管理研究,2013(12):30-34.

[19]邵全权.保险业结构、区域差异与经济增长[J].经济学季刊,2012(2):635-673.

[20]严成樑.社会资本、创新与长期经济增长[J].经济研究,2012(11):48-60.

[21]SACHS J, WARNER A. Natural resource abundance and economic growth[R]. Cambridge:NBER Working Paper,1995:5938.

[22]中国社会科学院财贸所课题组.财政与民生[N].光明日报,2008-02-26(02).

[23]贾康,梁季,张立承."民生财政"论析[J].中共中央党校学报,2011(2):5-13.

[24]安体富.民生财政:我国财政支出结构调整的历史性转折[J].地方财政研究,2008(5):4-8.

[25]易行健,刘胜云,杨碧云.民生性财政支出对我国居民消费率的影响——基于1996—2009年省际面板数据的实证检验[J].上海财经大学学报,2013(2):56-61.

[26]李晓嘉.财政民生支出对农村居民消费的影响研究[J].重庆大学学报(社会科学版),2014(5):41-46.

[27]BLUNDEL R, BOND S. Initial conditions and moment restrictions in dynamic panel data models[J]. Journal of econometrics,1998,87(1):115-143.

[28]ROODMAN D. How to do xtabond 2: an introduction to "difference" and "system" GMM in stata[R]. Washington D. C.: Center for Global Development working paper No. 103, 2006.

[29]吴敬琏.中国增长模式抉择[M].增订版.上海:上海远东出版社,2008.

[30]干春晖,郑若谷,余典范.中国产业结构变迁对经济增长和波动的影响[J].经济研究,2011(5):4-16.

[31]李普亮.财政民生性支出与城镇居民消费满意度研究[J].广东财经大学学报,2014(4):14-25.

地方政府财政支出竞争与
经济增长效应:基于策略互动视角

王华春　刘清杰[*]

根据政治晋升博弈理论构建地区财政支出竞争理论假设,通过估计空间杜宾模型寻找经验证据。研究表明:相比于其他支出项,经济性支出表现出显著的空间策略互补特征,存在更为激烈的地区竞争,且在短期内对经济增长具有显著的刺激作用,长期内则不显著;社会性支出对本地区的经济增长影响模糊,短期内显著抑制竞争地区的经济发展,空间上也存在显著的支出竞争态势。适应经济增长新常态,亟须规范地区财政收支关系,完善官员绩效考核指标,围绕改善民生需求加大社会性财政支出,以促进经济的可持续发展。

一、引言

探究中国经济持续高速增长背后的原因是近年来学者们探讨的焦点问题之一。政府通过多种方式影响经济运行,包括资本存量等经济发展要素也较多地取决于政府行为,相比而言市场力量较为有限。自不同形式的财政分权特别是中央和地方建立相对稳定互动关系的分税制以来,地方政府承担了主要的支出责任和提供了相应的公共服务,这种地方支出体制对地区乃至全局经济的发展影响直接而深远。在这一过程中,无论是阶段性的"财政包干"制度还是相对稳定的分税制改革,都事实上激励着地方政府通过介入地区经济事务并以此实现当地经济发展和地方官员效用的极大化。在收入分权既定的条件下,中国财政分权在财政支出领域具有较大自主权,虽然财政支出与资本积累和投资没有直接关系,但是地方政府官员的绩效与 GDP 挂钩、官员任期时限及上下级绩效考核等国情,都促使地

---

* 原载于《广东财经大学学报》2016 年第 1 期第 89 - 97 页。作者:王华春(1973—),男,四川合江人,北京师范大学政府管理学院副教授,博士生导师;刘清杰(1987—),女,河南洛阳人,北京师范大学政府管理学院博士研究生。

方政府过度追求短期经济利益,在财政支出方面更加偏向于直接促进经济增长的经济建设支出,而弱化社会性支出。社会性支出弱化成为经济社会实现健康协调发展的软肋。

改革开放以来,地方官员的选拔标准逐步转向以地区 GDP 为主要代表的绩效指标。地方官员基于晋升的目的,有充分的理性动机支持本地企业发展并以此促进经济增长,而锦标赛竞争模式下的地方官员从相对狭窄的晋升目标出发通常不愿意从整体发展角度进行合作,而是热衷于进行地方保护,推进基础设施建设等,促进本地经济发展,在竞争中赢得优势。这种以支出为主要载体的非合作的恶性竞争,会导致资源浪费、公共产品供给和服务相对不足以及以社会性民生支出不足为代表的支出结构畸形等问题。在地方官员的晋升激励下,主导地方政府围绕资本展开竞争,导致投资结构不合理,带来经济过热现象,同时由于地方政府将竞争得来的资本直接投资于基础设施,导致重复建设和过度投资,进而引起经济波动。考察地方政府支出竞争特征及其对经济增长的影响,分解驱动竞争的决定因素及其空间溢出效应,分析地方政府支出竞争的微观表现和实现状况,将有助于从地方政府财政支出策略互动视角探索地区经济增长的内在动因以及地方政府支出结构偏向问题,校正支出结构性问题,对于促进地区可持续发展具有重要意义。

二、文献综述与理论假设

(一)文献综述

在财政分权环境下,地方政府为争夺有限的资源必然展开竞争,政府间的这种策略互动在国外研究中已逐渐成熟。其中布鲁克纳(Brueckner,2003)[1]和瑞沃勒里(Revelli,2005)[2]将地方政府之间的策略互动行为划分为溢出效应、财政竞争和标尺竞争。后续的经验研究对上述三种行为进行了检验,如卡瑟(Case)等(1993)[3]使用美国各州预算面板数据估计了财政支出竞争模型,检验结果表明,各州之间的公共支出存在显著的正相关,道路、教育、福利公共支出等在各州政府之间存在显著的溢出效应;拜克(Baicker,2005)[4]对地方支出总量和结构进行检验,也得出地方支出具有显著溢出效应的结论;约翰·戴斯金斯(John Deskins)等(2010)[5]分析了教育支出和经济增长之间的关系,认为美国的教育支出可能在邻州之间产生溢出效应。

国外对政府支出与经济增长之间关系的研究始于 20 世纪 90 年代。巴罗(1990)[6]研究发现,消费性公共支出对经济增长有抑制作用,生产性支出能够促进经济增长。此后,学者们调整了样本、支出变量、计量方法等进一步检验支出的经济增长效应,也得出了类似的结论。国内学者马拴友(2000)[7]发现我国政府的消费支出对经济增长具有刺激作用;李永友和沈坤荣(2008)[8]的研究结果表明经济建设支出促进经济增长,社会性支出抑制了经济增长,但仅适用于我国中东部地区;杨子晖(2011)[9]在非线性的框架下对政府支出与经济增长之间的关系进行研究,认为政府支出的增加有利于促进经济增长;严成樑和龚六堂(2009)[10]考察了生产性公共支出对经济增长的影响,得出生产性公共支出不一定促进经济增长的结论。

在探究经济增长的动因方面,地方政府策略互动成为研究的新视角。周黎安(2007)[11]从政治晋升激励的角度考察策略互动行为的经济增长效应,认为导致地区经济增长的重要动力是官员的政治晋升,并在此基础上建立晋升锦标赛理论模型,成为学者们后续研究中国地区财政问题的基本路径。在财政支出策略互动及经济增长效应的实证研究方面,具有代表性的是李涛和周业安(2008)[12]以及郭庆旺和贾俊雪(2009)[13],上述文献基于空间计量模型考察地方财政支出的策略互动行为及其经济增长效应,从地区财政竞争的角度为探索地区经济增长动因开启了新的视角。

(二)研究思路

本文的研究思路如下。首先,在理论层面,学者们虽然在财政支出的策略互动及其经济增长效应方面进行了实证分析,但并未对导致中国地区经济增长的内在动因加以关注,本文基于周黎安的晋升锦标赛模型研究中国财政支出的策略互动与经济增长效应,建立理论假设进行论证,从地方官员行为动机的角度对地区经济增长背后的内在动因剖析提供参考。

其次,在研究方法上引入更广义的空间杜宾模型进行回归。李涛和周业安(2008)[12]、郭庆旺和贾俊雪(2009)[13]使用空间滞后或误差模型进行系数估计,忽略了广义的空间杜宾模型;勒思芝和佩斯(LeSage & Pace,2009)[14]认为当进行LM检验时得出选择空间滞后或者空间误差模型时,这一选择还存在一定的改进之处,因为它未考虑包括空间滞后和空间误差模型在内的更广义的空间杜宾模型,从而使结果估计可能存在偏差。

最后,为控制序列相关,本文引入被解释变量的滞后项,从动态空间杜宾模型的角度进行系数估计,并探讨支出项的短期和长期对经济发展的直接与间接效应,从而使现实意义更加突出。

(三)理论假设

有关中国地方政府行为的研究通常将行政性分权和财政包干作为改革开放以来地方官员行为的激励因素,然而这些激励对于地方官员的"地方保护主义和重复建设问题"却无法给出令人满意的解释。以周黎安(2007)[11]为代表的学者提出政治晋升锦标赛理论,认为处于同一行政级别的地方官员均处在政治锦标赛之中,嵌入在经济竞争当中的政治晋升博弈可能是地方官员合作困难的根源所在。政治晋升博弈进行的是位次竞争,参与竞争的双方处于零和博弈,不可能实现双赢的合作博弈,地方官员为提升相对竞争者位次,往往做出使对方损失本地受益的决策,从而在地方政府之间极有可能出现互相模仿的恶性竞争行为,导致地区资源配置的低效率。由此提出以下假设。

假设1:政治晋升博弈下的地方政府支出竞争更偏向于经济建设支出,竞争更激烈,且表现为空间策略互补特征。

经济性支出竞争在财政支出领域更加激烈,地方政府对竞争对手的策略选择表现得更加敏感。在纯粹的经济竞争中,负利润将导致投资拒绝进入该市场,但是在加入政治参与约束后的市场中,参与人关注的不再是利润前景而是博弈双方的相对位次,因而负利润的投资也可能进入市场。政治晋升博弈可能导致参与人主导的投资集中在某个领域或者行业,最终导致恶性竞争,这也是假设1的基本经济含义。即使这种投资从长远来看前景并不乐观,但是只要该决策可以限制竞争地区的业绩增加,则即便是两败俱伤也会成为参与人的行动激励。

假设2:财政支出竞争短期内刺激经济增长,长期来看则效应不显著,地方官员热衷于在任期内(短期)促进本地经济增长或抑制竞争者的经济发展。

这是基于官员晋升博弈下的晋升锦标赛模型中政府官员行为可能导致的结果。官员任期有限,希望在短期内提高相对位次就必须在任期间取得政绩。自20世纪80年代以来,衡量地方官员政绩的主要指标就是地区GDP,因此在短期内拉动经济增长、提升GDP成为地方官员任期间的主要任务,至于长期的经济增长效应则被忽略。地方政府进行的经济性支出看似促进了本地区的经济增长,但长期来看,经济增长效应不可持续,导致资源配置的低效率。

三、研究设计

空间经济论文被分割为是否应用个性到共性(specific-to-general)方法还是共性到个性(general-to-specific)方法(Mur 和 Angula,2009)[15]。本文采用的检验过程概括了以下两种方法,即估计非空间模型通过 LM 检验非空间滞后模型和空间误差模型(个性到共性方法)。如果非空间模型被拒绝,估计空间杜宾模型以检验其是否能够被简化为空间滞后或者空间误差模型(共性到个性方法),如果不能简化,则选择空间杜宾模型为最合适模型。

(一)空间面板杜宾模型(SDM)

安瑟林(Anselin)提出当检测个体之间存在空间依存关系时,实证研究中应考虑引入空间滞后变量,或者考虑误差项服从空间自回归过程;并进一步将空间面板模型分为空间滞后模型(Spatial Lag Model 或 Auto Regression Model,SAR)和空间误差模型(Spatial Error Model,SEM)[16]。勒思芝和佩斯在同时考虑了空间滞后的内生变量和外生变量的基础上,提出比 SAR 和 SEM 模型更广泛的空间模型,即空间杜宾模型(Spatial Durbin Model,SDM)。空间面板杜宾模型的设定形式如下:

$$y_{it} = \delta \sum_{j=1}^{N} w_i y_{jt} + x'_{it}\beta + \sum_{j=1}^{N} W_{ij} x'_{jt}\theta + \mu_i + \lambda_t + \varepsilon_{it} \qquad (1)$$

其中:y_{it}表示在 t 时期横截单位 i 的内生变量值($i=1,\cdots,N$; $t=1,\cdots,T$);$\sum_{j=1}^{N} w_{ij} y_{jt}$ 表示与地区 i 在空间权重上相邻的区域的内生变量 y_{jt} 对本地区 y_{it} 的交互影响,其中 W_{ij} 是 N * N 维的空间权重矩阵;δ 是邻接地区内生变量的相互影响系数;x'_{it} 表示外生变量,x'_{jt} 为 i 地区的空间滞后外生变量向量;θ 与 β 类似,是不随时间变化的待估参数向量;μ_i 表示 i 地区在空间上的固定效应;λ_t 表示在时间 t 上的固定效应;ε_{it} 表示服从独立同分布的误差项。模型估计时由于本地和邻居的支出水平被同时确定,邻居的支出项与误差项相关,因此可以通过工具变量法或极大似然估计法得到参数的一致性估计。本文采用后者进行参数估计。

(二)空间权重的设定

设置地理相邻权重,以两个省份是否拥有共同边界来设定,i 和 j 省份若拥有共同边界,则空间权重 w_{ij} 设为 1,否则为 0,考察地理因素对于空间相关的重要性。鉴于本文的研究数据为面板数据,构造的空间权重同时包含时间和横截面维度,也即权重 $W = M \times I$。其中 × 表示矩阵的克罗内克积,矩阵 M 表示对角为 0 的 31×31 横截面维度的矩阵,元素为 w_{ij};矩阵 I 表示 12×12 的时间维度单位矩阵,空间权重矩阵的数据均通过归一化方法进行标准化处理。

(三)研究样本及数据来源

选取除港澳台外的 31 个省级单位为研究样本,数据主要来自历年的《中国统计年鉴》及各省《统计年鉴》《新中国六十年统计资料汇编》等。样本期为 1999—2010 年,原因在于:(1)中国政府从 1998 年开始进行以部门预算、收支两条线、国库集中收付制度和政府采购制度等为主的预算管理体制改革,因此将 1999 年作为研究的起点能够反映预算改革的政策效果;(2)1999 年的西部大开发计划使地方政府尤其是西部政府在 1999 年以后的执政效能有所提高,以 1999 年为研究起始年有助于反映地方政府在西部大开发政策实施以来财政支出效应的动态变化①。

（四）研究变量

1. 经济增长变量。本文参考罗德里克（Rodrik,2004）[17]等的思路,以人均实际GDP（$lnpgdp$）的自然对数代表地区经济增长水平,以1993年为基期。

2. 财政支出变量。财政支出主要包括支出规模（简化为 exp,下同）和支出结构两个方面。财政支出结构细分为三类,即经济性支出（eco）、社会性支出（welfare）和维持性支出（gov）,支出规模以支出额/GDP来表示。其中经济性支出考察地方财政在经济建设领域的支出水平,社会性支出考察地方财政对民生领域的支出,维持性支出考察用于维持政府运行的财政支出。

3. 控制变量。为避免内生性问题,选择以下地区经济和人口属性变量。

经济开放度（open）。用于考察地区经济开放程度对于经济增长的影响,以各省进出口总额与产出的比值加以度量。

人口密度（lnpop）。用于考察地区人口密度对于地方经济可能产生的影响,以各地区年末人口总数取自然对数衡量。

城镇化水平（urban）。用于考察地方政府的城镇化进度对于地区经济增长的影响,以年末城镇常住人口占地区总人口的比重来衡量。

转移支付依存度（transfer）。指地方财政支出中的转移支付占比。

物质资本投资率（invest）。即物质资本投资水平与产出的比值。

人力资本存量（human）。选用教育年限法计算人力资本存量,具体步骤是首先将地区劳动力按照受教育层次进行分类,再根据每类的受教育年限进行加权求和得到最终数据。为了方便数据搜集,受教育程度层次划分依据国家统计局的五层次划分法,分别为不识字或识字很少、小学、初中、高中、大专及大专以上,赋值分别为0、6、9、12、16年。

四、地区财政支出竞争检验

以财政支出项为被解释变量,以支出项的空间滞后项为解释变量,以经济开放度、人口密度和城镇化为控制变量构建空间模型,通过极大似然估计得到表1所示的结果。

---

① 1998年,中央办公厅、国务院办公厅要求公安、检察院、法院和工商行政管理部门行政性收费和罚没收入实行"收支两条线"管理;1999年,财政部、原监察部等部门联合发布《行政事业性收费和罚没收入实行"收支两条线"管理的若干规定》,对"收支两条线"制定了具体规定;1999年6月,中央提出"加快中西部地区发展步伐的时机已经成熟",同年中共十五届四中全会和中央经济工作会议正式提出实施西部大开发战略。

表 1 财政支出项的空间策略互动

	模型(1) 一般预算支出	模型(2) 维持性支出	模型(3) 经济性支出	模型(4) 社会性支出
$W*exp$	0.332***(5.648)	—	—	—
$W*gov$	—	0.117*(1.750)	—	—
$W*eco$	—	—	0.324***(5.49)	—
$W*welfare$	—	—	—	0.154**(2.34)
open	0.092***(4.686)	0.253***(3.725)	0.306***(3.112)	0.096(1.428)
lnpop	-0.114***(-8.68)	-1.820***(-11.590)	-2.939***(-12.846)	-1.193***(-7.677)
urban	-0.424***(-7.08)	0.0188(0.090)	0.408(1.348)	-0.018(-0.088)
$W*open$	-0.053*(-1.713)	-0.103(-0.922)	-0.258(-1.60)	0.157(1.427)
$W*lnpop$	0.060**(2.413)	0.739**(2.41)	2.798***(6.399)	0.732**(2.528)
$W*urban$	-0.185*(-1.782)	-0.825**(-2.492)	-1.244**(-2.60)	-0.636*(-1.940)
σ平方	0.0013	0.0112	0.0234	0.0110
LogL	703.5790	355.4725	201.9986	359.1209
Wald-空间滞后	11.762(p=0.0082)	13.0673(p=0.0045)	52.7028(p=0.000)	8.6111(p=0.0349)
LR-空间滞后	11.268(p=0.0104)	11.3623(p=0.0099)	44.4428(p=0.000)	8.6121(p=0.0349)
Wald-空间误差	16.5832(p=0.000)	10.5634(p=0.0143)	31.5191(p=0.000)	7.0206(p=0.0712)
LR-空间误差	22.7440(p=0.000)	11.5294(p=0.0092)	34.0935(p=0.000)	7.8856(p=0.0484)
LR-空间固定	—	701.7747(p=0.000)	558.9018(p=0.000)	545.1958(p=0.000)
LR-时间固定	—	1047.7316(p=0.000)	895.6765(p=0.000)	1056.2073(p=0.000)
Hausman	8.7456(p=0.2714)	150.8080(p=0.0000)	128.037(p=0.0000)	58.2179(p=0.0000)

面板数据模型包括固定效应和随机效应模型。通过豪斯曼检验得出结论:模型(1)的随机效应模型最合适,其他模型选择固定效应模型。分别检验原假设,空间固定效应不显著和原假设为时间固定效应不显著的对数似然比检验(LR 检验);检验结果认为,模型(2)(3)(4)的固定效应模型适用双固定效应模型。勒思芝和佩斯(2009)[14]建议在确定空间模型时应谨慎,有必要将空间杜宾模型考虑在内,因为单纯的空间滞后和空间误差模型不一定能够准确反映模型中的系数关系和解释水平。通过估计模型的参数检验空间杜宾模型是否应该被简化为空间滞后模型或空间误差模型;从检验结果来看,Wald 检验值和 LR 检验预示着空间误差模型和空间滞后模型都被排除,故适宜使用空间杜宾模型。

估计结果表明,财政支出项的空间滞后项的影响系数均为正值,大小在0.117—0.332,且具有很好的统计显著性,这表明中国省级政府 1999—2011年的财政支出使用存在显著的策略互动行为,并且主要采取空间互补策略。具体到各类支出项目,经济性支出相对于社会性和维持性支出,其空间滞后项系数更高也更显著,与总支出的空间滞后项影响系数近似,可见,其相对于其他支出类型,在博弈双方之间的正向相互影响力度更大。系数为 0.324,表明邻居地区每增加 1 单位的经济支出,本地区增加 0.324,占总支出的 90%以上。这个结果证明了假设 1 的正确性,即相邻的省份之间在财政支出竞争中以经济性支出竞争为主,表现出明显的空间策略互补特征,存在为争夺资本而竞争的现象。这也论证了周业安(2014)[18]关于地区竞争模仿、基础建设投资过多而社会性支出不足的论点。很多地区在竞争过程中一味模仿,导致发展方式相似、产业结构雷同、低水平重复建设等。晋升锦标赛模式下的地方政府追求任期内经济发展的短期利益,强化经济建设支出,弱化社会性支出,追求短期利益,忽略长期发展。

对于控制变量而言,由表 1 可以看出,人口密度对总支出和支出项均具有显著的负相关特征,这意味着地区财政支出具有一定的规模经济效应,人口规模越大支出成本越低;而经济开放水平除对社会性支出不显著外,对其他支出均表现出显著的正向相关性,表明中国各省份财政支出总体上较好地适应了经济发展的需要,开放度越高支出规模越大;城镇化仅对总财政支出具有负向影响,对其他支出的影响则不显著。

五、地区财政支出的经济增长效应解析

晋升锦标赛模式下的地方政府竞争主要是政府官员为晋升而竞争,动机在于提高本地区以 GDP 为主要指标的业绩。考察财政支出结构对经济发展

的影响水平及动态变化,有利于了解地区经济发展的主要动机和经济增长动力源。

通常根据巴尔塔吉(Baltagi,2005)[19]的中心化方法估计空间和时间固定效应模型的直接结果,李和于(Lee & Yu,2010)[20]注意到这种估计方法使系数估计值存在偏误,并对空间杜宾模型的空间和时间固定模型估计进行了误差修正。结合这两种思想,本文在空间权重下对空间和时间固定效应、空间和时间固定效应(误差修正)、空间和时间随机效应模型以及双固定效应下的空间动态模型进行估计,结果见表2。

Wald-SAR 和 Wald-SEM 检验结果均拒绝原假设,说明选定的 SDM 模型是合理的;根据 Hausman 检验和 LR 空间与时间固定效应检验结果,选择双固定效应模型。表 2 分别引入动态和静态模型,观察 LogL 结果可发现动态拟合程度更好,且考虑了引入被解释变量的时间滞后项有利于避免序列相关问题,因此选择动态空间杜宾模型为最合适模型。在样本期内,人力资本投资具有正向经济增长效应,物质资本投资对地区经济增长影响模糊,转移支付依存度对经济增长具有抑制作用,说明在财政支出中对转移支付越依赖越不利于该地区的经济发展。

由表 2 可以看出,1999—2011 年中国各省份经济发展总体上具有显著的空间正外溢效应,系数为 0.161,劳动力和外国资本等在资源流动中发挥了主要作用。整个样本期内,地区经济增长的时间滞后项对经济发展具有显著正向作用,说明经济发展具有路径依赖特征;对于各类支出项目而言,经济性支出和维持性支出具有显著的正向影响,社会性支出为负向影响但不显著,经济性支出对经济增长的正向影响系数达到维持性支出的两倍,表明经济性支出对经济发展具有促进作用,而维持性支出次之,社会性支出对经济发展的影响较为模糊,这与地区支出的策略互动效应相对应,具有较强经济增长效应的经济性支出在空间上存在显著的策略互动特征。社会性支出在对经济发展影响模糊的情况下,空间互补特征之所以稍高于维持性支出,理由在于:反映居民福利的教育科技文化支出等完备的体系可能成为招商引资的辅助性竞争力,因而在社会性支出方面,地方政府也会对竞争对手的决策做出积极反应。

表 2　财政支出的经济增长效应

	模型(1) 空间双固定效应	模型(2) 误差修正(双固定)	模型(3) 空间随机效应模型	模型(4) 动态双固定效应
lnpgdp_1	—	—	—	0.909***(31.047)
W*lnpgdp	0.031 6(0.470)	0.092(1.394)	0.122*(1.899)	0.161*(1.934)
gov	0.164***(3.918)	0.161***(3.648)	0.22***(5.032)	0.025*(1.685)
welfare	0.104**(2.378)	0.107*(2.298)	0.162***(3.561)	-0.014(0.085)
eco	0.1029***(3.657)	0.101***(3.399)	0.098***(3.386)	0.047***(3.125)
invest	-0.129**(-2.226)	-0.127**(-2.078)	-0.018(-0.328)	0.013(-0.069)
human	0.020*(1.828)	0.020*(1.707)	0.004(0.359)	0.013**(2.476)
transfer	-0.561**(-8.229)	-0.564***(-7.827)	-0.561***(-7.929)	-0.044***(-2.644)
σ平方	0.004 1	0.004 6	0.004 8	0.001
LogL	536.606 0	536.606	433.906	757.239
Wald-空间滞后	32.657(p=0.000)	27.423(p=0.001)	42.123(p=0.000)	—
LR-空间滞后	30.972(p=0.000)	30.970(p=0.000)	39.445(p=0.000)	—
Wald-空间误差	36.717(p=0.000)	32.468(p=0.000)	56.472(p=0.000)	—
LR-空间误差	34.767(p=0.000)	34.767(p=0.000)	55.033(p=0.000)	—
LR-空间固定	695.038(p=0.000)			
LR-时间固定	221.005(p=0.000)			
Hausman	43.967(p=0.001)			

考虑了点估计方法检验变量的空间溢出效应可能存在偏误,*Lesage* 和 *Pace* 利用求解偏微分的方法解释了不同模型下的变量冲击水平。基于空间模型的估计结果,本文计算得到财政支出项在空间权重下的动态模型中的长短期效应估计结果,见表 3 所示。

表 3 　直接效应与间接效应

	短期		长期	
	直接效应	间接效应	直接效应	间接效应
维持性支出	0.028(1.211)	0.061***(3.067)	0.263(0.324)	−0.410(−0.019)
社会性支出	−0.018(−0.76)	−0.118***(−3.599)	0.009(0.005)	0.202(0.007)
经济性支出	0.037**(2.09)	−0.319***(−2.779)	1.458(0.216)	−0.003(−0.000)

表 3 报告了动态模型的直接和间接效应存在长短期效应的区别,这与微观经济学理论相一致。短期直接效应总体上比直接效应小,是因为需要经过一定的时间才能实现支出带来要素的经济增长效应的改变。从估计结果可以看出,维持性支出和社会性支出在短期内分别对邻居地区具有促进和抑制经济增长的作用,尤其是社会性支出更显著地抑制了竞争者的经济发展水平,这可能是由于社会性支出的增加在短期内可以作为吸引资本的竞争力指标,从而吸引资本流入本地,削减竞争者的相对竞争力。而经济性支出在短期内无论是直接效应还是间接效应均具有显著作用,显著刺激本地区经济增长,但抑制竞争者所在地区的经济增长。从长期来看,这些支出对经济发展水平均无显著影响,说明当前中国无论是社会性支出还是经济性支出,均在政治晋升锦标赛的晋升博弈中被参与人的短期利益导向所指引,表现出短期的经济增长效应或者目的是促进本地区发展或者抑制竞争者发展,而不考虑长期的可持续发展效益。这与假设 2 的论证相一致,地区竞争参与者不考虑地区长远发展和投资前景,考虑的是相对位次的变动,即便支出可能会造成损人不利己的情形,只要可以改变相对优势,便构成了支出动机。

六、结　论

本研究从地区财政支出角度考察地区经济增长动因,基于地区官员存在的晋升锦标赛机制下的政治晋升博弈理论,构建地区财政支出竞争理论假设并通过空间杜宾模型寻找经验证据。研究结果表明,在财政支出领域,相比于维持性支出和社会性支出,经济性支出表现出的空间策略互补特征最为显著,说明地方政府在支出结构方面存在重经济性支出、轻社会性支出的问题,政策含义不言而喻,同时也进一步回应并深化了相关学者的研究结论。

本文解释了社会性支出存在较低程度的空间竞争,为经济新常态条件下出台重视内需政策提供了理论和实证回应。考察支出的经济增长效应可发现,地方财政支出尤其是经济性支出对经济增长具有刺激作用,在直接效应和间接效应分析方面,财政支出对经济增长的影响都是偏向短期效应,长期不显著,尤其关注的是经济性支出短期内对经济增长的刺激效应明显,而社会性支出虽然短期内直接效应不显著但是却显著抑制了竞争者的经济增长,这也为社会性支出同样存在较低程度的空间竞争提供了进一步的解释。在晋升锦标赛中,地方官员为位次而展开竞争,基于GDP的业绩考核指标引导地方政府官员在其任期内投入资金在短期内刺激经济增长的领域,或者投入抑制竞争者经济的领域,这种现象不利于地区经济的可持续发展,也不利于社会福利水平的提高,地方政府对经济发展的短视性势必导致重复建设和资源浪费,导致社会无谓损失。在中央集权体制下,地方官员参与政治晋升博弈受到考核指标体系的引导,应该修订完善相应的政绩考核指标体系,扩大以民生需求为导向的社会性支出在政绩考核中所占的比重。近年来,中央政府正在进行相应的调整完善并对此进行了有效回应,提出将经济、政治、文化、社会、生态文明建设等综合考虑在内,以健全政绩考核指标体系,促进经济社会的可持续发展,这具有及时性、必要性和可行性。

参考文献

[1]BRUECKNER J. Strategic interaction among governments: an overview of empirical studies[J]. International regional science review, 2003,26:175 – 188.

[2]REVELLI F. On spatial public finance empirics[J]. International tax and public finance, 2005,12: 475 – 492.

[3]CASE A, HINES J, ROSEN H. Budget spillovers and fiscal policy interdependence[J]. Journal of public economics, 1993,52: 285 – 307.

[4]BAICKER K. The spillover effects of state spending[J]. Journal of public economics, 2005,89:529 – 544.

[5]DESKINS J, HILL B, ULLRICH L. Education spending and state economic growth: are all dollars created equal? [J]. Economic development quarterly,2010,1: 45 – 59.

[6]BARRO R J. Government spending in a simple model of endogenous growth[J]. Journal of political economy, 1990, 5: 103 – 125.

[7]马拴友.政府规模与经济增长:兼论中国财政的最优规模[J].世界经济,2000(11):59 – 64.

[8]李永友,沈坤荣.辖区间竞争、策略性财政政策与FDI增长绩效的区域特征[J].经济

研究,2008(5):58 – 69.

[9]杨子晖.政府规模、政府支出增长与经济增长关系的非线性研究[J].数量经济技术经济研究,2011(6):77 – 92.

[10]严成樑,龚六堂.财政支出、税收与长期经济增长[J].经济研究,2009(6):4 – 15,51.

[11]周黎安.中国地方官员的晋升锦标赛模式研究[J].经济研究,2007(7):36 – 50.

[12]李涛,周业安.财政分权视角下的支出竞争和中国经济增长——基于中国省级面板数据的经验研究[J].世界经济,2008(11):3 – 15.

[13]郭庆旺,贾俊雪.地方政府间策略互动行为、财政支出竞争与地区经济增长[J].管理世界,2009(10):17 – 27.

[14]LESAGE J P, PACE R K. Introduction to spatial econometrics[M]. US: CRC Press Taylor & Francis Group, 2009.

[15]MUR J, ANGULO A. Model selection strategies in a spatial setting: some additional results[J]. Regional science and urban economics, 2009,39:200 – 213.

[16]ANSELIN L, LE GALLO J, JAYET H, et al. Spatial panel econometrics, in the econometrics of panel data, fundamentals and recent developments in theory and practice[M]. 3rd ed. The Netherlands: Kluwer, 2008:627 – 662.

[17]RODRIK D, SUBRAMANIAN A, TREBBI F. Institutions rule: the primacy of institutions over geography and integration in economic development[J]. Journal of economic growth, 2004,9: 131 – 165.

[18]周业安.地方政府治理:分权、竞争与转型[J].人民论坛·学术前沿,2014(4):14 – 23.

[19]BALTAGI B H. Econometric analysis of panel data[M]. 3rd ed. Chichester, UK: Wiley, 2005.

[20]LEE L F, YU J. Estimation of spatial autoregressive panel data models with fixed effects[J]. Journal of econometrics, 2010,154:165 – 185.

医疗保险与老年人卫生服务
利用的政策评估

秦兴俊　胡宏伟*

中国快速发展的医保体系一定程度上释放了老年人的卫生服务利用,但其对需求的释放效应仍缺乏准确估计。基于国家基本医疗保险2007—2010年的追踪数据,分别以健康体检、两周患病采取措施、两周患病就医和应住院未住院四个指标为卫生服务利用的代理变量,运用面板 Probit 概率模型估计医疗保险体系对各维度卫生服务利用的影响,发现医疗保险全面促进了老年人在上述四个方面的卫生服务利用,分别增长5%—20%不等。应进一步扩展医疗保险覆盖范围、提升医疗保险保障水平、整合基本医疗保险体系、完善针对老年人的医疗保障。

一、前　言

2007年,中国城镇居民医疗保险制度建立,至此,由三大基本医疗保险制度所构建的国民基本医疗保险体系基本实现了无缝衔接。尤其是2009年新医改启动以来,五项基本医疗改革总体进展较为顺利,三大基本医疗保险制度覆盖了超过90%的城乡居民①。

从现有研究中国医疗保险体系的文献来看,学者们均认为医疗保险体系的建设和发展促进了城乡居民医疗卫生服务的利用,提升了基本医疗卫生服务的可及性。医疗保险体系的建设和完善涉及所有国民,无疑是牵涉范围最广、影响最深远的公共政策之一,监测、评估其实施效果极其有必要,也有利于医改明确下一阶

---

* 原载于《广东财经大学学报》2016年第1期第105－112页。作者:秦兴俊(1965—),男,山西运城人,山西财经大学学报编辑部主任,编审;胡宏伟(1980—),男,河北满城人,华北电力大学与社会科学学院副教授,博士。

① 国家启动新医改包括的五项基本内容分别为基本医疗保障制度、国家基本药物制度、基层医疗卫生机构、基本卫生服务建设和公立医院改革。

段的工作任务。此外,作为医疗保险体系的重要覆盖对象中的一些特殊群体,如老年人、残疾人、贫困人口等,医疗保险的影响效果如何更值得关注;此外,虽然大多数学者都认同医疗保险的覆盖释放了老年人的医疗卫生服务需求,但这种释放效应的具体情况以及不同卫生服务的释放效应是否存在差异,还需要进一步进行实证检验。基于上述背景,本文旨在对中国日益健全的医疗保险体系的实施效果进行评估,评估的依据是医疗保险对于老年人这一特殊人群医疗卫生服务利用的促进作用,并试图对医疗卫生服务需求的释放效应进行更准确的估计。

二、文献综述

医疗保险是典型的医疗财务风险分散方式,是居民化解医疗风险冲击、平滑医疗支出的重要制度形式。国民对于医疗保险的需求源于对健康的追求和分散疾病风险的需要。医疗保险实施以后,原有的两方医疗消费市场变成由医疗服务供求双方和保险方三方主体共同作用的医疗保险与服务市场,原有的简单的供求和买卖关系成为三方相互作用的复杂机制,而且第三方付费等机制会导致诸如败德行为等问题的发生,进而影响医疗卫生资源配置的效率。

截至,绝大部分相关研究文献均认为医疗保险促进了卫生服务的利用。美国兰德公司在 20 世纪 70 年代开展的医疗保险实验堪称经典,其重要发现之一,就是医疗保险特别是自付比例相对更低的医疗保险费用分担方式可能会导致医疗卫生资源利用的增长(Newhouse J P,1993)[1]。麦克尔·D. 赫德和凯瑟林恩(Michael D Hurd & Kathleen,1997)、麦考尔(McCall)等(1991)、利拉德和罗格沃斯基(Lillard & Rogowski,1995)[2-4]等的研究也都有类似的发现,证明保险可以增加公众的卫生服务利用。程和蒋(Cheng & Chiang,1997)[5]通过对台湾地区成人在实施全民保险后门/急诊次数及住院情况的比较,发现 1995 年之前无保险人群的就医概率在实施全民健康保险计划后增加了一倍。许晓(Xiao Xu)等(2006)[6]使用多变量回归法对美国老年妇女在门诊服务、住院服务和处方药使用方面的情况进行研究,发现相对于没有保险的妇女,被保险覆盖的更有可能使用卫生服务,而且在至少就诊过一次的老年妇女中,有保险的就诊的次数更多。

在有关中国医疗保险与老年人卫生服务利用方面,部分学者做了较为深入的探索,其中较有代表性的研究包括刘国恩等(2011)[7]、黄枫(2010)[8]、胡宏伟等(2012)[9],这些文献均认为医疗保险的发展提升了老年人的医疗卫生服务可及性,增加了相应的医疗消费。总体而言,医疗保险对卫生服务利用的促进作用得到广泛认同。

但部分学者在研究中也发现医疗保险可能会恶化社会的不公平状况。一些文献认为,医疗保险并非完全有益于穷人或弱势群体,其仍然以经济社会条件为基础,可能会出现诸如富人更多利用医疗保险而穷人无力利用的局面,进而导致穷人补贴富人的恶果,同时也使得穷人陷入"疾病—贫困—疾病"的恶性循环之中[10—12]。解垩(2008)[13]的实证分析发现,医疗保险补偿对城乡家庭的贫困状况起到一定的缓解作用,但作用较为微弱且效果存在差异,对城市家庭的减贫程度要高于农村。部分学者的研究对医疗保险及其可能导致的贫困问题也存在争论(史清华和顾海英,2004;王学梅等,2010)[14—15]。

还有不少学者关注的是医疗保险过度利用而引发的医保基金压力问题。医疗保险不仅减少了个人用于医疗卫生方面的实际费用,还存在扩展个人医疗卫生服务利用甚至过度医疗的可能,从而降低医疗保险的正向意义,甚至成为国民福利负担抬升的重要因素[10—13]。医疗保险所引致的过度医疗保险倾向也令人担忧,部分文献发现,公费医疗(可粗略视为一种极低共付比例的保险制度)可能导致患者比自费患者花费更多的医疗卫生资源,这种过度花费的增加幅度可能多达0.5—1.5倍(仇雨临,2008)[16]。

虽然关于医疗保险的最终作用存在争论,但学者们仍然肯定医疗保险的积极作用,并认为其不可或缺。医疗保险直接改变医疗卫生资源的实际分布和获取状况,这是人们需要医疗保险并由国家层面推动社会医疗保险体系建立的重要原因(胡宏伟等,2012)[17]。从这个角度来看,在无保险人群中,医疗保险是否促进和扩展了医疗卫生服务利用是检验医疗保险公共政策实施效果的重要手段。

三、数据、变量与模型选择

本文使用国家基本医疗保险入户调查数据。该项目由国务院委托,由人力资源和社会保障部、中国医疗保险研究会、北京大学光华管理学院联合调研,选取乌鲁木齐、潍坊、吉林、常德、绍兴、厦门、成都、包头、西宁 9 个城市,在分层随机抽样的基础上进行跟踪调查,目前已经完成 2007—2010 年的数据,主要包括城市居民(市民、流动农民)的医疗卫生服务需求、利用、费用、保险等内容。国家基本医疗保险入户调查数据是国内目前唯一的以医疗保险及其影响为主要研究对象的面板数据,在医疗保险、卫生服务利用行为和医疗支出等方面跟踪收集了详细的数据信息,具有其他数据库不可比拟的优势。本研究使用相应年份的老年人面板数据,删除不完整的观测值,共得到 29 045 位 60 岁以上老年人的样本①。

---

① 数据是跟踪数据,但 4 年跟踪中有部分样本磨损,也增加了部分新的样本,数据是非平衡面板数据。

卫生服务利用是衡量个人利用各类卫生服务的综合指标。衡量个人利用卫生服务状况不仅包括单一种类的卫生服务利用,还需综合各种卫生服务利用方式。学术界度量卫生服务利用的方式通常有三种:一是卫生服务花费,即个人在医疗卫生服务方面所花费的具体金额;二是卫生服务利用的频次,如体检次数、住院次数等;三是卫生服务利用的倾向或概率,即某项具体卫生服务项目利用的概率或可能性。不同种类的医疗卫生服务利用度量指标各有优劣,考虑了医疗保险对卫生服务利用发生作用的过程,即获得医疗保险首先改变的是个人医疗卫生服务利用的行为,特别是影响卫生服务利用行为的倾向,比如获得医疗保险可能会促使个人在利用体检、门诊、住院等方面更加积极,从而增加了相应项目卫生服务利用的倾向和概率。至于实际发生的诊疗服务,特别是发生的医疗卫生费用,往往是个人医疗行为的结果。所以,本文选取医疗卫生服务利用行为倾向的几个重要内容,包括是否进行健康体检、两周患病后是否采取措施(包括自我诊疗、买药、就诊等)、两周患病后是否就医(门诊)、是否存在应住院未住院,共计四个变量作为因变量用以衡量个人卫生服务利用情况,以全面反映老年人卫生服务利用倾向的现实以及医疗保险因素对老年人上述四个方面卫生服务利用倾向的实际影响。

本文将是否参加了医疗保险作为主要的自变量,分析无保险者在获得医疗保险后是否会显著增加各种卫生服务利用。本文中的医疗保险是指任何一种形式的医疗保险,包括城职保、城居保、新农合、商业医保、公费医疗、大病统筹、其他医疗保险等,有任何一种医疗保险均被看作有保险,均被视为被基本医疗保险体系覆盖;无保险即为无任何形式医疗保险。选择是否拥有医疗保险作为自变量,主要是为了比较获得医疗保险与没有医疗保险在卫生服务利用行为方面的差异,选用取值为二元的虚拟变量是学术界通行的做法。

在控制变量方面,参考并借鉴既有文献的做法,从个人、家庭、社区三个层面进行自变量选取和控制[18—19]。在个人层面,主要控制了性别、年龄、户籍、教育水平、婚姻状况、是否有慢性病、健康态度等特征变量,这些指标基本涵盖了从基本人口社会学特征到健康特征的所有维度;在家庭和社区层面,主要控制了家庭人均收入、到最近医疗点时间两个变量,目的是研究家庭状况和社区特征对个人卫生服务利用行为倾向的影响。

由于本文使用的是跟踪的微观面板数据,而跟踪数据存在一定程度的样本磨损,且因变量是取值为 0、1 的虚拟变量,因此使用面板随机 Probit 模型优于固定效应模型,也更符合变量分布和异质性;另一方面,相对简单的混合 Probit 模型与截面模型相比较而言,面板 Probit 模型分析方法能够利用更多的信息,在一定程度上控制了固定效应,消除了部分不可观测的效应影响,从而有助于提升估计的准确性(陈强,2014)[20]。

四、经验分析

(一)描述性分析

样本描述性统计分析结果见表1。由于调研对象为城市老年人,所以样本中户籍为城市的老年人占比94%。样本中,超过91%的老人有医疗保险,女性老年人占比52%,平均年龄69岁;此外,超过七成的老年人受教育水平为初中及以下,78%的老年人为在婚状态,58%有慢性病,66%的老年人获取医疗知识态度积极,家庭平均收入1 863元/月,距离最近医疗点平均时间约13分钟。在卫生服务利用方面,43.84%的老年人有做健康体检,96.63%的老年人两周患病后会采取措施,约43%的老年人两周患病后会去门诊就医,有7.49%的老年人存在应住院未住院现象。

表1　变量的描述性分析(N = 29 045)

变量	变量取值与分布	均值	标准误	最小值	最大值
健康体检	0 = 没有 (56.16%) 1 = 有 (43.84%)	0.438	0.496	0	1
两周患病 是否采取措施	0 = 否 (3.37%) 1 = 是 (96.63%)	0.966	0.181	0	1
两周患病是否就医	0 = 否 (56.64%) 1 = 是 (43.36%)	0.434	0.496	0	1
是否有应住院未住院	0 = 否 (92.51%) 1 = 是 (7.49%)	0.075	0.263	0	1
有无医疗保险	0 = 无保险 (8.41%) 1 = 有医疗保险(91.59%)	0.916	0.278	0	1
性别	0 = 女 (52.13%) 1 = 男 (47.87%)	0.479	0.500	0	1
年龄	—	69.496	6.903	60	108
户籍	0 = 农村 (5.24%) 1 = 城市 (94.76%)	0.948	0.223	0	1

续表

变量	变量取值与分布	均值	标准误	最小值	最大值
教育水平	1 = 小学以下（18.90%） 2 = 小学（30.94%） 3 = 初中（25.86%） 4 = 高中或中专（16.48%） 5 = 大专（4.36%） 6 = 本科（3.38%） 7 = 硕士及以上（0.07%）	2.669	1.269	1	7
婚姻状况	0 = 不在婚（21.75%） 1 = 在婚状态（78.25%）	0.782	0.413	0	1
慢性病	0 = 无慢病（41.50%） 1 = 有慢病（58.50%）	0.585	0.493	0	1
健康态度	0 = 不积极（33.44%） 1 = 积极（66.56%）	0.666	0.472	0	1
家庭人均收入	—	1 863.469	1 864.915	500	48 909
到最近医疗点时间	—	13.303	9.071	1	180

注:描述样本为4年混合样本。

进一步对有无医疗保险老年人的医疗卫生服务利用状况进行描述性分析,可以发现在四个卫生服务利用指标方面,有医疗保险的老年人的卫生服务利用情况好于无任何医疗保险的老年人(见表2)。具体而言,有医疗保险者的健康体检倾向或概率更高,分别是0.456和0.245;有医疗保险者两周患病采取措施的概率为0.986,高于无医疗保险者的0.933;两周患病看医生的比例分别为0.438(有医疗保险者)和0.381(无医疗保险者);应住院未住院概率方面,有医疗保险者为0.073,低于无医疗保险者。

表2　老年人卫生服务利用情况比较

	健康 体检	两周患病是否 采取措施	两周患病是否 看医生	是否有应 住院未住院现象
无保险者	0.245	0.933	0.381	0.098
有医疗保险者	0.456	0.968	0.438	0.073
总体	0.438	0.966	0.434	0.075

（二）回归分析

基于上文分析可知,有医疗保险者相对而言具有更高的卫生服务利用倾向,但这一结论是在双变量分析的基础上得出的。下文将以四个方面的卫生服务利用为因变量,在控制其他因素的基础上,利用面板 Probit 模型分析有无医疗保险对老年人卫生服务利用的影响,结果见表3。

表3　医疗保险对卫生服务利用的影响

	健康体检	两周患病是否采取措施	两周患病是否看医生	是否有应住院未住院现象
有无医疗保险	0.419***	0.261*	0.097*	-0.334**
	(0.144)	(0.040)	(0.143)	(0.059)
性别	-0.010	-0.040	-0.077**	0.112
	(0.099)	(0.026)	(0.078)	(0.035)
年龄	-0.001	0.015**	0.009***	-0.014**
	(0.007)	(0.002)	(0.006)	(0.002)
户籍	-0.014	-0.121	0.013	0.310
	(0.205)	(0.050)	(0.176)	(0.075)
教育水平	0.139***	-0.056*	0.024*	-0.052
	(0.040)	(0.010)	(0.033)	(0.014)
婚姻状态	-0.013	0.187**	-0.046	-0.645***
	(0.112)	(0.031)	(0.089)	(0.040)
慢性病	0.103***	-0.251	-0.132**	2.997***
	(0.123)	(0.021)	(0.159)	(0.055)
健康态度	0.519***	0.212***	0.103***	-0.336***
	(0.089)	(0.022)	(0.078)	(0.033)
家庭人均收入	0.001***	0.001	0.001***	-0.001***
	(0.000)	(0.000)	(0.000)	(0.000)
到最近医疗点时间	-0.003***	-0.004	0.003*	0.024***
	(0.004)	(0.001)	(0.004)	(0.002)
_cons	-1.430***	1.086**	-0.971***	-5.364***
	(0.588)	(0.149)	(0.500)	(0.210)

	健康体检	两周患病 是否采取措施	两周患病 是否看医生	是否有应 住院未住院现象
chi2	1399. 785	25. 106	54. 481	715. 352
	0. 000	0. 009	0. 000	0. 000

1. 医疗保险影响效应的估算。从表 3 可以看出,参加医疗保险将显著促进老年人的卫生服务利用,显著提升老年人对健康体检、两周患病采取措施和两周患病看医生的概率,显著降低老年人出现应住院未住院情况的概率。总体而言,医疗保险促进了老年人医疗卫生服务利用的结论具有稳健性。

进一步对医疗保险影响老年人卫生服务利用的概率进行测算(结果见表 4),从中可以看出,在拥有医疗保险后,老年人在健康体检、两周患病采取措施、两周患病后就医三个方面的卫生服务利用概率均超过 0.5,风险比均大于 1,发生概率与不发生概率的差值均为正值,而且概率差值最大达到 0.206,表明拥有医疗保险极大地改变了老年人对卫生服务利用的可能性。另一方面,拥有医疗保险后,老年人应住院未住院的选择概率低于 0.5,风险比为 0.716,显著小于 1,应住院未住院风险发生概率与不发生概率的差值达到 – 0.165,表明拥有医疗保险极大降低了应住院未住院发生的可能性。粗略估算,拥有医疗保险提升老年人健康体检的概率为 20.6% ,提升两周患病后采取措施的概率为 13% ,提升两周患病后看医生的概率为 4.8% ,提升住院服务利用概率 16.5% 。

表 4　概率测算

	健康 体检	两周患病是否 采取措施	两周患病是否 看医生	是否有应 住院未住院现象
回归系数	0.419 ***	0.261 *	0.097 *	– 0.334 **
风险比	1.520	1.298	1.102	0.716
发生概率	0.603	0.565	0.524	0.417
发生概率 – 不发生概率	0.206	0.130	0.048	– 0.165

2. 其他控制变量的影响。性别变量总体上并没有导致老年人医疗卫生服务利用倾向的差异性,女性相对于男性而言,在两周患病后看医生的概率更大。年龄变量没有显著影响老年人是否采取健康体检行为,但其他三个方面发生了明显

的变化;且老年人年龄越大,利用卫生服务的倾向和可能性也越高,两周患病后更有可能采取治疗措施,也更少会发生应住院未住院的行为。教育水平越高的老年人更注重健康体检以及患病后去看医生。在婚状态的老年人,两周患病后采取措施的概率相对更高,应住院未住院发生的概率和倾向相对较低;但婚姻状态并不会显著影响老年人的健康体检和两周患病看医生的概率及倾向。患有慢性病的老年人往往会进行周期性的体检,以检测具体的健康指标是否正常以及判断服药的效果,且两周患病状态本身就包含慢性病状态,所以,患有慢性病的老年人并不会增加看医生的概率和倾向,且因为其比较了解自己的身体状态而更有可能选择在家服药而不是住院治疗。积极的健康态度对于老年人卫生服务利用有显著的促进作用,老年人更积极地参加体检、两周患病后会采取相应措施,同时还会显著降低老年人应住院未住院的概率。

人均收入变量显著影响老年人利用卫生服务的情况,特别是会促进老年人利用更多的"正规性"医疗卫生服务,比如体检、看医生和住院等,但家庭收入状况并不会显著影响老年人两周患病后是否采取措施。到最近医疗点时间变量是家庭卫生服务可及性的重要代理指标,时间越短表明家庭具有相对更好的卫生服务可及性。较差的卫生服务可及性降低了老年人对卫生体检的服务利用倾向,同时也增大了老年人应住院未住院的可能性,从而降低了老年人卫生服务利用的可能性。回归结果还表明,在控制了其他各种变量后,城乡老年人在卫生服务利用倾向方面并没有显著差异,原有的城乡老年人在卫生服务利用方面的差异,很大程度上是由经济因素、卫生服务可及性及健康态度等因素所导致的。

五、结论与思考

本文基于国家基本医疗保险2007—2010年的追踪数据,分别以健康体检、两周患病采取措施、两周患病就医和应住院未住院四个指标为卫生服务利用的代理变量,运用面板Probit概率模型估计医疗保险体系对各维度卫生服务利用的影响,结果发现:

1. 获得医疗保险不仅显著促进了老年人在健康体检、两周患病采取措施、两周患病后就医方面的卫生服务利用,也显著降低了老年人应住院未住院的概率。从医疗保险具体影响效应的幅度来看,其增进老年人医疗卫生服务利用的概率高达5%—20%不等。医疗保险在增进我国老年人卫生服务利用概率方面具有显著性和稳健性。

2. 部分经济社会因素的影响需要关注,重点包括以下方面:一是配偶支持对于老年人卫生服务利用行为倾向的影响显著。婚姻状态代表家庭配偶支持,为老年人利用卫生服务提供了条件,为老年人应对日常发生的病症奠定了基础,同时还显著降低了应住院未住院概率。二是城乡老年人本质上不存在卫生服务利用倾向的差异。现实生活中所观测到的差异多是收入、卫生服务可及性、健康态度等因素造成的。三是较好的卫生服务可及性显著促进了老年人卫生服务利用行为。因此,合理布局、科学配置医疗卫生服务资源,注重"前置性"资源配置区划的科学性,将会显著影响区划内老年人的卫生服务利用行为。四是健康态度对于老年人卫生服务利用的作用显著。积极的健康态度会显著增进老年人卫生服务利用行为的倾向,有助于老年人合理使用卫生服务资源。

基于以上结论,本文认为,应进一步改革医保制度,扩大医保覆盖范围。本文的研究结论充分肯定了医疗保险体系建设的积极政策效果,但在老龄化社会即将到来的背景下,还需积极有效地调整完善基本医疗保险体系,使之适应人口结构变动和老年人的健康需求特点,满足所有老年人的基本医疗需求。尽管三大基本医疗保险实现了制度覆盖意义上的无缝衔接和全民享有,但仍是待遇迥异、基本分割的相对独立的保险计划,且这种以人群身份为基础划分和确定保险计划的方式蕴藏着不公平。因此,逐步整合三大基本医疗保险为统一的国民基本医疗保险应是中国医疗保障体系改革的根本出路。

参考文献

[1]NEWHOUSE J P, Insurance Experiment Group. Free for all? lessons from the RAND health insurance experiment [M]. Cambridge, MA: Harvard University Press,1993.

[2]HURD M D ,MCGARRY K. Medical insurance and the use of health care services by the elderly [J]. Journal of health economics, 1997,16:129 – 154.

[3]MCCALL N, RICE T, BOISMIER J, et al. Private health insurance and medical care utilization: evidence from the medicare population [J]. Journal of medical care organization, 1991, 28:276 – 287.

[4]LILLARD L A,ROGOWSKI J. Does supplemental private insurance increase medicare costs [M]. Cambridge,MA:RAND – Labor and Population Program,1995.

[5]CHENG S H ,CHIANG T L. The effect of universal health insurance on health care utilization in Taiwan, results from a nature experiment [J]. Journal of the American medical association,1997,278(2):89 – 93.

[6]XU X,PATEL D A,VAHRATIAN A, et al. Insurance coverage and health care use among near-elderly women [J]. Women's health issue, 2005,16:139 – 148.

[7]刘国恩,蔡春光,李林.中国老人医疗保障与医疗服务需求的实证分析[J].经济研究,2011(3):95 – 118.

[8]黄枫,甘犁.过度需求还是有效需求——城镇老人健康与医疗保险的实证分析[J].经济研究,2010(6):105-119.

[9]胡宏伟,张小燕,赵英丽.社会医疗保险对老年人卫生服务利用的影响——基于倾向得分匹配的反事实估计[J].中国人口科学,2012(2):57-66.

[10]ALLEYNE G A, CASAS J A, CASTILLO-SALGADO C. Equity: why bother? [J]. Bull world health organ ,2000,78(1):76-77.

[11]EVANS T,M WHITEHEAD,DIDERICHSEN A F. Challenging inequities in health:from ethics to action[M]. Oxford: Oxford University Press,2001:12-24.

[12]解垩.中国地区间健康差异的因素分解[J].山西财经大学学报,2011(8):11-24.

[13]解垩.医疗保险与城乡反贫困:1989—2006[J].财经研究,2008(12):68-83.

[14]史清华,顾海英.农户消费行为与家庭医疗保障[J].华南农业大学学报,2004(3):1-9.

[15]王学梅,范艳存,李敏.西部贫困地区农村居民消费支出及医疗服务需求分析[J].科学技术与工程,2010(15):3701-3703.

[16]仇雨临.医疗保险[M].北京:中国劳动社会出版社,2008:105.

[17]胡宏伟.教育水平、医疗保险与健康风险——为什么医改的目标应是健康保障[J].山西财经大学学报,2011(8):1-10.

[18]ZHOU Z L, ZHU L, ZHOU Z Y, et al. The effects of China's urban basic medical insurance schemes on the equity of health service utilisation: evidence from Shanxi province[J]. International journal for equity in health, 2014,13(23):23-43.

[19]CHEN G, LIU G G, XU F. The impact of the urban resident basic medical insurance on health services utilisation in China[J]. Pharmaco economics, 2014,32(3):277-292.

[20]陈强.高级计量经济学及stata应用[M].北京:高等教育出版社,2014.

税收负担、政府管制对地区隐性
经济的影响研究

李永海　孙群力*

　　税收负担和政府管制是影响隐性经济规模的主要因素。利用微观收支差异法测算我国各地区 1998—2013 年的隐性经济规模,研究发现:税收负担显著地扩大了地区隐性经济规模;政府管制与地区隐性经济规模之间存在显著而稳健的 U 型关系而非简单的线性关系;地区人均 GDP、居民统计收入、城镇化率、财政分权等也是影响地区隐性经济的重要因素。应保持税收负担的基本稳定;制定适度的政府管制政策,提高政府综合治理能力;合理划分中央与地方政府的事权与支出责任;进一步加速地区经济发展水平、加快城镇化建设步伐、提高城乡居民显性收入水平、完善统计核算制度等,以起到抑制隐性经济规模的作用。

一、引　言

　　隐性经济也称"地下经济""非正规经济""影子经济""隐性收入""灰色收入"等。隐性经济是世界各国普遍存在的一种经济现象,按照《经济与管理大辞典》的解释,隐性经济是指未纳入国民生产总值、未向政府申报和纳税、政府控制不到的一类经济活动。即从统计学的角度来说,隐性经济未被纳入政府统计范围之内;从税收学的角度来说,隐性经济逃避了税收负担和纳税义务;从管理学的角度来说,隐性经济未被纳入政府管理的范畴。

　　我国目前存在着较为严重的隐性经济问题。据全国第三次经济普查(2014年)的数据显示,2013 年修订后的 GDP 与年初核算数据相比,总量和幅度分别增

* 原载于《广东财经大学学报》2016 年第 2 期第 88 - 100 页。作者:李永海(1980—),男,甘肃庆阳人,中南财经政法大学财政学博士研究生,讲师;孙群力(1964—),男,湖南益阳人,中南财经政法大学财政税务学院教授,博士生导师。

加 19 174 亿元和 3.4%①。尽管增幅低于 2008 年第二次经济普查时调增的 4.4%,更显著低于 2004 年第一次经济普查时调增的 16.8%,但普查结果的再次上调仍在很大程度上说明,在当年的统计核算中诸如服务业和隐性经济等没有得到完整的统计。王小鲁(2013)[1]的调查结果也显示,我国 2011 年灰色收入总量超过 6.2 万亿元,占 GDP 的比重超过 12%,而且主要集中在部分高收入居民,且有向某些中高收入阶层蔓延的趋势;绝对量进一步扩大,国民收入分配格局继续存在重大扭曲。尽管隐性经济在解决居民就业、增加居民收入、补充官方经济等方面具有一定的积极作用,但也会导致政府征税成本增加、税收流失规模扩大、市场运行秩序紊乱等一系列经济社会问题。因此,准确分析隐性经济产生的原因并采取有效措施以遏制隐性经济规模的过度膨胀就成为各级政府的重要职责。

为此,在十八届三中全会《中共中央关于全面深化改革若干重大问题的决定》和五中全会中共中央制定"十三五"规划建议中,都提出要"规范收入分配秩序,保护合法收入,规范隐性收入,遏制以权力、行政垄断等非市场因素获取收入,取缔非法收入"。而要控制隐性经济规模,首先需要明确影响隐性经济规模的主要原因。理论和实践表明,税收负担和政府管制是影响隐性经济规模的最主要因素,人们从事隐性经济活动就是为了逃避缴纳税收和社会保障缴款,避免遵守某些法定标准以及法定程序等(Schneider,2005)[2]。而我国各地区在经济发展程度、税收负担水平和社会管理能力等方面都存在较大差异,因此,税收负担和政府管制如何影响我国各地区的隐性经济规模,就成为本文研究的主要内容。

二、文献综述

(一)地区隐性经济规模的测算

测算隐性经济规模的方法很多,但由于其具有隐蔽性和复杂性,因此难以通过直接调查法获得,间接法就成为主要的测算方法,其中货币需求法、收支差异法、MIMIC 模型法、电力消费法等使用得较为广泛。大多数学者对隐性经济的测算主要集中在国家层面,但近年来学者们也开始利用 MIMIC 模型测算地区隐性经济规模,如钱德哈里(Chaudhari)等(2006)[3]分析了印度各州 1974—1995 年的隐性经济规模,得出平均占比在 13.1%—26.3% 的结论;布赫(Buehn,2012)[4]分析了德国地区的隐性经济规模,发现富裕的南部地区规模相对较低;魏斯曼(Wiseman,2013)[5]测算得出美国 50 个州 1997—2008 年的隐性经济规模在 7.28%—

---

① 数据来源:国家统计局. 关于修订 2013 年国内生产总值数据的公告[EB/OL]. 中国政府网,2014 – 12 – 19.

9.54%之间,地区间差异较小;杨灿明和孙群力(2010a)[6]度量了1998—2007年我国各地区隐性经济规模,发现其介于10.5%—14.6%;余长林和高宏建(2015)[7]度量了1998—2012年我国各地区隐性经济规模,结论是在11.1%—15.4%之间。国内一些学者也探索使用了其他测算方法,如闫海波等(2012)[8]利用要素分配法、王首元和王庆石(2014)[9]利用灰色收入测算模型、王永兴和景维民(2014)[10]利用聚类分析法等测算了我国各地区的隐性经济规模。

(二)税收负担对隐性经济的影响效应

影响隐性经济活动的因素是多方面的,其中税收与政府管制的影响尤为显著[11—12]。从国内外相关文献可以看出,多数学者都把高税率作为刺激隐性经济活动产生的最重要诱因。大多数国外文献利用国家层面的数据所进行的实证研究发现,直接税负担、间接税负担和税收总负担均与隐性经济规模显著正相关[2,13—15]。就地区层面而言,托尔格勒(Torgler)等(2010)[16]研究了瑞士26个州的情况,发现地区税收负担与隐性经济正相关但不显著;魏斯曼(2013)[5]基于美国50个州的实证分析发现,间接税占GDP的比重和收费规模占GDP的比重均与隐性经济显著正相关。一些学者从具体税种角度进行实证分析,如施奈德(Schneider)等(2010)[13]利用MIMIC模型测算了182个国家1999—2007年的隐性经济规模,认为企业所得税和个人所得税最高边际税率与隐性经济显著负相关,而直接税占比、间接税占比与隐性经济显著正相关。布赫(Buehn,2012)[4]的研究得出德国的地区贸易税税负与隐性经济规模显著正相关的结论,杜肯和皮特(Duncan & Peter,2014)[17]的研究发现企业所得税率每提高1%,隐性经济规模提高2.3%。更进一步的研究发现不同的税制结构对隐性经济的影响也不相同。如施奈德和瑞恩哈德(Schneider & Reinhard,1993)[18]以奥地利的三次重大税制改革为例,从理论和实证两个角度分析税制体系和税制结构变化对隐性经济的影响效应,其结论显示降低直接税和间接税负担可以起到抑制隐性经济规模的作用,但提高税制的复杂性、增强劳动力市场规制水平也可以起到同样的作用,因此,仅仅降低税负水平是不够的。国内众多学者的研究也得出我国税收负担与地下经济显著正相关的结论[12,19—20]。徐蔼婷和李金昌(2007)[21]认为直接税负担与隐性经济正相关,杨贵军等(2014)[22]发现间接税负担与隐性经济正相关;杨灿明和孙群力(2010a)[6]利用MIMIC模型所进行的实证研究,得出地区间接税负担与隐性经济显著正相关、直接税负担与隐性经济显著负相关的结论。

(三)政府管制对隐性经济的影响效应

"管制"也称"规制",在实际部门通常称为"监管"。政府管制是指政府基于公共利益或其他目的,对被管制者的行为依法进行的限制活动。相对于税收而言,政府管制对隐性经济的影响作用同样重要。Quintano 和 Mazzocchi(2013)[23] 的研究显示,在一些北欧国家,虽然税率很高,但政府管制水平也很高,因而隐性经济规模较低;而一些东欧国家虽然税率很低,但政府管制水平也较低,隐性经济规模反而较高。隐性经济规模最低的国家不一定税率最低,但一定是政府管制体系最高的国家。

政府管制和政府干预与隐性经济直接相关,但现有研究显示二者的关系并不确定。一些学者认为政府管制与隐性经济规模负相关,这是因为如果政府在某些领域完善法律法规并加强监管,可以对逃税避税行为和一些非法经济行为起到威慑作用,良好的规章制度设计和激励措施的实施也可以抑制腐败行为,从一定程度上降低隐性经济规模[6,21,24—25]。也有学者认为,政府管制与隐性经济规模正相关,政府管制越多,隐性经济规模越严重,这是因为过度的监管限制了个人在官方经济的自由和选择,提高了企业的准入成本和交易费用,导致部分企业和个人由官方经济转入隐性经济[2,22,26]。弗瑞德曼(Friedman)等(2000)[27]对 69 个国家的实证研究结果表明,企业从事隐性经济活动并不是为了规避官方税收负担,而是为了规避政府的过度监管和腐败,当政府监管指数(分为 1—5 个级别,第 5 级代表管制最重)每增加 1 个级别,隐性经济规模增加 10.8%。毕瓦斯(Biswas)等(2012)[28]的研究还显示,腐败和隐性经济规模之间有很强的关系,企业家将经济活动从官方经济转入隐性经济,是为了减少政府管制过程中用于行贿的支出或者是为了逃避过重的税收负担,因此,腐败反映的是企业为了逃避政府控制而进行的支付。一般而言,政府管制越严重,政府从企业索取的贿赂越多,即政府管制与企业腐败程度高度相关,一国政府越腐败,该国的隐性经济规模就越大。

(四)现有文献述评

从现有的国内外相关文献来看,学者们对隐性经济规模的测算已逐渐从国家层面转向地区层面,测算方法也越来越多元化;税收负担和政府管制是对隐性经济影响最为重要的两个因素,从影响效应来看,税收负担的加重导致了隐性经济规模的扩大,而政府管制对隐性经济活动的影响效应则是不确定的。此外,现有的实证研究主要集中在使用截面数据探讨国家层面的税收负担和政府管制对隐性经济的影响效应方面,地区层面的研究相对较少。那么,各类税收负担指标对地区隐性经济的影响效应是否存在差异,政府管制究竟是抑制还是扩大了地区隐性经济规模,这些问题还需进一步探讨。本文首先构建一个简单的理论模型,在重新测算我国 30 个省市自治区 1998—2013 年隐性经济规模的基础上,利用面板数据模型,实证检验税收负担和政府管制对地区隐性经济规模的影响效应。

三、理论模型与研究假说

为了从理论角度探讨税收负担和政府管制对隐性经济的影响,本文构建了一个简单的数理模型来反映其具体影响效应。假定整个经济活动中只存在两个部门,即官方经济部门和隐性经济部门,只考虑税收负担和政府管制两大影响因素。再假定代表性家庭追求自身效用最大化,对两个部门的产品偏好用 C－D 函数来表示,θ 为代表性家庭对官方经济产品 Y_o 的偏好,$1-\theta$ 为代表性家庭对隐性经济产品 Y_s 的偏好①;t 为税率,g 为政府管制,其中,θ、t、g 均属于$(0,1)$,则代表性家庭的效用函数 U 可用(1)式来表示。

$$U = Y_o^\theta Y_s^{1-\theta} \tag{1}$$

首先,只考虑税收因素,假定隐性经济部门不需要交税,官方经济部门需要交纳税率为 t 的税收,隐性经济部门产品的定价低于官方经济部门产品的定价,假定隐性经济部门的产品价格为1,则官方经济部门的产品价格为 $1+t$。进一步地,加入政府管制因素,政府管制会使得隐性经济部门产品的成本增加,导致其产品价格提高,消费数量相应减少;同时,代表性家庭为了保持其效用不变,对官方经济部门产品的需求增加,这又反过来导致官方经济部门产品价格进一步提高。也就是说,政府管制的“收益”会导致隐性经济产品价格提高以抑制其消费数量,而政府管制的“成本”则导致了官方经济产品价格的提高。假定政府管制的“成本”与“收益”相等,则隐性经济部门的产品价格为 $1+g$,官方经济部门的产品价格为 $1+t+g$。由此,代表性家庭的总收入 I 由(2)式决定:

$$I = Y_o(1+t+g) + Y_s(1+g) \tag{2}$$

由于代表性家庭的效用最大化要求在(2)式的约束下(1)式的一阶导数为0,对(1)式取对数变换为(3)式后,构建拉格朗日函数为(4)式:

$$\ln U = \theta\ln Y_o + (1-\theta)\ln Y_s \tag{3}$$

$$L = \theta\ln Y_o + (1-\theta)\ln Y_s - \lambda\left[Y_o(1+t+g) + Y_s(1+g) - I\right] \tag{4}$$

对(4)式求偏导数,得到一阶条件,分别为(5)—(7)式:

$$\frac{\partial L}{\partial Y_o} = \frac{\theta}{Y_o} - \lambda(1+t+g) = 0 \tag{5}$$

---

① 消费者对隐性经济产品偏好的原因可能是多方面的,如威廉姆斯和马丁内斯·佩雷斯(Williams & Martinez-Perez,2014)[29]以面对面访谈的形式调查了 27 个欧盟成员国 26 659 个消费者购买隐性经济产品和服务的原因,利用 Logistic 回归模型研究发现:44% 的消费者是出于价格低廉的考虑,28% 的消费者是出于社会再分配的动机,28% 的消费者是出于便捷和良好的服务质量以及官方经济产品的缺失。本文假定消费者主要考虑价格方面的因素。

$$\frac{\partial L}{\partial Y_s} = \frac{1 - \theta}{Y_s} - \lambda (1 + g) = 0 \tag{6}$$

$$\frac{\partial L}{\partial \lambda} = Y_o (1 + t + g) + Y_s (1 + g) - I = 0 \tag{7}$$

进一步求解方程,得到隐性经济占官方经济的比重:

$$\frac{Y_s}{Y_o} = \frac{(1 - \theta)(1 + t + g)}{\theta (1 + g)} = SE \tag{8}$$

由(8)式可知,隐性经济占官方经济的比重,即隐性经济规模 SE 主要取决于 θ、t、g 三个因素。假定代表性家庭对隐性经济和官方经济产品的偏好 θ 在一定时期内保持不变,则税率 t 的提高会使得隐性经济规模逐渐扩张,而政府管制 g 的提高对隐性经济规模的影响是不确定的。为了具体分析政府管制 g 对隐性经济的影响,进一步对 g 求导,得到一阶导数(9)式和二阶导数(10)式:

$$\frac{\partial (SE)}{\partial g} = \frac{- t (1 - \theta)}{\theta (1 + g)^2} < 0 \tag{9}$$

$$\frac{\partial^2 (SE)}{\partial g^2} = \frac{2 t (1 - \theta)}{\theta (1 + g)^3} > 0 \tag{10}$$

一阶导数 < 0,二阶导数 > 0,说明该函数存在极小值点。也就是说,随着政府管制 g 的不断提高,使得隐性经济规模 SE 呈现先下降后上升的趋势。由此,我们提出以下两个假说。

假说1:税收负担的加重会导致隐性经济规模的扩大。

作为理性经济人,企业和个人从事经济活动的主要目标就是追求自身利益最大化,已有研究表明,从事隐性经济活动的主体常常以逃税或避税为首要目的,在其他因素相同的情况下,官方经济的税收负担越重,从事隐性经济活动的相对获利也就越多,从而隐性经济规模越大。无论是税收总负担、直接税和间接税负担,或者是地方税收和地方财政负担,都会造成纳税人利益的直接损失,因此,我们假定各类税收负担指标均与隐性经济规模正相关。

假说2:政府管制的加强会导致隐性经济规模先减少后扩大,即呈 U 型变化趋势。这是因为,在市场经济条件下,市场失灵的客观存在决定了政府管制和干预经济活动的必要性和正当性,正常的基本的政府管制是有益的,如规范非法收入、打击走私行为等,有利于维护市场秩序稳定,净化市场空间,创造一个公平合理的市场环境,从而抑制隐性经济规模的扩张;而随着政府管制水平的进一步提升,当超过某一临界值以后,由于政府权力过大、法律制度不完善等原因,则存在被相关利益主体"俘获"的可能,因此产生设租寻租、滋生腐败行为等,从而扭曲了市场机制的正常运行,加大了政府管制成本,导致政府支出结构不合理,引起纳税人的不满,使得部分官方经济转向隐性经济,导致隐性经济规模的扩大,从而政府管制与隐性经济规模之间呈现出 U 型的变化趋势。

四、实证分析

（一）计量模型设定

为定量研究税收负担和政府管制对隐性经济的影响效应,同时验证前述理论假说。本文利用我国 1998—2013 年的省级面板数据,设定如下模型:

$$SE_{it} = \alpha_0 + \beta TAX_{it} + \gamma_0 GOV_{it} + \gamma_1 (GOV_{it})^2 + \delta Control_{it} + \mu_i + \nu_t + \varepsilon_{it} \quad (11)$$

其中,SE 表示隐性经济规模,即隐性经济占 GDP 的比重;TAX 表示地区税收负担;GOV 表示地区政府管制水平;$Control$ 表示与隐性经济相关的一组控制变量;i 和 t 分别表示地区和年度;α_0 表示常数项;β、γ_0、γ_1 和 δ 表示系数矩阵;μ_i 为地区固定效应变量;ν_t 为时间固定效应变量;ε 表示随机误差项。

（二）变量选择

1. 被解释变量

本文被解释变量为隐性经济规模,用地区隐性经济占地区 GDP 的比重（SE）来表示。在回顾隐性经济的相关文献后,发现利用居民收入和消费支出之间的微观调查数据及其相关关系来推测隐性经济规模（即微观收支差异估计法）有着坚实的理论基础,在国内外研究中被广泛采用并受到推崇（白重恩等,2015）[30]。施奈德（2005）[2]认为,根据家庭消费数据估计的居民真实收入与官方部门统计收入的差额可以作为对隐性经济很好的估算值。通过对我国微观层面的统计数据进行分析,可发现居民家庭个人的总收入与总支出之间存在较大差异。因此,我们采用微观收支差异法,借鉴梁朋（2000）[31]和咸春龙（2012）[32]的具体做法并加以改进,对各地区的隐性经济规模进行测算。

首先,根据国民经济核算的基本原理,居民部门总收入与总支出之间存在以下恒等关系:居民部门总收入 = 居民部门总支出;进一步得出:居民统计收入 + 居民隐性收入 = 居民消费支出 + 居民投资支出。

由此得到:居民隐性收入 = 居民消费支出 + 居民投资支出 - 居民统计收入 = 居民消费支出 +（居民金融资产投资支出 + 居民实物投资支出）- 居民统计收入 = 居民消费支出 +（居民手持现金额 + 居民储蓄增加额 + 居民股票债券持有增加额）+ 居民实物投资增加额 - 居民统计收入。

上述指标的具体计算及数据来源如下:

（1）居民消费支出 = 城镇居民人均消费支出 × 城镇居民人口 + 农村居民人均消费支出 × 农村居民人口。

（2）居民手持现金额。由于居民持有的现金余额没有完整统计，参照中国人民银行课题组（1999）[33]的做法，以流通中现金供应量（M_0）的一定比例计算居民持有现金额，同时考虑了近年来我国金融业及银行信用、网络等交易方式的快速发展，这里假定以 M_0 的70%来计算居民手持现金额。

（3）居民储蓄增加额。根据历年城乡居民人民币储蓄存款年底余额计算增量得到。

（4）居民股票债券持有增加额。参照艾春荣和汪伟（2008）[34]的做法，假定居民持有的股票和债券增加值占当年发行量的60%（其中，股票以当年 A 股的筹资额来计算，未考虑转配股、B 股和 H 股等；债券以当年国债、地方政府债和金融债券的发行额计算）①。

（5）居民实物投资增加额，包括城乡个人固定资产投资额和居民购买商品房增加额，参照咸春龙（2012）[32]的做法，以全社会固定资产投资中个体经济的投资额来表示。

（6）居民统计收入 = 城镇居民人均可支配收入×城镇居民人口 + 农村居民人均纯收入×农村居民人口②。

由于无法直接获得各地区居民手持现金额和股票债券持有增加额的数据，这两个指标以各地区 GDP 为权重进行分解得到，其他指标均可直接获得各地区的数据。其中，居民股票债券持有增加额的数据源于历年《中国证券期货统计年鉴》，其余数据来源于历年《中国统计年鉴》和国家统计局数据库网站。

总体来看，改进后的微观收支差异法的测算思路既考虑了居民部门的全部收入，包括统计收入和隐性收入；又考虑了居民部门的全部支出，包括消费支出和各类投资支出。通过对两者差额的对比，可以推算出我国各地区 1998—2013 年的隐性经济规模。相比其他方法，这一测算方法计算简便，结果也较为准确，可以避免计算结果为负值或者出现历年波动较大的情况。从测算结果来看，1998—2013年，我国30个省市自治区（除西藏）隐性经济占 GDP 的比重虽有所波动，但总体规模保持在15.55%—24.66%之间，16 年间平均为20.22%。分三大地区③来看，

---

① 由于无法准确获得企业债、公司债和居民保险、外币储蓄等金融资产的数据，我们未考虑这部分居民的金融资产，因此可能会导致测算结果偏低。

② 由于无法获得各地区历年农村居民人均总收入的完整数据，为了保持城乡相对统一的口径，这里使用城镇居民人均可支配收入和农村居民人均纯收入数据，可能会导致测算结果偏高。

③ 本文的东部地区包括北京、天津、河北、辽宁、上海、江苏、浙江、福建、山东、广东、海南；中部地区包括黑龙江、吉林、山西、安徽、江西、河南、湖北、湖南；西部地区包括内蒙古、广西、重庆、四川、贵州、云南、陕西、甘肃、青海、宁夏、新疆。

东部地区在 13.14%—25.19% 之间,中部地区在 14.20%—23.48% 之间,西部地区在 17.43%—26.18% 之间。相对而言,西部地区隐性经济规模高于东部地区,中部地区最低,但总体上均呈现出相同的变化趋势(见图 1)。

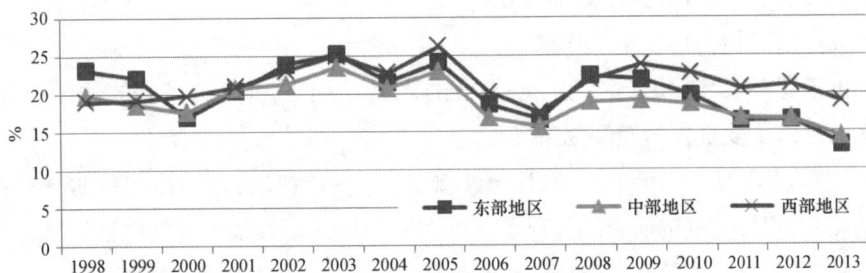

图 1　1998—2013 年我国各地区隐性经济规模

2.核心解释变量

(1)税收负担。本文选择地区税收总负担,即地区税收总收入占地区 GDP 的比重($TTAX$)作为解释变量,为了更加准确全面地反映地区税收负担①,这里的地区税收总收入数据采用《中国税务年鉴》中各地区国地税部门征收的税收收入之和来表示。为了获得更为可靠的结果,本文同时采用间接税、直接税、地方税收入、地方财政收入占 GDP 的比重②,即间接税负担(ITAX)、直接税负担(DTAX)、地方税负担(LTAX)和地方财政负担(LFTAX)等指标来反映地区税收负担情况,并进行稳健性检验。基于前述研究成果,我们预期各类税收负担均与隐性经济规模正相关。

(2)政府管制。本文首先以政府公务人员占城镇单位就业人员的比重(GOVG)来反映政府管制水平,其中,政府公务人员指标在 1998—2002 年为国家党政机关和社会团体就业人员,在 2003—2013 年为公共管理和社会组织城镇单位就业人员。为了获得更为稳健的结果,本文同时采用政府行政管理费用支出占地方财政支出的比重(GOVE)来反映政府管制水平,其中,政府行政管理费用支出

---

① 按照我国目前的分税制体制,地区税收负担可以从两个层面来理解:一是指来源于该地区的全部税收收入,即各地国税局和地税局征收管理的全部税收收入占 GDP 的比重;二是指实际最终归属于地方本级的税收收入,即全部地方税与共享税中地方享有部分合计占 GDP 的比重。

② 本文直接税和间接税依据各地区国地税征收的税收收入总额来分解,间接税 = 增值税 + 营业税 + 消费税 + 资源税 + 城建税,直接税 = 总税收 - 间接税;地方税收入数据源于《中国统计年鉴》,依据各地区本级税收收入汇总计算得到,即地方税收入 = 全部地方税 + 共享税中地方享有部分;地方财政收入 = 地方税收入 + 地方非税收入。

指标在 1998—2006 年为行政管理费用和公检法司支出,在 2007—2013 年为地方财政一般公共服务支出①。为了检验政府管制与隐性经济之间是否存在 U 型关系,本文引入政府管制及其二次项作为解释变量,基于前述假说,我们预期一次项符号为负,二次项符号为正。

3. 控制变量

由于还存在其他影响隐性经济规模的因素,为了获得更为可靠的估计结果,本文引入以下变量作为控制变量。

(1)人均 GDP(GDPPC)。隐性经济规模与一国(地区)的经济发展水平存在密切关系,相关文献的研究结果显示一国(地区)的经济发展水平与隐性经济负相关,即经济发展水平越高,隐性经济规模越小[2,15,17]。阿尔姆和埃姆巴叶(Alm & Embaye,2013)[36]发现隐性经济与一国(地区)的收入水平有着重要关联,隐性经济规模在 OECD 国家占 GDP 的 17%,在非 OECD 的高收入国家为 24%,中等收入国家为 33%,中低收入国家为 37%,低收入国家为 38%。本文的测算结果也显示我国西部地区隐性经济占 GDP 比重相对较高。而利用各地区的人均 GDP 变量,可以剔除人口规模因素对隐性经济的影响,因此,我们预期人均 GDP 与隐性经济规模负相关。

(2)居民统计收入(INCOME)。居民为了保持其收入的连续性和稳定性,其统计收入越高,获取隐性收入的意愿就越低;公开部门提供的收入水平越高,居民参与隐性经济活动的"机会成本"也就越高,从而减少了获取隐性收入的激励。为避免内生性问题,我们以各地区滞后一期的城乡居民统计收入占 GDP 之比,即用 INCOME(-1)来表示,并预期符号为负。

(3)城镇化率(URR)。城镇化水平越高,区域间经济发展越均衡,政府提供的公共产品和服务就可以更加公平和均等化地由居民所共享,居民参与隐性经济活动的意愿也就越低。阿尔姆和埃姆巴叶(2013)[36]对 111 个国家的研究发现,城镇化率与隐性经济显著负相关。因此,我们以各地区城镇人口占总人口的比重来表示城镇化率,并预期符号为负。

(4)财政分权(FD)。大多数国外学者基于西方国家的财政分权理论,认为财政分权可以通过"用手投票"和"用脚投票"两种机制来抑制隐性经济的规

① 2006 年财政部发布的《政府收支分类改革方案》重新划分了政府财政支出,并重新规定了统计口径,取消了原有行政管理费支出这一类别,替换为一般公共服务支出,而一般公共服务支出的口径类同于原来的行政管理费用和公检法司支出,且已有学者采用这一指标(刘佳,2015[35])。

模[14,37—38]。但实际上,这一机制不一定适合中国的现实,我国地方政府的主要目标并不是控制隐性经济规模,而是追求经济增长最大化和财政收入规模最大化,但我国居民由于受到户籍制度等因素所限,"用脚投票"机制难以发挥作用,财政收入分权对隐性经济的"效率效应"难以实现,即财政收入分权度越高,隐性经济规模越高。我国地方政府的主要考核指标是以 GDP 为主,提供公共产品和服务并不是其首要任务,为此,地方政府更有动力将财政支出投入最能体现政绩的基础设施建设方面,而不是最能满足居民需求的民生性公共产品和服务方面。这就导致了地方政府支出结构无法充分满足当地居民的偏好和需求,加之地方政府官员主要由上级政府来任命,因此,"用手投票"机制也难以发挥作用,在这种情况下,将会迫使部分官方经济活动进入隐性经济,即财政支出分权度越高,隐性经济规模也越高。本文分别以财政收入和支出分权来反映财政分权:财政收入分权(FD_revb) = 各省预算内人均财政收入 ÷ 全国预算内人均财政收入;财政支出分权(FD_expb) = 各省预算内人均财政支出 ÷ 全国预算内人均财政支出,并预期财政分权与隐性经济正相关。

(三)数据来源

本文使用 1998—2013 年全国 30 个省市自治区(除西藏)的面板数据,其中,隐性经济的数据由前述方法计算得到;其他数据分别来自相关年份的《中国税务年鉴》《中国财政年鉴》《中国统计年鉴》及国家统计局数据库;人均 GDP 数据以1998 年为基期进行平减,其余变量均为相对指标。表 1 报告了各主要变量的描述性统计结果。

表1　各变量的描述性统计

变量名称	变量说明	观察值	平均值	最大值	最小值	标准差
SE	隐性经济占 GDP 比重	480	0.202 2	0.395 3	0.062 3	0.052 2
TTAX	国地税总收入占 GDP 比重	480	0.151 7	0.531 6	0.030 8	0.083 4
ITAX	间接税收入占 GDP 比重	480	0.105 6	0.331 3	0.025 9	0.046 5
DTAX	直接税收入占 GDP 比重	480	0.046 1	0.350 1	0.004 9	0.043 9
LTAX	地方税收收入占 GDP 比重	480	0.065 8	0.180 2	0.030 0	0.026 1

续表

变量名称	变量说明	观察值	平均值	最大值	最小值	标准差
LFTAX	地方本级财政收入占GDP比重	480	0.082 3	0.190 2	0.039 2	0.027 8
GOVG	政府管制1	480	0.108 7	0.189 4	0.033 1	0.031 4
GOVE	政府管制2	480	0.144 7	0.214 6	0.056 8	0.033 6
GDPPC	实际人均GDP的对数	480	3.632 9	4.633 1	2.764 7	0.393 7
INCOME	居民收入占GDP比重	480	0.450 1	0.827 4	0.249 5	0.094 6
URR	城镇化率	480	0.454 3	0.896 1	0.140 4	0.158 3
FD_revb	财政收入分权	480	0.582 4	3.327 2	0.184 2	0.584 8
FD_expb	财政支出分权	480	0.977 5	3.718 5	0.359 4	0.603 8

注:政府管制1为政府公务人员占全部城镇单位就业人员的比重;政府管制2为政府行政管理费用占地方财政支出的比重。

(四)实证结果

利用1998—2013年全国30个省市自治区的面板数据进行估计。我们先对各模型进行 Hausman 检验,检验结果表明模型1—6均适合建立固定效应模型,表2报告了各模型的具体估计结果。

从表2可以看出,各模型的估计效果较好,各变量的符号也均符合预期。其中,模型1是基准模型,模型2—6依次加入了其他控制变量。具体来看,模型1—6中的解释变量税收负担的系数均至少在5%的水平下显著为正,说明税收负担的提高显著扩大了地区隐性经济规模,这一结果也验证了前述假说1。解释变量政府管制的一次项系数均为负,二次项系数均为正,且至少在1%的水平下显著,表明政府管制与地区隐性经济之间确实存在着稳健的 U 型关系,保持适度的政府公务人员规模有利于抑制地区隐性经济,这一结果也正好验证了前述假说2。此外,从 U 型关系来看,存在一个使得隐性经济规模最低的最优政府管制水平,而我国当前政府管制的平均水平未超过但接近于临界值,这说明当前政府管制水平有助于抑制隐性经济规模,但要注意防止政府管制过度。

表2　实证估计结果

解释变量	被解释变量（SE）					
	模型1	模型2	模型3	模型4	模型5	模型6
常数项	0.265***	0.281***	0.436***	0.535***	0.518***	0.503***
	(0.053)	(0.033)	(0.037)	(0.043)	(0.054)	(0.054)
TTAX	0.138**	0.136**	0.163**	0.137**	0.192***	0.229***
	(0.068)	(0.064)	(0.064)	(0.066)	(0.065)	(0.069)
GOVG	−1.713***	−1.695***	−1.896***	−2.057***	−2.081***	−2.241***
	(0.525)	(0.540)	(0.540)	(0.536)	(0.533)	(0.530)
$(GOVG)^2$	8.001***	7.939***	7.046***	7.324***	7.413***	7.990***
	(2.101)	(2.192)	(2.194)	(2.154)	(2.135)	(2.122)
GDPPC		−0.005	−0.004	−0.004	−0.005	−0.006
		(0.005)	(0.005)	(0.005)	(0.005)	(0.005)
INCOME(−1)			−0.283***	−0.279***	−0.279***	−0.247***
			(0.043)	(0.044)	(0.043)	(0.043)
URR				−0.176***	−0.185***	−0.192***
				(0.057)	(0.058)	(0.058)
FD_revb					0.030**	
					(0.013)	
FD_expb						0.028***
						(0.007)
R^2	0.614	0.615	0.684	0.691	0.695	0.703
F检验	14.650***	14.357***	18.051***	18.225***	18.189***	18.883***
模型设定	FE	FE	FE	FE	FE	FE
N	480	480	480	480	480	480

注：***、**、*分别表示通过显著水平1%、5%、10%的检验，（　）内为标准误，FE表示固定效应模型，各模型均已控制地区效应和时间效应。表3、表4同。

　　各控制变量的系数符号也都比较稳定，其中人均GDP与隐性经济负相关，但不够显著，说明我国地区经济发展水平并不是影响隐性经济规模的主要因素。滞后一期的居民统计收入和城镇化率均与隐性经济显著负相关，说明增加居民显性收入、提高城镇化水平可以有效地抑制隐性经济规模的扩张。而财政收支分权均与隐性经济规模显著正相关,即财政收支分权扩大了隐性经济规模,这与西方国家财政分权的影响效应有所不同。

(五)稳健性检验

税收负担和政府管制是本文的核心解释变量,其不同的指标测量对于模型的估计结果至关重要。因此,为了得到更为稳健的结果,接下来分别从两方面对模型进行稳健性检验。

一方面是税收负担视角。除了税收总负担以外,还可以将其分解为直接税和间接税负担,以及同时采用地方税负担和地方财政负担来进行稳健性检验。具体估计结果见表3的模型7—14,对各模型进行 Hausman 检验,结果表明均适合建立固定效应模型。从估计结果来看,各类税收负担指标均与地区隐性经济规模正相关,除模型9外,其他模型均至少5%的水平下显著;政府管制指标也均在1%的水平下显著;其余控制变量也均符合理论预期,与前述模型的结果一致,这说明我们的研究结果是稳健的。

另一方面是政府管制视角。这里我们以行政管理费用占地方财政支出的比重来反映政府管制水平,以此来进行稳健性检验。具体估计结果见表4的模型15—22,对各模型进行 Hausman 检验,结果表明均适合建立固定效应模型。从估计结果来看,以行政管理费用占比所表示的政府管制指标也至少在10%的水平下显著,这说明政府管制与隐性经济之间的 U 型关系是稳健的;各类税收负担指标均与地区隐性经济正相关,除模型19外,其他模型均至少在10%的水平下显著;其余控制变量均符合理论预期,与前述模型的估计结果一致,这说明研究结果具有一定的稳健性。

五、结论与政策建议

逃避税收和政府管制是隐性经济扩张的两大主要原因。本文首先从理论角度分析税收负担和政府管制对地区隐性经济的影响,同时利用微观收支差异法对我国各地区的隐性经济规模进行测算,在此基础上,实证分析税收负担和政府管制对地区隐性经济规模的具体影响效应,并进行稳健性检验。

本文的基本结论如下:第一,测算结果表明,我国各地区 1998—2013 年隐性经济占 GDP 的比重平均在 15.55%—24.66%,地区间存在差异。第二,理论研究和计量结果均表明,税收负担显著扩大了我国地区隐性经济规模,这与大多学者的研究结论一致;与其他学者的研究结论不同的是,本文发现并实证检验了我国政府管制与地区隐性经济规模之间并非简单的线性关系,而是存在 U 型关系,且当前的管制水平并未超过临界值。第三,计量结果还表明,地区人均 GDP、居民

表3 稳健性检验(1)

解释变量	模型7	模型8	模型9	模型10	模型11	模型12	模型13	模型14
	被解释变量(SE)							
常数项	0.524***	0.513***	0.532***	0.517***	0.549***	0.540***	0.532***	0.523***
	(0.054)	(0.053)	(0.054)	(0.053)	(0.053)	(0.053)	(0.054)	(0.053)
ITAX	0.312***	0.338***						
	(0.054)	(0.113)						
DTAX			0.167	0.229**				
			(0.103)	(0.102)				
LTAX					0.575***	0.549***		
					(0.194)	(0.192)		
LFTAX							0.377**	0.359**
							(0.184)	(0.180)
GOVG	-2.116***	-2.230***	-1.892***	-2.013***	-2.028***	-2.078***	-1.923***	-1.978***
	(0.521)	(0.532)	(0.528)	(0.527)	(0.521)	(0.526)	(0.521)	(0.526)
$(GOVG)^2$	7.337***	7.728***	6.789***	7.260***	7.252***	7.415***	6.760***	6.944***
	(2.087)	(2.119)	(2.099)	(2.117)	(2.097)	(2.108)	(2.088)	(2.107)
GDPPC	-0.005	-0.006	-0.006	-0.006	-0.007	-0.007	-0.006	-0.007
	(0.005)	(0.005)	(0.005)	(0.005)	(0.005)	(0.005)	(0.005)	(0.005)

解释变量	被解释变量(SE)							
	模型7	模型8	模型9	模型10	模型11	模型12	模型13	模型14
INCOME(−1)	−0.266***	−0.236***	−0.279***	−0.251***	−0.324***	−0.298***	−0.290***	−0.265***
	(0.045)	(0.043)	(0.044)	(0.044)	(0.044)	(0.047)	(0.048)	(0.044)
URR	−0.203***	−0.213***	−0.186***	−0.191***	−0.207***	−0.217***	−0.203***	−0.214***
	(0.058)	(0.058)	(0.057)	(0.059)	(0.058)	(0.058)	(0.057)	(0.058)
FD_revb	0.026**	0.024***	0.025**	0.025***			0.014	
	(0.012)	(0.012)	(0.007)	(0.013)	(0.012)	(0.012)		(0.012)
FD_expb					0.014	0.018***		0.018***
	(0.006)	(0.012)	(0.007)	(0.013)	(0.007)		(0.006)	(0.006)
R^2	0.695	0.701	0.691	0.698	0.696	0.701	0.692	0.698
F检验	18.180***	18.741***	17.861***	18.467***	18.256***	18.676***	17.962***	18.401***
模型设定	FE	FE	FE	FE	FE	FE	FE	FE
N	480	480	480	480	480	480	480	480

表 4　稳健性检验（2）

解释变量	被解释变量（SE）							
	模型 15	模型 16	模型 17	模型 18	模型 19	模型 20	模型 21	模型 22
常数项	0.434*** (0.044)	0.407*** (0.046)	0.436*** (0.047)	0.416*** (0.046)	0.455*** (0.047)	0.430*** (0.045)	0.454*** (0.045)	0.438*** (0.044)
TTAX	0.140** (0.044)	0.168** (0.069)						
ITAX			0.216* (0.068)	0.233** (0.113)				
DTAX					0.13 (0.112)	0.180* (0.103)		
LTAX	(0.196)						0.421** (0.103)	0.404** (0.198)
GOVE	-0.608** (0.256)	-0.552** (0.255)	-0.626** (0.254)	-0.579** (0.255)	-0.618** (0.254)	-0.561** (0.256)	-0.568** (0.255)	-0.527** (0.257)
$(GOVE)^2$	1.086** (0.533)	0.968* (0.536)	1.105** (0.533)	1.011* (0.535)	1.142** (0.533)	1.029* (0.536)	1.088** (0.534)	1.088*** (0.535)
GDPPC	-0.006 (0.005)	-0.006 (0.005)	-0.006 (0.005)	-0.006 (0.005)	-0.006 (0.005)	-0.006 (0.005)	-0.007 (0.005)	-0.007 (0.005)

续表

解释变量	被解释变量（SE）							
	模型 15	模型 16	模型 17	模型 18	模型 19	模型 20	模型 21	模型 22
INCOME（-1）	-0.258***	-0.229***	-0.246***	-0.219***	-0.262***	-0.237***	-0.293***	-0.270***
	(0.047)	(0.043)	(0.043)	(0.043)	(0.044)	(0.043)	(0.044)	(0.046)
URR	-0.145***	-0.150***	-0.156***	-0.163***	-0.147**	-0.151***	-0.161***	-0.169***
	(0.057)	(0.058)	(0.057)	(0.058)	(0.057)	(0.058)	(0.058)	(0.057)
FD_reib	0.026**		0.022*		0.022*		0.015	
		(0.013)		(0.012)		(0.013)		(0.012)
FD_expb		0.023***		0.020***		0.021***		0.016**
	(0.007)	(0.007)	(0.007)	(0.007)	(0.007)	(0.007)	(0.007)	(0.007)
R^2	0.688	0.693	0.687	0.692	0.686	0.691	0.688	0.691
F 检验	17.558***	17.997***	17.530***	17.889***	17.400***	17.807***	17.586***	17.882***
模型设定	FE	FE	FE	FE	FE	FE	FE	FE
N	480	480	480	480	480	480	480	480

统计收入、城镇化率、财政分权等也是影响隐性经济规模的重要因素。

本文的政策启示主要体现在以下方面。(1)保持税收负担的基本稳定。在当前经济新常态下,应按照十八届三中全会和《深化财税体制改革总体方案》提出的改革税制、稳定税负的基本原则,严格遵循依法治税要求,不断优化税制结构,保持宏观税负和财政负担的基本稳定,以此来限制隐性经济规模的进一步扩张。但需要注意的是,稳定税负的实现实际上要以稳定政府支出为约束条件,因此,还需要严格执行《中华人民共和国预算法》规定,全面实行全口径预决算,强化政府预算约束力,规范政府支出规模,优化支出结构,提高公共产品和服务的供给水平和质量,从而形成"政府支出结构合法合理——纳税人公共需求得以满足——税收负担轻重适度——逃税避税规模减小——隐性经济规模下降"的良性循环,以起到抑制隐性经济规模的作用。(2)制定适度的政府管制政策,提高政府综合治理能力。适度的政府管制和政府干预对抑制隐性经济规模至关重要。首先,在当前经济新常态的大背景下,应进一步转变政府职能,深化行政审批制度改革,持续推进简政放权,放管结合,提高政府效能,并将控制隐性经济规模作为地方政府的考核目标之一。其次,政府管制应按照事前规范制度、事中加强监控、事后强化问责的思路,不断提高法治化思维意识和服务意识,建设法治政府和服务型政府,改革创新政府管制方法及手段,加强对市场主体的科学规范监管,将"控制型"管制与"激励性"管制方式有效结合,增加政府管制隐性经济工具的多样性和有效性。最后,降低政府管制成本,提高政府管制效率。应严格控制财政供养人员总量,充分利用网络化和大数据信息资料,积极推动"互联网 + 政务"技术框架的实施;应最大限度地减少政府对微观事务的管理,完善政府权力清单和市场准入负面清单管理,解决好政府干预过多和监管不到位的问题,不断提高政府行政管理效率和综合治理能力,增强政府公信力和执行力,发挥好市场在资源配置中的决定性作用,更好地发挥政府作用,从而形成"政府法律制度健全——法律遵从度提高——政府管制适度有效——寻租腐败行为减少——隐性经济规模下降"的良性循环。(3)合理划分中央与地方政府的事权与支出责任。我国财政收支分权在抑制隐性经济方面之所以缺少"效率效应",其原因在于地方政府财力与事权的不匹配性,承担事权过多和自身财力有限的矛盾导致地方政府在民生性公共产品供给层面的缺失,从而加剧了隐性经济规模的扩张。为此,要优先厘清中央与地方政府的事权划分,再根据事权来配置中央和地方政府的财力,以明确各自的具体支出责任,矫正事权与支出责任的不匹配性;同时,还要提高政府财政透明度,逐步增强纳税人对财政收支的话语权和监督权,以发挥财政收支分权对隐性经济规模的抑制效应。(4)此外,应进一步提升地区经济发展水平、加速城镇化建设步伐、提高城乡居民显性收入水平、完善统计核算制度等,以起到抑制隐性经济规模的作用。

参考文献

[1]王小鲁.灰色收入与国民收入分配2013年报告[J].比较,2013(5):1-29.

[2]SCHNEIDER F. Shadow economies around the world: what do we really know? [J]. European journal of political economy,2005,21(3):598-642.

[3]CHAUDHARI K, SCHNEIDER F,CHATTOPADHYAY S. The size and development of the shadow economy: an empirical investigation from states of India[J]. Journal of development economics, 2006,80(2): 428-443.

[4]BUEHN A. The shadow economy in German regions: an empirical assessment[J]. German economic review, 2012,13(3): 275-290.

[5]WISEMAN T. U.S. shadow economies: a state-level study[J]. Constitutional political economy, 2013,22 (4): 310-335.

[6]杨灿明,孙群力.中国各地区隐性经济的规模、原因和影响[J].经济研究,2010(4):93-106.

[7]余长林,高宏建.环境管制对中国环境污染的影响——基于隐性经济的视角[J].中国工业经济,2015(7):21-35.

[8]闫海波,陈敬良,孟媛.中国省级地下经济与环境污染——空间计量经济学模型的实证[J].中国人口资源与环境,2012(2):275-280.

[9]王首元,王庆石.灰色收入测算新模型:中国的应用——基于比例效用理论视角[J].财贸研究,2014(5):10-18.

[10]王永兴,景维民.中国地下经济的区域发展分化:基于多指标面板数据的聚类分析检验[J].南开经济研究,2014(6):44-57.

[11]SCHNEIDER F, ENSTE D H. Shadow economies: size, causes, and consequences[J]. Journal of economic literature,2000,38(1):77-114.

[12]杨灿明,孙群力.中国的隐性经济规模与收入不平等[J].管理世界,2010(7):1-7.

[13]SCHNEIDER F, BUEHN A, MONTENEGRO C E. New estimates for shadow economies all over the world[J]. International economic journal,2010,24(4):443-461.

[14]BUEHN A, SCHNEIDER F. Shadow economies around the world: novel insights, accepted knowledge, and new estimates [J]. International tax public finance, 2012, 19 (1): 139-171.

[15]REMEIKIENE R, GASPARENIENE L, KARTASOVA J. Country-level determinants of the shadow economy during 2005-2013: the case of Greece[J]. Mediterranean journal of social sciences, 2014,13(5):454-460.

[16]TORGLER B, SCHNEIDER F, SCHALTEGGER C. Local autonomy, tax morale, and the shadow economy[J]. Public choice, 2010,144(1):293-321.

[17]DUNCAN D, PETER K S. Switching on the lights: do higher income taxes push economic activity into the shade? [J]. National tax journal,2014,67(2):321 – 350.

[18]SCHNEIDER F, REINHARD N. The development of the shadow economy under changing tax systems and structures: some theoretical and empirical results for Austria[J]. Public finance analysis, 1993, 50(3):344 – 369.

[19]刘国风,王永.基于 EMIMIC 模型的灰色经济测度——兼论灰色经济的正负效应及应持观点[J].现代财经,2011(9):51 – 57.

[20]罗美娟,黄丽君.宏观税负与我国地下经济的关系研究[J].财政研究,2014(1):37 – 40.

[21]徐蔼婷,李金昌.中国未被观测经济规模——基于 MIMIC 模型和经济普查数据的新发现[J].统计研究,2007(9):30 – 36.

[22]杨贵军,王航,刘燕.基于 MIMIC 模型的我国未观测经济规模分析[J].统计与决策, 2014(2):112 – 116.

[23]QUINTANO C, MAZZOCCHI P. The shadow economy beyond European public governance[J]. Economic systems,2013,37(4):650 – 670.

[24]KUEHN Z. Tax rates, governance, and the informal economy[J]. Economic inquiry, 2014,52(1):405 – 430.

[25]FRIEDMAN B A. The relationship between effective governance and the informal economy[J]. International journal of business and social science,2014, 9 (5):51 –58.

[26]KUCERA D, RONCOLATO L. Informal employment: two contested policy issues[J]. International labor review,2008,147(3):321 – 348.

[27]FRIEDMAN E, JOHNSON S, KAUFMANN D,et al. Dodging the grabbing hand: the determinants of unofficial activity in 69 countries[J]. Journal of public economics,2000, 76(4):459 –493.

[28] BISWAS A K, FARZANEGAN M R, THUM M. Pollution, shadow economy and corruption: theory and evidence[J]. Ecological economics,2012,75(3):114 – 125.

[29]WILLIAMS C C, MARTINEZ-PEREZ A. Why do consumers purchase goods and services in the informal economy? [J]. Journal of business research,2014,67(5):802 – 806

[30]白重恩,唐燕华,张琼.基于微观方法估计隐性经济的研究进展[J].经济学动态, 2015(1): 137 –147.

[31]梁朋.税收流失经济分析[M].北京:中国人民大学出版社,2000:119 – 122.

[32]咸春龙.中国个人所得税流失及其成因研究[M].北京:中国经济出版社,2012:86 – 92.

[33]中国人民银行课题组.中国国民储蓄与居民储蓄的影响因素[J].经济研究,1999(5):3 – 10.

[34]艾春荣,汪伟.中国居民储蓄率的变化及其原因分析[J].湖北经济学院学报,2008

(6):5 - 10.

[35]刘佳.地方政府财政透明对支出结构的影响——基于中国省级面板数据的实证分析[J].中南财经政法大学学报,2015(1):21 - 27.

[36]ALM J, EMBAYE A. Using dynamic panel methods to estimate shadow economies a-round the world: 1984-2006[J]. Public finance review, 2013,41(5): 510 - 543.

[37]GOEL R K, SAUNORIS J W. Government decentralization and prevalence of the shadow economy[J]. Public finance review, 2014,25(8):1 - 26.

[38]DELL'ANNO R, TEOBALDELLI D. Keeping both corruption and the shadow economy in check: the role of decentralization[J]. International tax and public finance, 2015,22(1): 1 - 40.

财政分权与地方政府公共文化服务供给

安彦林　李齐云*

　　按照财政分权理论,公共文化服务由地方政府供给可以更好地满足居民的公共文化需求。基于1999—2013年31个省份面板数据的实证分析结果表明:不同的财政分权度量指标对地方政府公共文化服务供给的影响不同,且对于不同区域财政分权作用的影响力也不相同。以财政支出衡量的财政分权和以财政收入衡量的财政分权对各地区公共文化服务供给均有正向影响,其中东部地区影响较大;以财政自主度衡量的财政分权对公共文化服务供给有反向影响,其中中部地区影响最大;三种分权方法中财政支出分权对公共文化服务供给的影响程度最高。

一、引言

　　实现公共文化服务均等化是构建公共文化服务体系的重要目标。政府通过有效的制度安排,为群众提供基本的、与经济社会发展水平和群众需求相适应的、公平均等的公共文化服务,以满足广大居民基本文化需求和实现公众基本文化权益,从而提高整个社会的文明程度。但我国公共文化服务供给地区差异明显,影响了均等化目标的实现。由表1可知,1995—2015年东部地区文化事业费占全国的比例均在40%以上,而中西部地区仅占20%左右,图1列示了1999—2013年我国31个省份人均文化事业费的变异系数①,从中可以看出,虽然总的趋势是下降,但地区差异仍接近0.6,地区供给较不均衡。已有文献表明,不同地区经济发展水

---

* 原载于《广东财经大学学报》2017年第3期第68-75页。作者:安彦林(1977—),女,内蒙古包头人,山东大学经济学院博士研究生,山东财经大学财政税务学院副教授;李齐云(1955—),男,山东菏泽人,山东大学经济学院教授,博士生导师。

① 变异系数是反映数据离散程度的绝对值,变异系数的计算公式为:变异系数 = (标准偏差÷平均值)× 100%。变异系数越小,均等化程度越高。一般来说变异系数小于0.15,表示分布均衡;0.15—0.5,表示分布不太均衡;0.5—1,表示分布较不均衡;大于1,表示分布很不均衡。图1中各年度数值根据《中国文化文物统计年鉴》计算得出。

平、经济制度设计和文化历史背景不同,都会使得地方政府公共文化服务供给的理念和数量存在差别。而财政是政府向社会提供公共产品的具体实现机制和手段,财政的相关制度安排与政府能否足额供给公共文化服务息息相关。本文拟从地区差异的视角来考察财政分权这一财政制度设计对地方政府公共文化服务供给的作用方向和影响力。

表1 全国文化事业费按区域分布情况

项目	区域	1995	2000	2005	2010	2011	2012	2013	2014	2015
总量（亿元）	东部	13.43	28.85	64.37	143.35	174.18	211.56	231.41	242.98	287.87
	中部	9.54	15.05	30.58	78.65	91.36	107.78	120.01	133.46	164.27
	西部	8.3	13.7	27.56	85.78	108.59	139.53	152.16	171.15	193.87
所占比重（%）	东部	40.2	45.7	48.1	44.4	44.4	44.1	43.6	41.6	42.1
	中部	28.6	23.8	22.9	24.3	23.3	22.4	22.6	22.9	24.1
	西部	24.9	21.7	20.6	26.6	27.7	29.1	28.7	29.3	28.4

注:表中数据根据《中华人民共和国文化部文化发展统计公报》(2013—2015年)整理而得。

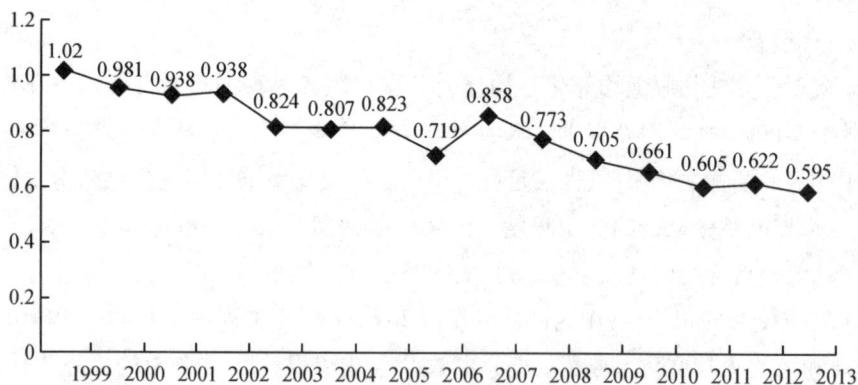

图1 1999—2013年人均文化事业费变异系数

二、文献回顾与理论分析

(一)文献回顾

传统的财政分权理论认为,财政分权可以激励地方政府更好地提供公共产品,提高公共产品的供给效率。由于地方政府比中央政府更容易接近民众,具有信息优势,更了解居民的需求和效用,因此应让地方政府拥有一定的财政权(Stigler,1957)[1]。地方政府可以根据其人口子集的需要提供相应的物品,从而实现社会福利的最大化(Oates,1972)[2]。在特定条件下,如果能产生"用脚投票"则会促使地方政府之间展开竞争,从而对地方政府的税收、收费以及公共产品的供给产生约束,进而有利于减少政府活动的福利损失(Tiebout,1956)[3]。而第二代财政分权理论则认为政府是理性经济人,官员也追求自身利益的最大化,适当的激励才能使地方政府有所作为,在传统财政分权理论基础上更多地考虑了地方政府面临的财政激励和政治激励(Weingast,2009)[4]。基姆(Kim,2008)[5]明确指出财政分权是中性的,其对公共服务或正或负的效果是与政治现实结合的结果。西方传统的财政分权理论很好地解释了财政分权对地方公共产品供给的促进作用,但其需有一定的政治和社会制度作为支撑才能顺利实现,如人口自由流动才能实现蒂布特(Tiebout)的"用脚投票",而选举制下的官员为了争取选票才会按照居民需求供给公共产品。在我国现行的财政体制下,政治和社会制度的约束使得传统财政分权理论所描述的优势不一定完全显现。而第二代财政分权理论所提出的政治经济激励更存在异质性,与政府的治理理念和方式密切相关,因此财政分权的作用需要与现实情况相结合。

国内许多学者对财政分权与公共服务供给的关系进行了研究,对教育、医疗、社会保障、环境保护等方面的问题关注较多,且近年来人们对财政分权对公共产品供给的负向作用关注较多。如乔宝云等(2005)[6]基于1979—2001年面板数据的实证分析认为:财政分权没有促进地方小学教育的有效供给,且中西部地区因分权而受损多于东部地区,原因在于财政分权所带来的地区性竞争。田侃和亓寿伟(2013)[7]运用分位数回归模型分析了财政分权和转移支付对公共交通基础设施、基础教育和公共医疗卫生的影响,得出财政分权对公共交通基础设施是有促进作用的,但对医疗卫生服务则有抑制作用,且不同地区影响不同的结论。刘成奎和桂大一(2009)[8]通过对农村公路的实证研究证明,随着财政分权度的提高,地方财政能力有所增强,地方政府官员为了使自己的政绩最大化,会增加公共产品的有效供给。贾智莲和卢洪友(2010)[9]的实证分析结论为,财政分权没有对教育及民生类公共产品的有效供给起到促进作用。张克中等(2011)[10]利用省级面板数据分析了财政分权与环境污染的关系,认为财政分权度的提高没有减少环境污染。龚锋和卢洪友(2013)[11]的研究表明,不同维度的财政分权对不同类型地方公共服务的配置效率具有不同方向的影响,需要分别检验才能评估真实情况。傅勇(2010)[12]研究发现分权制度下的地方政府降低了基础教育的质量,减少了城市公用设施的供给,而且中央政府的纵向转移支付促进了非经济性公共产品的供给。庞凤喜和潘孝珍(2012)[13]利用省级面板数据的研究表明,收入分权度对地方政府社会保障支出有负向影响,支出分权度对地方政府社会保障支出有正向影响。

上述研究选取了不同的财政分权指标,部分学者还分区域进行研究[6-7],都得出财政分权会影响公共产品供给的结论。不同的公共产品影响不同,即基于地方政府财政分权与经济增长型激励的共同作用,导致了其对教育、医疗、环境等软公共产品有负效应,对公路、交通基础设施等硬公共产品有正效应。这些研究为本文提供了理论基础与分析思路。公共文化服务虽然属于软公共产品,但其与政治上层建筑的性质尤其是意识形态的属性密切相关,是一种较高层次的公共服务,政府对其关注度不断加强,财政分权对其作用是否遵循上述规律还需要我们进一步研究,但已有文献对财政分权和地方政府公共文化服务供给的研究较为鲜有,本文旨在通过实证研究探索财政分权对公共文化服务供给的影响,以及在不同区域这种影响是否相同。

(二)财政分权对地方政府公共文化服务供给的影响机理分析

财政分权对我国地方政府公共文化服务供给的影响主要通过地方政府的财政能力和政治经济激励来实现。一方面,地方政府财政能力是地方政府公共文化供给的基础,其取决于自身经济发展水平和财政分权度,在经济发展水平一定的情况下,财政收入分权度越高,地方政府拥有的财力也越多,更有能力增加公共文化服务供给。当前公共文化服务承担着培育社会公德、提升社会品位、引领社会新风、推动社会进步的重任,政府将其作为重要的政府职能,财政支出分权度越高,地方政府拥有越多的支出责任(包括公共文化建设责任)。委任制下,地方政府对上级政府负责,会为完成中央政府交付的任务而增加公共文化服务供给,即使地方政府收入不足以满足支出需要,中央政府也会通过转移支付的形式来保证公共文化服务支出责任的完成。另一方面,在财政分权体制下,作为经济人的地方政府拥有一定的财权和事权,在GDP考核机制下通过追求经济性公共品来推动地方经济增长的动力,在财政支出结构上倾向于投入能够增加GDP的建设性项目,或者为了追求政绩而投入社会福利提升较为明显或短缺易引起政治压力的教育、医疗、社会保障等公共服务项目,而忽视了公共文化服务供给。但地方政府有时也会增加公共文化供给以提高地方软实力,进而吸引外来投资。因此,财政分权对公共文化服务供给的作用方向是不确定的。此外,按照瓦格纳法则和经济发展阶段论的财政支出理论,当经济发展水平较低时,政府常关注促进经济增长的经济性公共产品;当经济处于成熟期时,政府开始增加文化、教育、娱乐等非经济性公共产品的供给。我国地区间经济发展水平和社会发展程度差异较大,处于经济发展不同水平区域的地方政府拥有财政能力和责任后,对公共文化服务供给的反映也会有所不同。综上所述,有必要通过实证分析来验证在特定时间段下财政分权对地方政府公共文化服务供给的综合影响以及在不同区域其影响是否相同。

三、财政分权对地方政府公共文化服务供给影响的实证分析

(一)变量选取

本文旨在考察财政分权对地方政府公共文化服务供给的影响,因此,被解释变量为公共文化服务供给量($pcul$),核心解释变量为财政分权($dece$)。同时,为了保证模型设定的稳健,减少因遗漏变量而引起的误差,根据已有文献并结合我国当前影响公共文化服务供给的现实,特选择地区经济发展水平($gdpp$)、地区产业结构($indu$)两个经济指标,居民受教育程度($educ$)和人口结构(old)两个社会指标以及政府公共文化政策($poli$)一个虚拟变量作为控制变量。

1.公共文化服务供给量

公共文化服务是指为了满足居民的公共文化需求和实现公民的文化权益,进而实现预期的社会效益,政府为主导提供和生产的公共文化产品和服务行为。我国当前的公共文化服务主要包括公共广播、公共电视、公共图书馆、博物馆、文化馆、群众文化艺术活动、文化艺术团体的表演、文化文物遗迹等诸多文化领域。已有文献通常采用政府公共服务支出或者公共服务产出来衡量公共服务供给量,由于公共文化服务包含的内容丰富,产出比较抽象,不易找到一个有代表性的产出指标,本文选择用公共文化服务支出来表示,为了剔除地区人口规模的影响,选择地区人均文化事业费为度量指标。

2.财政分权度

财政分权在文献中有多种度量方法,采用的方法不同得出的结果也存在差异。张和邹(Zhang & Zou,1998)[14]最早使用地方财政收支占全国或中央财政收支的比重来测度财政分权,这种方法被其后的学者大量采用,并以此为基础进行了各种变形。本文采用周业安和章泉(2008)[15]的财政收入分权、财政支出分权以及陈硕(2010)[16]的财政自主度分权三个指标来测度财政分权对地方政府公共文化服务供给的影响。三个指标含义如下:

$$财政收入分权(dece1) = \frac{RE_{it}}{P_{it}} \bigg/ \left(\frac{RE_{it}}{P_{it}} + \frac{CRE_t}{P_t} \right)$$

$$财政支出分权(dece2) = \frac{EX_{it}}{P_{it}} \bigg/ \left(\frac{EX_{it}}{P_{it}} + \frac{CEX_t}{P_t} \right)$$

$$财政自主度分权(dece3) = \frac{RE_{it}}{P_{it}} \Big/ \frac{EX_{it}}{P_{it}}$$

其中：RE_{it}表示 i 省在 t 年份的省级预算内收入；EX_{it}表示 i 省在 t 年份的省级预算内支出；P_{it}表示 i 省在 t 年份的年末全省人口；CRE_t表示 t 年的中央预算内收入；CEX_t表示 t 年的中央预算内支出；P_t表示 t 年的年末全国人口。

3. 其他控制变量

地区经济发展水平（$gdpp$）以人均地区产值来衡量，地区产业结构（$indu$）以地区第三产业占地区产值的比例来表示；地区受教育水平（$educ$）以地区高中以上人口比例来表示；地区人口结构以地区 65 岁以上人口占总人口的比例来表示。考虑了 2007 年下半年中共中央办公厅、国务院办公厅出台了《关于加强公共文化服务体系建设的若干意见》，因此虚拟变量政府公共文化政策（$poli$）在 2008 年以前取值为 0，2008 年以后取值为 1。

（二）数据来源与统计特征描述

考虑到数据的可得性和统一性，选取 1999—2013 年 31 个省份的观测数据构成面板数据，各变量数据来自《中国统计年鉴》和《中国文化文物统计年鉴》。具体统计特征如表 2 所述。

（三）计量模型的设定

为了缓解异方差，减弱共线性，增加数据的平稳性，提高分析的准确性，本文对虚拟变量以外的数据做对数处理。模型设定如下：

$$\ln pcul_{it} = \alpha_i + \beta_1 \ln dece_{it} + \beta_2 \ln indu_{it} + \beta_3 \ln gdpp_{it} + \beta_4 \ln educ_{it} + \beta_5 \ln old_{it} + \beta_6 poli_{it} + \varepsilon_{it}$$

其中：下标 i 表示省份；t 表示时间；α 为截距；β_1、β_2、β_3、β_4、β_5、β_6 为各解释变量的回归系数；ε_{it}为随机误差项。

表 2　变量的统计性描述

变量名称	变量符号	观察值	均值	标准误	最小值	最大值
公共文化服务供给	$pcul$	465	20.268	20.952	2	121.96
财政收入分权	$dece1$	465	0.451	0.147	0.160	0.860
财政支出分权	$dece2$	465	0.769	0.100	0.341	0.959
财政自主度分权	$dece3$	465	0.508	0.200	0.053	0.951
地区产业结构	$indu$	465	0.398	0.076	0.286	0.769
地区经济发展水平	$gdpp$	465	22 285.94	18 553.77	2 458	99 607
受教育程度	$educ$	465	0.423	0.176	0.138	0.896

变量名称	变量符号	观察值	均值	标准误	最小值	最大值
地区人口结构	*old*	465	0.084	0.020	0.041	0.164
公共文化政策	*poli*	465	0.398	0.49	0	1

（四）实证结果分析

由于我国地区差异客观存在,本文在对全国样本进行分析的基础上,进一步划分东部、中部和西部地区三个样本并分别进行实证分析,以期考察财政分权对公共文化服务供给的影响是否存在地区差异。静态面板数据回归分析一般有三种方法可供选择,即混合回归(OLS)、固定效应模型(FE)和随机效应模型(RE),分别使用不同的检验方法来选择最优的回归结果:首先通过 F 检验来判断混合回归和固定效应模型的适用性,然后通过似然比检验来判断混合回归和随机效应模型的适用性,最后使用豪斯曼检验结果判断固定效应和随机效应的选择。具体结果见表 3—表 5,可以得到如下结论。

1. 财政分权对地方政府公共文化服务供给的影响

财政收入分权指标对全国以及分别对东部、西部和中部地区都有显著正效应,且东部地区的正效应明显高于中西部地区。本研究时段在 1999 年之后,正是政府强调管制型政府向服务型政府转变期间,政府开始关注公共服务的发展,同时按照瓦格纳法则,随着经济的发展,居民的文化教育娱乐性需求增加,也要求政府增加其供给。因此,当地方政府拥有较多财权时,各地区都会增加公共文化服务的供给,但中西部地区由于经济增长压力使得其用在公共文化服务方面的支出有限,增加力度小于东部地区。

财政支出分权指标对全国以及对东部、西部和中部地区公共文化供给均有显著正效应,且对东部地区的影响大于中西部地区。财政支出分权度越高,中央赋予地方的事权越多,在民生财政的要求下,公共文化服务等民生项目的地方事权也会增加。在委任制下为了完成中央下达的任务,地方政府会增加公共文化服务供给,且经济越发达地区的政府越有能力也越有意愿完成这项任务,即使自有收入不足也会通过转移支付的方式完成支出责任。

财政自主度分权指标对全国以及对东部、西部和中部地区公共文化供给均有显著负效应,中部地区负效应最大,东部地区次之,西部地区最小。财政自主度分权越大,意味着地方财政支出中自有收入比例越高,中央转移支付比例越少,财政自主度分权对公共文化服务供给的负效应反映地方政府公共文化供给对中央转移

表3 以财政收入分权衡量财政分权度的回归结果

解释变量	全国	被解释变量 *lnculp*		
		东部	中部	西部
财政收入分权 *lndece1*	0.233 8***(2.94)	0.768 6***(4.13)	0.282 4**(−1.96)	0.277 3**(2.36)
经济发展水平 *lngdpp*	0.916 6***(25.33)	0.822 9***(13.10)	0.919 3***(15.38)	0.917 7***(14.60)
产业结构 *lnindu*	0.185 8*(1.75)	0.551 3***(2.58)	0.371 9**(2.13)	−0.343 2**(−2.07)
受教育程度 *lneduc*	0.105 3*(1.96)	0.258 5***(2.89)	0.191 8**(2.31)	0.028 9(0.29)
人口结构 *lnold*	0.146 4**(1.99)	−0.080 0(−0.63)	0.122 4(0.74)	0.186 0***(3.73)
政府文化政策 *poli*	0.182 1***(6.24)	0.165 1***(3.25)	0.176 7***(3.98)	0.411 1***(3.12)
样本数(个)	31	11	8	12
观察值	465	165	120	180
Hausman 统计量	68.04	6.40	12.49	68.29
P值	0.000 0	0.379 5	0.052 0	0.000 0
面板模型	FE	RE	RE	FE
R^2	0.725 0	0.913 6	0.885 4	0.647 1

注:括号内为固定效应的 t 统计量或随机效应的 z 统计量,***、**、* 分别表示在 1%、5% 和 10% 水平上统计显著。表4、表5同。

表4 以财政支出分权衡量财政分权度的回归结果

解释变量	被解释变量 $lnculp$			
	全国	东部	中部	西部
财政支出分权 $lndece2$	0.808 4***(5.08)	1.668 0***(4.15)	1.143 4**(2.40)	0.978 8***(4.83)
经济发展水平 $lngdpp$	0.890 5***(25.02)	0.768 3***(11.20)	0.756 7***(10.24)	0.927 1***(16.96)
产业结构 $lnindu$	0.189 1*(1.84)	0.550 4**(2.30)	0.541 8***(3.05)	-0.363 5**(-2.31)
受教育程度 $lneduc$	0.083 6(0.15)	0.080 7(0.88)	-0.018 9(-0.16)	-0.108 8(-1.16)
人口结构 $lnhold$	0.031 0(0.43)	-0.195 5(-1.48)	0.333 3**(2.42)	0.204 3*(1.7)
政府文化政策 $poli$	0.163 5***(5.66)	0.131 9**(2.58)	0.151 5***(3.36)	0.151 7***(3.17)
样本数(个)	31	11	8	12
观察值	465	165	120	180
Hausman统计量	109.61	16.82	14.43	58.69
P值	0.000 0	0.010 0	0.075 9	0.000 0
面板模型	FE	FE	RE	FE
R^2	0.796 9	0.922 4	0.912 9	0.785 5

表 5　以财政自主度分权衡量财政分权度的回归结果

解释变量	被解释变量 $lnculp$			
	全国	东部	中部	西部
财政自主度分权 $lndece3$	−0.362 7*** (−4.80)	−0.415 4** (−2.29)	−0.497 6*** (−4.05)	−0.286 9*** (−2.79)
经济发展水平 $lngdpp$	0.997 6*** (28.60)	0.916 4*** (13.63)	0.926 8*** (17.45)	1.031 2*** (17.72)
产业结构 $lnindu$	0.092 5 (0.90)	0.792 4*** (3.61)	0.297 5* (1.81)	−0.388 8** (−2.35)
受教育程度 $lneduc$	0.059 8 (1.13)	0.153 1 (1.64)	0.102 1 (1.29)	−0.024 1 (−0.25)
人口结构 $lnold$	−0.030 2 (−0.4)	−0.090 9 (−0.68)	0.152 7 (1.12)	0.185 8 (1.41)
政府文化政策 $poli$	0.144 2*** (4.84)	0.116 0*** (2.16)	0.124 2*** (2.89)	0.140 5* (2.70)
样本数(个)	31	11	8	12
观察值	465	165	120	180
Hausman 统计量	38.47	7.10	7.10	28.08
P 值	0.000 0	0.312 1	0.311 3	0.000 1
面板模型	FE	RE	FE	FE
R^2	0.834 4	0.900 0	0.898 2	0.831 6

支付的依赖程度较高,而地方政府自有资金更愿意用于经济性支出。回归系数表明中部地区公共文化供给对转移支付依赖度最大,其次是东部地区,最后是西部地区,说明中部地区政府更偏好经济增长型支出。

从作用力度来看,财政支出分权指标对公共文化供给的影响力最大。

2. 控制变量对地方政府公共文化服务供给的影响

地区经济发展水平对公共文化供给具有显著的促进作用,经济发展水平越高,越有发展公共文化服务的意愿且越有能力增加公共文化服务供给。产业结构的优化对全国和中东部地区均有正向的影响作用,但对西部地区的影响为负,这与西部地区产值主要贡献仍然来自第二产业的经济现实相符。地区居民受教育程度对公共服务的作用有一定正向作用。人口结构方面,西部地区 65 岁以上人口的增加会对公共文化服务供给有正效应,其他地区作用不明显。公共文化政策对各地区公共文化服务供给有显著的正向作用,政府出台政策要求地方政府加大公共文化投资力度,建设公共文化服务体系,对地方财政支出结构有较大的导向作用。

四、结论及政策建议

本文基于 1999—2013 年全国 31 个省、市、自治区的面板数据,验证了近年来财政收入分权和财政支出分权对公共文化服务供给的正效应,且财政支出度分权作用大于收入分权度,东部地区作用最大;财政自主度分权对公共文化服务供给有负效应,自主度越高,公共文化服务供给越少,公共文化服务供给对中央的转移支付有较大的依赖程度,中部地区依赖度最大,西部地区依赖度最小。

已有文献中财政分权对教育等其他非经济性公共产品的影响大多为负向,本文的研究表明,不同的财政分权度量指标对不同的地方公共产品影响方向不同。文化是一种需求收入弹性较高的产品,本文的研究时段是 1999—2013 年,这十余年间我国经济高速发展,公共文化需求大量增长,这一时期政府职能开始向服务型政府转型,地方政府更加关注居民需求,对于新兴的文化需求重视度较高,不断出台政策加大公共文化服务建设力度,政治性政策激励与财政分权相结合促进了公共文化服务的供给。从区域差异来说,东部地区天然禀赋较好,经济发展程度较高,竞争手段已上升到通过提升地方文化环境来吸引投资和人才,因而收入支出分权度增加会相应增加公共文化服务供给;西部地区民族聚居地区较多,有其特有的民族文化,因此,供给也相对主动;中部地区由于其既无天然禀赋又无特殊政策,竞争方式单一,财政支出扭曲度大,其公共文化服务供给对中央转移支付依赖较大。

基于上述结论,提出如下政策建议。(1)在财税体制改革中可以维持现有的财政收入和财政支出分权度,但需进行结构性调整,应充分发挥地方政府在公共服务供给上的信息优势,加强地方政府公共服务供给责任,保证将直接面向基层、量大面广、与当地居民密切相关、由地方提供更方便有效的基本公共服务作为地方事权,要逐步将国防、外交、国家安全、出入境管理、国防公路、国界河湖治理、全国性重大传染病防治、全国性大通道、全国性战略性自然资源使用和保护等基本公共服务确定或上划为中央的财政事权。(2)鉴于转移支付对公共文化服务供给的积极作用,中央政府应加大转移支付力度,尤其是增加对中部地区的转移支付,用于提高公共文化服务的供给水平,也要鼓励经济、文化发达的地区对相对落后的地区实行文化事业资金的转移支付,从而促进地区间公共文化服务供给的均等化。(3)优化激励机制,由经济竞争激励转向公共服务竞争,鼓励地方政府优化财政支出结构,增加公共文化服务支出。

参考文献

[1]STIGLER G. Tenable range of function of local government[M]//In Federal Expenditure Policy for Economic Growth and Stability. Washington,D. C. :Joint Economic Committee,Subcommittee on Fiscal Policy,1957:213 – 219.

[2]OATES W E. Fiscal federalism[M]. New York:Harcourt Brace Jovanovich,1972.

[3]TIEBOUT C M. A pure theory of local expenditures[J]. Journal of political economy,1956,64:416 – 424.

[4]WEINGAST B R. Second generation fiscal federalism:the implications of fiscal incentives [J]. Journal of urban economics,2009,65(3):279 – 293.

[5]KIM A. Decentralization and public services:framework and implementation[R]. Washington D. C. :The Word Bank Development Economics Capacity Building, Partnership, and Outreach Team,Policy Research Working Paper,2008.

[6]乔宝云,范剑勇,冯兴元.中国的财政分权与小学义务教育[J].中国社会科学,2005 (6):37 – 47.

[7]田侃,亓寿伟.转移支付、财政分权对公共服务供给的影响——基于公共服务分布和区域差异的视角[J].财贸经济,2013(4):29 – 38.

[8]刘成奎,桂大一.财政分权、民主、媒体意识对农村公共产品供给影响分析——以我国农村公路为例[J].当代经济科学,2009(5):44 – 51.

[9]贾智莲,卢洪友.财政分权与教育及民生类公共品供给的有效性——基于中国省级面板数据的实证分析[J].数量经济技术经济研究,2010(6):139 – 151.

[10]张克中,王娟,崔小勇.财政分权与环境污染:碳排放的视角[J].中国工业经济,

2011(10):65 – 75.

[11]龚锋,卢洪友.财政分权与地方公共服务配置效率——基于义务教育和医疗卫生服务的实证研究[J].经济评论,2013(1):42 – 51.

[12]傅勇.财政分权、政府治理与非经济性公共物品供给[J].经济研究,2010(8):4 – 15.

[13]庞凤喜,潘孝珍.财政分权与地方政府社会保障支出——基于省级面板数据的分析[J].财贸经济,2012(2):29 – 35.

[14]ZHANG T,ZOU H F. Fiscal decentralization, public spending and economic growth in China[J]. Journal of public economics, 1998(67):221 – 240.

[15]周业安,章泉.财政分权、经济增长和波动[J].管理世界,2008(3):6 – 16.

[16]陈硕.分税制改革、地方财政自主权与公共品供给[J].经济学(季刊),2010(4):1427 – 1446.

中国地区间税收竞争刺激经济增长了吗?

刘清杰　任德孝*

　　税收竞争对地区经济增长的影响并非线性的,基于动态门槛面板模型的检验结果表明,税收竞争对经济的刺激效应随着经济水平的提高而减弱,在经济发展进入发达水平后甚至有可能转变为抑制效应。根据估计得到的门槛值划定经济门槛区间,发现中国当前各地区经济处于第二和第三门槛区间,依靠税收竞争刺激经济增长的阶段已经过去,当前税负逐底的税收竞争对中、西部地区的经济增长作用模糊,且显著抑制了东部地区的经济增长。恶性税收竞争造成税收洼地,扰乱了市场竞争秩序,必须加以缓解,发展集聚经济、利用集聚租缓解税收竞争可能是进一步的政策方向。

一、前　言

　　中国分税制下的地方政府没有税收立法权,因此地区间的横向税收竞争与西方发达国家不同,西方国家地区间竞争的策略工具主要是通过立法来调整税率,而中国地方政府则主要以税收征管强度的调整或者制度外的非合作税制设计为主要手段进行竞争。在中央对地方进行监督的情况下,缺乏约束标准使地方政府获得博弈的空间。上级政府决定竞赛标准,对下级政府官员设计晋升竞赛,这种竞赛模式是多层级、逐级淘汰程序,政治晋升锦标赛激励中国地方官员为争夺晋升位次而展开以招商引资为目的、以税收优惠为手段的税收竞争。随着财政分权制度改革的深入与中央权力的进一步下放,地区间的税收竞争程度已逐渐超过财税激励允许的范围,区域间的经济竞争愈演愈烈,税收优惠一再突破政策法规的底线。

　　* 原载于《广东财经大学学报》2017 年第 4 期第 92 – 103 页。作者:刘清杰(1987—),女,河南洛阳人,北京师范大学新兴市场研究院博士后;任德孝(1988—),男,山东济宁人,北京师范大学政府管理学院博士研究生。

中国地区间的经济发展水平存在巨大差异。从传统的计划经济体制向社会主义市场经济体制改革的过程中形成了区域经济的非均衡发展态势,地区先富带动后富的市场导向的改革政策影响着区域经济的均衡发展。改革开放以来,城市化进程的加快大大刺激了中国经济的发展,经济的快速增长带动国内生产总值和人均收入水平的不断提高,但也导致地区间的经济差距和贫富差距逐渐拉大,尤其是区域间的差距远远超过区域内部的差距。地区间经济发展的不均衡使各地区在发展经济的过程中利益诉求不同,表现在税收竞争中则反映为差异化的策略互动,从而形成分化的均衡税负。在地区经济发展不均衡的大环境下,各地区展开以招商引资为目的、以税收优惠为手段的税收竞争,这是否符合地方政府参与竞争的诉求,又是否刺激了地区间的实际经济增长,都需要理论与实证证据,这正是本文尝试探索的主要问题。

二、文献综述

税收竞争正在成为国内外学者研究的焦点问题。从蒂布特(Tiebout,1956)[1]开始,税收竞争研究理论体系逐渐成形,西方学者正式将税收竞争界定为地区之间为吸引流动税基而竞相降低税率的策略互动行为,这种行为具有政府自利的性质。标准税收竞争模型认为,地区间的税收竞争是竞赛到底的恶性竞争,竞争均衡下税率接近于零,从而导致效率损失(Zodrow 和 Mieszkowski, 1986[2];Wilson,1986[3])。周黎安(2007)[4]结合中国的现实情况提出官员晋升锦标赛理论,在西方税收竞争理论的基础上为中国地区间税收竞争提供了理论基础,后有学者对中国地区间税收竞争的存在性进行充分论证,研究认为地区间税负存在显著为正的空间相关性(袁浩然和欧阳峣, 2012[5];龙小宁等, 2014[6])。

国内外学者针对税收竞争的经济增长效应的研究所得出的结论并不一致。如勒茹尔和韦本(Lejour & Verbon,1997)[7]认为竞赛到底的税收竞争抑制了地区经济增长;而劳舍尔(Rauscher,2005)[8]则认为税收竞争对经济增长的刺激作用并不显著;钱颖一和罗兰(Qian 和 Roland, 1998)[9]提出税收竞争可能有助于提高本地区企业的生产效率,进而促进本地区经济可持续增长的观点。国内学者周业安(2003)[10]的实证研究发现,地方政府在实施保护性和掠夺性策略时,税收竞争会导致地区间交易成本的增加,但并不必然刺激经济的良性增长,甚至有可能导致资源配置低效率;沈坤荣和付文林(2006)[11]则认为,地方政府间为了公共服务融资而进行的税收竞争有助于促进地区经济增长。可见,地区间税收竞争对于经济增长的影响复杂多变。

地区间通过围绕税负水平的变化进行税收决策,参与税收竞争。一个地区的税负水平影响投资能力及社会资源和财富收入在政府与纳税人之间的分配,进而影响地区经济增长。国外学者从新古典增长模型出发研究税负对经济增长的影响,如索罗(Solow,1956)[12]认为税率的提高仅在短期内抑制了经济增长,长期来看对经济平衡增长率不具有显著相关性,这得到巴林和波尔德(Bahl & Bird,2008)[13]的认可;巴罗(Barro,1990)[14]从内生增长的视角将政府收支引入经济增长模型,研究经济增长最大化情况下政府的最优税收政策;邹(Zou,1996)[15]在此基础上对模型进行了扩展,研究发现税负的提高显著抑制了地区的经济增长。国内学者从20世纪末开始研究税收负担对地区经济增长的影响,多数学者认为税负对经济增长具有显著影响,这与国外学者得出的结论不同。如李涛等(2011)[16]研究发现,在中国地区间的税收竞争中税负的提高显著抑制了地区经济增长;王麒麟(2011)[17]则认为税负的增加显著刺激了地区经济增长。

围绕企业所得税采取的税收优惠政策逐渐成为地区间税收竞争的重要手段。佩科里诺(Pecorino,1993)[18]基于内生增长模型的实证研究发现所得税税率的增加显著抑制了地区经济增长,李和戈尔顿(Lee & Gordon,2005)[19]证实了这一结论;相反,约翰斯和曼努埃尔(Jones & Manuelli,1990)[20]基于时代交叠框架的研究得出所得税税率的提高显著促进地区经济增长的结论,安杰洛普洛斯(Angelopoulos)等(2007)[21]的观点与此基本一致;卡拉甘米(Karagianni)等(2012)[22]研究发现,从影响经济增长率的角度来看,企业所得税税率与经济增长具有显著相关性。国内的相关研究起步较晚,有学者研究发现企业所得税税负显著抑制了地区经济增长(苏明和徐利君,2008[23];刘海庆和高凌江,2011[24]);但也有学者(严成樑和龚六堂,2012)[25]认为企业所得税税负的经济增长效应微弱,但是造成了较大的社会福利损失。

然而以上研究多未考虑地区间经济发展差距在税收竞争影响经济增长时产生的干扰作用,研究中遗漏经济发展变量可能会造成估计结果的偏误。如马尔斯登(Marsden,1983)[26]研究发现,不同收入水平的地区,税负对经济增长的抑制强度不同,税负水平的增加导致低收入国家的经济下降幅度几乎是高收入国家的两倍;布热斯和斯特恩(Burgess & Stern,1993)[27]的研究证实,发展中国家税负与经济水平之间具有显著的相关性,但在发达国家则不显著;门多萨(Mendoza)等(1996)[28]证实了这一结论,认为税负水平对经济增长的影响与本地区的经济发展水平相关;封和杨(Feng & Yang,2003)[29]在控制经济发展因素后考察税负水平对经济增长的影响,发现并无显著差异;而罗默尔·G. H. 和罗默尔·D. H. C(Romer C. H & Romer D H,2010)[30]在控制经济变量后研究发现,税负水平的提高显著抑制了经济增长。受此启发,本文在研究地区间税收竞争对经济增长的影响时引入地区经济发展水平作为门槛变量,考察研究变量之间的非线性关系。中国地区间经济发展不均衡已是常态,忽略经济发展水平这个初始变量来研究税收竞争的经济增长效应显然不符合客观现实,研究经济发展水平不同的地区之间所进行的逐底的税收竞争对于地区经济增长的影响或许更具现实意义。

张福进等(2014)[31]、肖叶和贾鸿(2016)[32]、陈博和倪志良(2016)[33]虽然在研究中考虑了地区经济发展水平对税收竞争的经济效应的干扰,但是在测算税收竞争强度时采用了地区税负相对于全国平均税负指标(即全国平均税负/i 地区税负),一般认为这一指标的数值越大,说明本地区税负水平相对于全国平均水平而言越低,竞争也越激烈。但此研究却忽略了一个事实,即当一个地区的税负发生变化时,其他地区的税负并没有保持不变。由此可能出现一种结果,即假设 i 地区税负降低 1%,而其他地区税负降低引起全国平均税负也降低 1%,全国平均税负与 i 地区的税负同比例减少,导致 i 地区税负相对于全国平均税负而言没有变动,比值不变使其未检测到本地区实际上正在进行着逐底的税收竞争,从而低估了地区间的税收竞争激烈程度,这使研究结论不尽可靠。现阶段,我国的税收竞争策略主要体现为围绕税负进行的竞争,各地区通过提供不同形式的税收优惠来降低本地区的实际税负,从而达到招商引资的目的(贺俊等,2016)[34],税收竞争在中国的存在性以及表现出的税负逐底的特征也得到相应的经验证据(袁浩然和欧阳峣,2012[5];龙小宁等,2014[6])。基于此,本文参考沈坤荣和付文林(2006)[11]、刘洁和李文(2013)[35]、王凤荣和苗妙(2015)[36]对税收竞争的代理变量选择上的处理方法,以地区间税收竞争行为直接反映在宏观税负水平变动的客观事实为基础,以宏观税负为解释变量,研究地区间税收竞争引起的税负水平变化在经济发展水平影响下的经济增长效应,以此反映地区间税收竞争的经济增长效应结果,从而确保研究结论的可靠性和严谨性。

中国地区间税收竞争的主要目的是招商引资。企业所得税是企业的一项成本,且直接税比间接税的税负更难以转嫁的特点,使其成为企业选址时重要的考量因素,降低企业所得税税负因而也成为地方政府通过税收优惠形成竞争优势的重要手段。本文研究税收竞争引起的企业所得税税负变化对地区经济增长的影响。结合已有研究与地区发展阶段差异,企业所得税税负与地区经济增长可能为非线性关系。而在估计非线性关系时,人为根据某个指标划分区间的做法,容易因划分标准无法合理确定而导致回归结果出现偏误。因此本文以经济发展水平为门槛变量,通过动态门槛面板模型检验地区间税收竞争的经济增长效应。结论认为,税收竞争引起的企业所得税税负降低对于经济增长的刺激作用受到地区经济发展水平的影响:在经济发展初期,税收竞争刺激经济增长,在经济发展中期这种作用开始变得模糊,在经济发展后期即进入发达期后低税负对地区经济增长的作用表现为抑制效应,高税负反而刺激了经济增长。进一步根据门槛模型估计得到的门槛值划分门槛区间,结合中国地区经济水平对地区所处的经济阶段进行划分和分析,发现从中国地区经济目前所处的发展阶段来看,靠低税负进行税收竞争吸引资本以刺激经济发展的作用不再显著,东部沿海地区保持了高税负和高经济增长;恶性税收竞争造成税收洼地,扰乱市场竞争秩序的情形必须加以缓解,发展集聚经济和利用集聚租缓解税收竞争可能是进一步的政策方向。

三、理论假设

围绕企业所得税税收优惠的税收竞争行为直接反映在各地区企业所得税实际税负的变化上,探索地区间企业所得税税负的空间分布状况有助于更加直观地认识当前中国地区间的税收竞争情况。通过空间统计测算反映空间自相关水平的莫兰(Moran)指数,得到企业所得税宏观税负的集聚效应。集聚效应表示企业所得税税负在地区间的空间集聚特征,间接反映出地区间的空间策略互动行为和税收竞争特征。Moran 指数计算公式如下:

$$I = \frac{\sum\limits_{i=1}^{n} \sum\limits_{j=1}^{n} w_{ij}(x_i - \bar{x})(x_j - \bar{x})}{s^2 \sum\limits_{i=1}^{n} \sum\limits_{j=1}^{n} w_{ij}}$$

其中,I 为 Moran 指数;x_i 为区域 i 的观测值,表示某省的企业所得税税负;s^2 为区域间经济变量的方差;w_{ij} 为空间权重矩阵,通常为二元对称空间矩阵,可以根据邻接标准或距离标准来度量,本文使用邻接标准的度量方式。由于在分析过程中需要设定空间权重矩阵,本文在处理时认为海南在空间上与广东、广西相邻。根据各省份之间的邻接关系,采用二进制邻接权重矩阵,依照公式计算 Moran 指数,指数测算结果和显著性水平及企业所得税税负的空间集聚特征如图1所示。

从图1可知,中国地区间企业所得税税负表现出显著的空间正相关性,1998—2015 年的空间 Moran 指数均通过显著性检验,并且均为正值,说明地区间企业所得税税负可能存在空间"低—低"集聚或者"高—高"集聚。

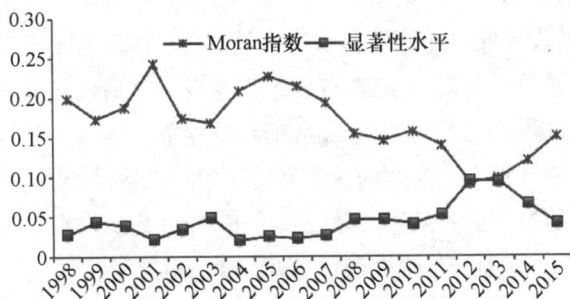

图1 Moran 指数变化趋势图

企业所得税税负呈现出的"低—低"集聚特征反映空间相邻的地区间形成税负逐底的税收竞争。经济欠发达地区之间在吸引资本时的相对比较优势较弱，以税收优惠为主要竞争筹码，通过竞相降低税负形成相对于邻接地区的比较优势，从而地区间展开竞赛到底的税收竞争，造成企业所得税税负呈现"低—低"的空间集聚特征。而东部沿海地区市场一体化程度较高，吸引要素集聚形成集聚经济，不再以低税负为重要竞争筹码，企业所得税税负作为企业的一项成本，在经济发达地区资本对税负的敏感度减弱，集聚经济的存在提高了地区吸引资本的相对竞争力，缓解了以竞相降低税负为手段的"逐底"竞争。

税收竞争引起的企业所得税税负的变动对经济增长的影响是两方面的。一方面，通过税收优惠降低企业所得税税负水平导致企业成本下降、利润增加，影响资本成本和资本的投资收益率。换言之，降低企业所得税税负将提高投资报酬率，而投资收益增加将扩大企业投资规模，由此产生的替代效应是降低税负、提高投资吸引力，进而增加投资需求，刺激地区经济增长。另一方面，降低企业所得税税负会使地方政府税收收入减少，从而可能减少经济建设支出，而降低财政支出会使地区公共产品供给减少，抑制投资需求和消费需求，进一步间接抑制了地区经济增长。同时，地区间竞赛到底的税收竞争行为使企业为获取税收优惠而进行大量的投机性投资，资本质量不高，不利于地区经济的可持续增长。

改革开放以来，中国各地区经济社会发展的顺序依次是：东部率先发展，东北振兴，西部开发，中部崛起。东部沿海地区具备天然的区位优势和政策优势，也是人口、资本最密集的地区，经济发展水平处于全国领先地位。地区的先天要素禀赋和政府政策造成区域间的经济差异，东部地区沿海的区位优势决定了其在经济开放和全球化后在国际贸易方面占得先机，地区内部的经济开放程度逐渐提高，吸引国际要素集聚形成集聚经济,而中西部地区资源贫乏,不具备东部地区所拥有的优势,在吸引资本时失去竞争力。中国地区间要素集聚分布出现两极分化现象,内陆地区逐渐成为低附加值的落后生产地区,中西部地区成为向东部沿海地区输送劳动力和原材料要素的基地,这种经济发展现状促使中部和西部地区为吸引资本竞相以降低税负为筹码,展开逐底的税收竞争。

结合税收竞争下地方政府间的策略互动行为与地区经济发展阶段来看,经济欠发达地区重要的招商引资筹码就是税收优惠,降低税负后形成相对于竞争者而言更强的竞争优势,有助于其快速吸引资本,通过粗放型发展刺激本地区经济增长。但随着经济发展,单纯依靠低税负吸引资本的动力明显不足。经济发展面临转型的压力,需要有充足的公共物品供给和优质的资本投资,完善政府在经济建设和社会福利方面的支出,以刺激投资和消费需求。逐底的税收竞争虽然形成吸引资本的优势,然而低税负使地方政府失去大量的税收收入,无法满足公共品供给,同时引致大量企业为获取税收优惠而进行投机性投资,并不利于本地区经济的可持续增长,因此这一阶段进行逐底的税收竞争对经济增长的刺激作用不显著。在经济进入发达阶段之后,市场日趋一体化,形成完善的集聚经济,资本对税负的敏感度降低,逐底的税收竞争不仅无法形成竞争优势,反而会使地方政府失去部分税收收入,无法满足发达地区对公共品的大量需求,从而会抑制地区的经济增长。

综上,本文提出以下理论假设:

假设1:在经济发展初期,地区间依靠降低税负吸引资本的税收竞争模式对地区经济增长具有显著促进作用;

假设2:在经济发展中期,经济增长面临转型挑战,竞赛到底的低税负竞争模式对地区经济增长的刺激作用变弱且不再显著;

假设3:在经济进入发达阶段后,市场一体化逐渐成熟,集聚经济的发展降低了资本对税负的敏感度,税负逐底的税收竞争导致政府支出缺少充足的财政资金支持,从而抑制地区经济增长。

四、模型构建及样本选择

(一)模型构建

经济增长可能由于地区经济水平的不同而与税收竞争呈现出非线性关系,从而表现出区间效应。为了确定相应的区间,本文通过估计门槛面板模型得到门槛值,划定相应的经济门槛区间,研究不同经济发展阶段地区间税收竞争引起的企业所得税税负变化对经济增长的影响。在生产函数的基础上进行估计模型的构

建,假设地区的生产函数为:

$$Y = A^{\gamma} K^{\alpha} L^{\beta} \tag{1}$$

由于本文考察税收竞争引起的税负变化对地区经济增长的影响,因此在式中引入企业所得税税负因素,则生产函数为:

$$Y = A^{\beta_1} K^{\beta_2} L^{\beta_3} e^{\beta_4 tax + \beta_5 inst + X\theta + \varepsilon} \tag{2}$$

其中:A、K、L、tax、$inst$、X 分别表示地区的技术水平、资本投入、劳动投入、企业所得税税负、制度因素和其他控制变量,包括人口密度($\ln den$)和城镇化水平($urban$)。对公式(2)两边取自然对数,得到:

$$\ln Y = \beta_1 \ln A + \beta_2 \ln K + \beta_3 \ln L + \beta_4 tax + \beta_5 inst + X\theta + \varepsilon \tag{3}$$

以公式(3)为本文估计的经济模型,结合前述理论假设,构建估计的门槛面板模型,依据研究的数据特征划分区间以反映不同区间内税收竞争的经济增长效应。为尽量避免在估计过程中可能产生内生性问题引起的估计结果偏差,参考锡德施拉格等(Siedschlag et al,2013)[37]、刘和马尔丁内兹·巴斯克斯(Liu & Martinez-Vazquez,2014)[38]等文献的处理方法,在模型中将所有解释变量取一阶滞后。这一处理方式也得到沈坤荣和付文林(2006)[11]的认可。由此得到本研究的估计模型为:

$$\begin{aligned} \ln Y_{i,t} = u_i &+ \beta_1 \ln A_{i,t-1} + \beta_2 \ln K_{i,t-1} + \beta_3 \ln L_{i,t-1} + \\ &\beta_4 inst_{i,t-1} + \lambda_1 tax_{i,t-1} \times I(\ln pgdp_{i,t-1} \leqslant \gamma_1) + \\ &\lambda_2 tax_{i,t-1} \times I(\gamma_1 < \ln pgdp_{i,t-1} \leqslant \gamma_2) + \lambda_3 tax_{i,t-1} \times \\ &I(\ln pgdp_{i,t-1} > \gamma_2) + X_{i,t-1}\theta + \varepsilon_{i,t} \end{aligned} \tag{4}$$

其中:$\ln pgdp_{i,t-1}$ 为门槛变量,本文中为各地区的人均实际 GDP 的自然对数;γ 为特定的门槛值,u_i 反映的是不同地区的个体效应,$\varepsilon_{i,t}$ 为随机干扰项,γ_1 和 γ_2 分别表示第一个门槛值和第二个门槛值①。

(二)研究样本及数据来源

考虑数据的可获得性和研究口径的一致性,研究样本选取除西藏、香港、澳门、台湾外的 30 个省级单位 1998—2015 年的数据。数据源于历年《中国统计年鉴》《中国税务年鉴》《中国财政年鉴》《中国工业统计年鉴》。

被解释变量为各地区的经济发展水平,将各地区 GDP 通过平减指数换算成以 1998 年为基期的数据,得到实际 GDP 后再进行对数化处理,门槛变量使用人均地区实际 GDP 的自然对数表示。

---

① 以上模型针对的是两个门槛,但实际研究并非两个门槛,需通过检验确定有效门槛数,因此更多门槛的模型可根据两门槛进行扩展。限于篇幅,本文不再赘述。

解释变量为各地区的企业所得税税负,用企业所得税税负/地区 GDP 表示,这种测量方法得到王凤荣和苗妙(2015)[36]的认可;资本变量用资本形成总额取自然对数表示;劳动力变量用劳动力人口取自然对数表示;技术变量以各地区实际利用外资额的对数表示;制度因素对地区经济增长具有重要影响,产权制度是中国现阶段经济增长的最主要动力,在衡量制度因素方面参考刘文革等(2008)[39]的观点,将产权非国有化、对外开放程度、国家控制资金程度作为非国有化率、市场化程度、综合指数制度因素的多项式理变量,并以非国有企业产值占工业总产值的比值衡量产权非国有化、以进出口总额占 GDP 比重衡量对外开放程度,以地区财政收入份额占 GDP 比重表示国家控制资本程度,并分别赋予0.4、0.4、0.2 的权重,进行加总得到制度变量数据;人口密度和城镇化水平分别考察人口规模和结构对地区经济增长的影响,其中人口密度的测算方法是年末人口总数除以地区土地面积,城镇化水平以年末城镇常住人口占地区总人口的比重来衡量。测算得到的研究变量数据特征见表1。

表 1　描述性统计结果①

	全样本		东部		中部		西部		东北部	
	均值	标准差	均值	标准差	均值	标准差	均值	标准差	均值	标准差
经济水平(ln)	8.850	1.038	9.365	1.036	9.086	0.662	8.214	0.976	8.991	0.619
税负×100%	0.991	0.729	1.534	0.992	0.706	0.309	0.740	0.300	0.674	0.253
资本(ln)	8.060	1.033	8.500	1.022	8.222	0.794	7.538	0.987	8.178	0.838
劳动(ln)	7.821	0.763	7.867	0.860	8.295	0.321	7.493	0.788	7.922	0.190
技术进步(ln)	7.197	1.784	8.566	1.059	7.461	1.071	5.73	1.606	7.488	1.442
制度要素	0.372	0.215	0.614	0.200	0.278	0.054	0.228	0.065	0.276	0.092
人口密度(ln)	5.403	1.259	6.441	0.713	5.804	0.322	4.343	1.227	5.031	0.519
城镇化	0.475	0.148	0.599	0.163	0.397	0.065	0.385	0.078	0.546	0.049

从表1的统计结果可以看出,全样本下地区经济发展水平为8.85,东部地区经济发展水平最高,西部地区低于平均水平。平均企业所得税税负为0.991,仅东部地区远高于平均水平,中部、西部和东北部地区的平均企业所得税税负非常相近,且均

---

① 根据通常的划分方法,东部地区包括北京、天津、河北、上海、江苏、浙江、福建、山东、广东和海南 10 个省份;中部地区包括山西、安徽、江西、河南、湖北、湖南 6 个省份;西部地区包括四川、重庆、贵州、云南、陕西、甘肃、青海、宁夏、新疆、广西、内蒙古 11 个省份;东北部地区包括辽宁、吉林、黑龙江 3 个省份。

低于平均水平,东部地区的平均企业所得税税负几乎是其他地区平均值的两倍。标准差衡量的是一组样本数据集围绕平均值的离散程度,从经济发展水平在地区间的差异来看,东部地区和西部地区内部差异较大,经济发展不均衡。而从各地区税负水平的表现来看,东部地区之间的企业所得税税负差异性远超过中部和西部地区,中部和西部地区间的企业所得税税负出现趋同现象。结合税收竞争理论,税负趋同现象正是逐底的税收竞争表现出的特征,各地区竞相降低税负以吸引资本,最终导致均衡税负趋同,税负差异不大。又因为地区间经济水平差异较大,可以推测这种税收竞争引起的均衡税负变动对地区经济增长的影响并非线性的。然而以上统计描述得到的结论仅是直观推测,需要通过实证模型进行检验。

五、模型估计结果

(一)门槛值的确定及检验

由于门槛面板模型的确定主要取决于门槛的个数,本文分别就不含门槛、含有 1 个门槛、含有 2 个门槛、含有 3 个门槛的情况构建模型进行估计,得到的 F 值和经过自抽样方法得到的 P 值如表 2 所示:

表 2 门槛值检验结果

模型	F 值	P 值	自举次数	临界值		
				1%	5%	10%
单一门槛检验	35.047***	0.003	400	29.670	14.304	10.902
双重门槛检验	20.019**	0.025	400	28.934	13.569	9.969
三重门槛检验	10.916	0.133	400	32.628	19.406	12.460

注:本表为自举 400 次的结果,**、*** 分别表示在 5% 和 1% 水平下显著。

从表 2 中可以看出,单一门槛和双重门槛均非常显著,自抽样 p 值为 0.003 和 0.025,通过显著性水平 5% 的检验,拒绝不存在门槛效应的原假设;三重门槛检验结果不显著,p 值不能通过显著性检验(自抽样 P 值为 0.133),显著存在两个门槛值。确定门槛面板模型后,再对门槛的估计值和置信区间进行分析,结果见表 3。

表 3 门槛估计值和置信区间

	门槛估计值	95% 置信区间
门槛值	8.579	[8.435,8.740]
门槛值	9.826	[9.800,9.850]

表3给出了两个门槛值门槛估计值和相应的95%置信区间,置信区间主要指似然比统计量LR为0时的取值。总体来看,经济发展水平一共有两个门槛值,即人均GDP的自然对数分别是8.579(对应的人均实际GDP为5318.784元/人)和9.826(对应的人均实际GDP为18508.77元/人)。

结合似然比函数图3和图4可以看出,8.579和9.826是LR等于0时的值,门槛估计值的95%置信区间是指所有似然比检验统计量LR值小于5%的显著性水平下的临界值构成的区间,说明门槛值的确定严谨且有效。根据门槛值划定门槛区间,将中国地区经济发展水平分为第一门槛区间的低发展水平即人均GDP小于等于5318.784元,和第二门槛区间的中等经济水平即人均GDP在5318.784元和18508.77元之间,以及第三门槛的高发展水平即人均GDP高于18508.77元。

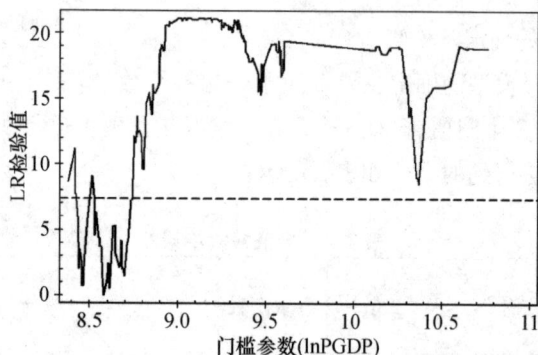

图3 第一个门槛的估计值和置信区间

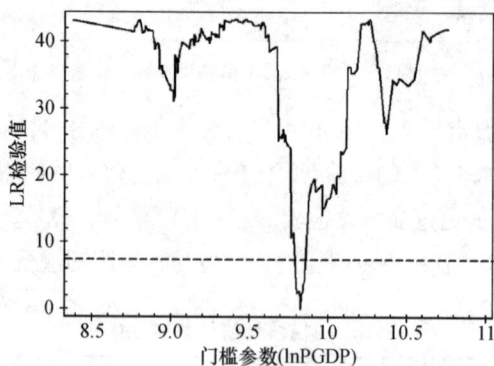

图4 第二个门槛的估计值和置信区间

(二)模型估计结果分析

在估计的门槛回归模型中,以企业所得税税负的一阶滞后项为主要解释变量,以人均地区实际 GDP 的自然对数为门限变量,以经济发展水平为被解释变量,得到表4的估计结果。表中 λ_1、λ_2、λ_3 分别表示门槛变量在确定的门限值的基础上划定低发展水平、中发展水平、高发展水平门槛区间时,企业所得税税负的一阶滞后项变动对地区经济增长的影响系数。

表4　门槛效应模型估计结果

被解释变量:$\ln gdp$	弹性系数	T 值	P 值
tax	0.064**	2.08	0.038
$\ln K$	0.551***	26.11	0.000
$\ln L$	1.338***	5.2	0.000
$\ln A$	0.03***	3.16	0.002
$inst$	0.219*	1.94	0.053
$\ln den$	−0.976***	−3.06	0.002
$urban$	1.785***	6.04	0.000
第一门槛区间	−0.095***	−4.02	0.000
第二门槛区间	−0.011	−0.54	0.588
第三门槛区间	0.065***	2.73	0.007
常数项	−1.994**	−2.33	0.021

注:*、** 和 *** 分别表示在10%、5%和1%的显著性水平下显著。

表4的回归结果表明,总体上企业所得税税负与经济发展水平显著正相关,系数为0.064,即企业所得税税负降低1个单位,将导致经济发展水平降低0.064个单位,企业所得税税负越低,越不利于地区经济增长,竞赛到底的税收竞争导致地区间竞相通过降低企业所得税税负以吸引资本,这种竞争行为不利于地区经济的可持续增长。

从门槛效应来看,企业所得税税负的变化与经济增长之间因为地区经济发展水平的不同而呈现出非线性关系。在第一门槛区间的经济发展水平较低的地区,企业所得税税负变化与经济增长之间为显著的负相关关系,影响系数为 −0.095,说明在经济水平落后地区,企业所得税税负越高越不利于地区经济增长,税负越低越有利于吸引资本,从而刺激本地区经济增长,验证了假设1。第二门槛区间的中等经济发展水平地区,企业所得税税负与经济增长的关系为 −0.011,低税负的经济增长强度变弱并且估计系数不显著,说明在经济发展到一定阶段后,企业所得税税负变化对经济发展的影响较为模糊,依靠低税负的税收竞争刺激经济的作用逐渐被弱化并变得模糊,验证了假设2。这意味着这一时期的地区经济增长面临转型,一味依靠低税负吸引资本使投机性投资频频发生,造成地方财政收入大量流失,不利于经济增长。在第三门槛区间的经济发达地区表现出相反的特征,企业所得税税负与经济增长的影响系数为显著正值0.065,说明企业所得税税负越低越不利于地区经济增长,验证了假设3,即经济发达地区逐底的税收竞争抑制了地区经济增长。根据估计结果来看,随着地区经济发展,靠低税负吸引资本的竞赛到底的税收竞争,对地区经济的刺激作用从强变弱最终不显著;在经济进入发达阶段,保持高税负有利于刺激地区经济增长,低税负的税收竞争反而抑制了地区经济增长。

模型估计的结果论证了本文的理论假设。经济欠发达地区刺激经济发展主要依靠粗放的发展模式,通过竞相降低税负的税收竞争有利于提高本地区的竞争实力,形成吸引资本的竞争优势。在经济发展到一定阶段之后,地方政府需要提供相应的公共供给,而单纯依靠低税负减少了地方政府的财政收入,公共供给需求难以满足,虽然低税负仍然是竞争的优势,但税收竞争对经济的刺激作用开始变弱。当经济发展进入发达阶段,成熟的集聚经济降低了资本对税负的敏感度,地方政府可以从集聚经济形成的集聚租中征税而不用再担心资本外流,同时经济发达地区对基础设施、社会环境和教育质量的需求质量较高,这使地方政府需要有更多的充足的财政资金加以满足,低税负的税收竞争不利于地区发展诉求和经济增长。

根据门槛模型估计结果,结合门槛值和中国地区经济发展阶段可知,随着地区经济发展,逐底的税收竞争对经济增长的刺激作用由强变弱,并对部分发达地区表现出显著的抑制作用。当前中国地区经济正处于第二和第三门槛之间,逐底的税收竞争对地区经济增长效应较为模糊,甚至在几乎一半的发达地区表现出抑制地区经济增长的作用。

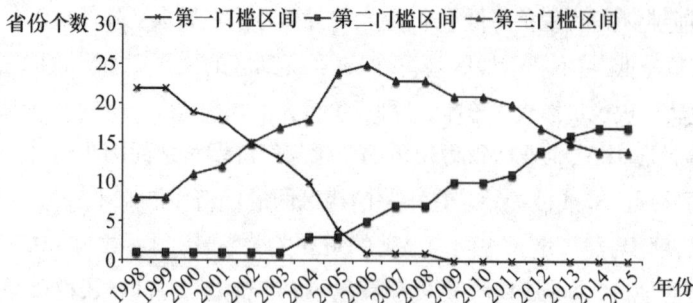

图5　经济效应门槛下地区经济水平演变

从时间趋势来看,图5中显示,地区经济落入第一门槛的数量正在快速减少,从1998年的22个省到2009年没有省份落入低水平地区,说明通过恶性税收竞争吸引资本以刺激经济增长的模式不可持续,各地区经济增长方式面临转型(此图未计入港台数据）。与此同时,第三门槛地区数正在逐年增加,从 1998 年的 1 个省增加到 2015 年的 16 个省,近一半的省区落入第三门槛区间。中等水平省份数量所占的比例较高,这些地区的税收竞争对经济增长的影响比较模糊,从 1998 年的 8 个省逐渐增加到 2007 年的 24 个省,2007 年几乎所有省份都处于中等水平地区;而随着一些省份进入高水平地区,中等水平地区到 2015 年降到 15 个省份。

为使各地区落入门槛区间的省份随时间变化更形象地展示出来,本文结合人均实际 GDP 数据和门槛值绘制。总体来看,2002—2015 年,处于第一门槛区间的低经济水平地区逐渐减少,处于第三门槛区间的高经济水平地区逐渐增多,并且主要分布在东北部地区、东部沿海地区以及部分中西部地区（湖北、重庆、陕西）。具体从门槛面板模型估计结果和中国现阶段经济分布情况来看,2002 年多数地区处于第一门槛区间,展开招商引资的逐底的税收竞争有利于多数地区的经济增长,新疆、东北部地区和东部沿海地区税收竞争的经济刺激作用模糊不显著。到 2006 年,税收竞争对经济增长能够发挥作用的地区开始变少,仅贵州省的税收竞争刺激作用为正,并且进入第三门槛区间的省份从 2002 年的仅有上海一地,到 2006 年则增加了北京、天津、江苏、浙江等省份,这些处于第三门槛的地区进行逐底的税收竞争显然抑制了地区经济增长,低税负导致的税收损失使地方政府无法满足当地对高福利公共供给的需求。2010—2015 年,不再有地区落入第一经济门槛区间,同时第三门槛区间的省份逐渐增多,这五年内地区间进行逐底的税收竞争对地区经济增长的影响不再显著,甚至出现抑制地区经济增长的情况,税收竞争对地区经济增长产生抑制作用的地区逐渐增多。可见,在当前经济发展阶段,中国地区间恶性的逐底的税收竞争并没有对经济增长起到显著的刺激作用,越来越多的地区甚至出现显著的抑制作用。

六、结论及政策含义

中国地区间政府官员在晋升锦标赛下为争夺晋升位次以经济发展为目的展开税收竞争,通过税收优惠手段吸引资本,这种围绕税负的逐底竞争能否刺激经济可持续增长有待检验。本文利用动态门槛面板模型,以 30 个省级地区为样本进行实证检验,得出的结论:逐底的税收竞争在地区经济发展处于初级阶段时能够刺激经济增长,但随着中国经济发展逐渐成熟,这种刺激效应逐渐变得模糊,经济的进一步发展使税负逐底的税收竞争对地区经济增长产生抑制作用。当前阶段,我国地区间税收竞争对经济的刺激作用并不显著,东部沿海地区逐底的税收竞争抑制了经济增长,保持高税负反而可以刺激经济增长。总体而言,在当前的经济发展阶段,依靠竞相降低税负吸引资本的税收竞争已经无法显著刺激经济增长,且逐底的恶性税收竞争引致的税收洼地反而有可能扰乱市场竞争秩序,影响资源的有效配置,因而应通过政策手段缓解地区间的税收竞争行为。

新经济地理学将集聚经济引入税收竞争模型,相关文献指出企业从集聚经济中获得租金,集聚租降低了资本在地区间的流动性,允许集聚区的地方政府设置相对较高的企业所得税税率而不会引起资本的立即流出(Baldwin 和 Krugman,2004[40]),也有经验证据表明公司在选址时对企业税率的敏感度由于受到集聚经济的影响而有所降低(Brülhart 等,2012[41])。国内多数学者认为产业集聚遏制了我国地区间税负逐底竞争的恶性税收竞争,使得产生集聚经济的地区在竞争中获得竞争优势(陈静和马小勇,2014[42])。因此,通过发挥集聚经济中集聚租的作用以缓解税收竞争可能是未来的研究方向和对策建议。在地区间建设区域性中心城市是国家重要的城市发展战略,中心城市建设形成区域性增长极,实现要素集聚可能有助于缓解税收竞争。

本研究为识别中国地区间税收竞争的经济效应提供了经验证据。长期以来,税收优惠是各地招商引资的重要策略,这与政绩、企业利益密切相关,但众多的优惠政策与税收法定原则相悖而引发乱象,存在寻租和腐败空间。改革开放以来,随着经济的快速发展,在当前我国各地区所处的发展阶段,逐底的税收竞争对经济增长已无法起到显著的刺激作用,反而在部分发达地区会抑制经济增长。依靠竞赛到底的税收竞争无法刺激地区经济可持续增长,地区间通过资源整合进行合作优于竞争。城市化战略已成为国家和区域发展的基本战略之一,在后工业社会,城市发展的新动力是信息与知识,发展中心城市整合优势资源,降低资本对税负的敏感度,有助于保持高税负和高增长,从而促进本地区经济的可持续良性增长。

参考文献

[1]TIEBOUT C M. A pure theory of local expenditures[J]. Journal of political economy, 1956,5: 416 – 424.

[2]ZODROW G R, MIESZKOWSKI P. Pigou, tiebout, property taxation, and the underprovision of local public goods[J]. Journal of urban economics, 1986, 3:356 – 370.

[3]WILSON J D. A theory of interregional tax competition[J]. Journal of urban economics, 1986,3: 296 – 315.

[4]周黎安. 中国地方官员的晋升锦标赛模式研究[J]. 经济研究,2007(7):36 – 50.

[5]袁浩然,欧阳峣. 大国地方政府间税收竞争策略研究——基于中国经验数据的空间计量面板模型[J]. 湖南师范大学社会科学学报,2012(5):96 – 101.

[6]龙小宁,朱艳丽,蔡伟贤,等. 基于空间计量模型的中国县级政府间税收竞争的实证

分析[J]. 经济研究,2014(8):41 – 53.

[7]LEJOUR A M, VERBON H A A. Tax competition and redistribution in a two-country endogenous-growth model[J]. International tax and public finance,1997, 4: 485 – 497.

[8]RAUSCHER M. Economic growth and tax-competing leviathans[J]. International tax and public finance,2005, 4: 457 – 474.

[9]QIAN Y, ROLAND G. Federalism and the soft budget constraint[J]. American economic review, 1998, 88: 1143 – 1162.

[10]周业安. 地方政府竞争与经济增长[J]. 中国人民大学学报,2003(1):97 – 103.

[11]沈坤荣, 付文林. 税收竞争、地区博弈及其增长绩效[J]. 经济研究, 2006(6): 16 – 26.

[12]SOLOW R M. A contribution to the theory of economic growth[J]. Quarterly journal of economics, 1956,1: 65 – 94.

[13]BAHL R W, BIRD R M. Tax policy in developing countries: looking back and forward [J]. National tax journal, 2008, 2:279 – 301.

[14]BARRO R J. Government spending in a simple model of endogenous growth[J]. Journal of political economy, 1990,98: S103 – S125.

[15]ZOU H F. Taxes, federal grants, local public spending, and growth[J]. Journal of urban economics, 1996,3: 303 – 317.

[16]李涛,黄纯纯,周业安. 税收、税收竞争与中国经济增长[J].世界经济,2011(4): 22 – 41.

[17]王麟麟.生产性公共支出、最优税收与经济增长[J].数量经济技术经济研究,2011 (5): 21 – 36.

[18]PECORINO P. Tax structure and growth in a model with human capital[J]. Journal of public economics, 1993,52: 251 – 257.

[19]LEE Y, GORDON R H. Tax structure and economic growth[J]. Journal of public economics, 2005, 89: 1027 – 1043.

[20]JONES L E, MANUELLI R E. Finite lifetimes and growth[J]. Journal of economic theory, 1990, 2:171 – 197.

[21]ANGELOPOULOS K, ECONOMIDES G, KAMMAS P. Tax-spending policies and economic growth: theoretical predictions and evidence from the OECD[J]. European journal of political economy, 2007, 4:885 – 902.

[22]KARAGIANNI S, PEMPETZOGLOU M, SARAIDARIS A. Tax burden distribution and GDP growth: non-linear causality considerations in the USA[J]. International review of economics & finance, 2012, 1:186 – 194.

[23]苏明,徐利君.基于面板数据的地方税收与经济差异性研究[J].经济理论与经济管理,2008(3): 57 – 62.

[24]刘海庆,高凌江.税制结构与经济增长——基于我国省级面板数据的实证研究[J].税务研究,2011(4):83-90.

[25]严成樑,龚六堂.税收政策对经济增长影响的定量评价[J].世界经济,2012(4):41-61.

[26]MARSDEN K. Links between taxes and economic growth: some empirical evidence[R]. Washington D. C. :World Bank Working Paper,1983:605.

[27]BURGESS R, STERN N. Taxation and development[J]. Journal of economic literature, 1993,2: 762-830.

[28]MENDOZA E G, MILESI-FERRETTI G M, ASEA P. On the ineffectiveness of tax policy in altering long-run growth: harberger's superneutrality conjecture[J]. Journal of public economic,1996,1: 99-126.

[29]FENG J, YANG D J. Taxes, growth and the convergence of Incomes among U. S. states: 1959—1999[R]. Bozeman:Department of Agricultural Economics and Economics (Montana State University),Working Paper, 2003.

[30]ROMER C D, ROMER D H. The macroeconomic effects of tax changes: estimates based on a new measure of fiscal shocks[J]. American economic review, 2010, 3:763-801..

[31]张福进,罗振华,张铭洪.税收竞争与经济增长门槛假说——基于中国经验数据的分析[J].当代财经,2014(6):32-42.

[32]肖叶,贾鸿.异质性、税收竞争与城市经济增长——基于面板分位数模型的分析[J].北京邮电大学学报(社会科学版),2016(6):81-88, 118.

[33]陈博,倪志良.税收竞争对我国区域经济增长的非线性作用研究——基于动态面板与门限面板模型的分析[J].现代财经(天津财经大学学报),2016(12):73-85.

[34]贺俊,刘亮亮,张玉娟.税收竞争、收入分权与中国环境污染[J].中国人口·资源与环境,2016(4):1-7.

[35]刘洁,李文.中国环境污染与地方政府税收竞争——基于空间面板数据模型的分析[J].中国人口·资源与环境,2013(4):81-88.

[36]王凤荣,苗妙.税收竞争、区域环境与资本跨区流动——基于企业异地并购视角的实证研究[J].经济研究,2015(2):16-30.

[37]SIEDSCHLAG I, SMITH D, TURCU C, et al. What determines the location choice of R&D activities by multinational firms? [J]. Research policy, 2013, 8:1420-1430.

[38]LIU Y, MARTINEZ-VAZQUEZ J. Interjurisdictional tax competition in China[J]. Journal of regional science, 2014, 4:606-628.

[39]刘文革,高伟,张苏.制度变迁的度量与中国经济增长——基于中国1952—2006年数据的实证分析[J].经济学家,2008(6):48-55.

[40]BALDWIN R E, KRUGMAN P. Agglomeration,integration and tax harmonisation[J]. European economic review, 2004, 1:1-23.

[41]BRÜLHART M, JAMETTI M, SCHMIDHEINY K. Do agglomeration economies reduce the sensitivity of firm location to tax differentials? [J]. The economic journal, 2012, 563:1069 - 1093.

[42]陈静,马小勇. 新经济地理视角下产业集聚对税收竞争的影响——基于 GMM 估计的省级动态面板数据分析[J]. 生产力研究,2014(6):58 - 64.

公共服务与劳动力流动

——基于个体及家庭异质性视角的分析

王有兴　　杨晓妹*

　　基于 2016 年中国家庭追踪调查数据(CFPS2016)中劳动力流动的微观数据与31 个省份的区域特征数据,研究公共服务对劳动力流向的影响,并进一步考察劳动力个体及家庭异质性对其流动中公共服务偏好的影响效果。研究表明,地区公共服务水平与劳动力转移呈正相关,劳动者除了追求经济收益外,更倾向于流入基础教育和医疗服务水平较高的城市;个体特征中,受教育程度强化了劳动者流动中对基础教育和医疗服务的偏好,而年龄因素只对地区教育水平敏感,且随着年龄的上升,影响效果减弱;家庭特征中,16 岁以下子女数和家庭教育支出显著影响劳动力转移过程中对教育水平的偏好,而家庭老人数和家庭医疗开支提高了劳动者向高医疗水平地区流动的概率。这表明外来人口在平等享受流入地公共服务方面初见成效,然而劳动者流动在一定程度上背负着让个人及家庭享受更好教育与医疗的使命。为此,政府应增加流入地的基本公共服务供给,提高其覆盖率和可及性;积极推进公共服务均等化,使劳动力能够享受到同等的基本公共服务;继续推进户籍制度改革,消除劳动力流动中的制度障碍;完善流动人口档案,充分发挥基层居委会、社区医院在公共服务提供中的作用。

一、引言

一国经济发展的过程同时也是城市化的过程[1]。改革开放以来,中国经济快

　* 原载于《广东财经大学学报》2018 年第 4 期第 62 - 74 页。作者:王有兴(1983—),男,安徽和县人,东北财经大学产业组织与企业组织研究中心博士研究生,安徽财经大学国际经济贸易学院讲师;杨晓妹(1983—),女,安徽固镇人,安徽财经大学财政与公共管理学院副教授。

速发展,流动人口规模节节攀升。据统计,1982 年中国的流动人口为 627 万人,占总人口比重的 0.65%(段成荣等,2013)[2];2016 年则达到 2.45 亿人,占总人口的比重为 17.72%;2010—2014 年间,流动人口绝对规模不断扩张,净增加 3 200 万人,2015 年开始略有回落,但仍维持在 2.4 亿人以上。

如此大规模的劳动力转移是伴随着工业化发展而来的。刘易斯指出,现代工业部门的工资高于传统农业部门,必然推动劳动力由农村向城市转移[1]。事实上,劳动力在转移过程中面临诸多选择,如进入农业部门还是工业部门,在当地就业还是外出务工;其衡量标准既包括转移所获得的直接经济收益(如工资、薪金等)[3-4],也包括转移所能享受到的公共服务(如教育、医疗)等间接非经济收益[5]。劳动力转移不只会受到经济变量的驱使,当非经济因素权重占比较大时,劳动者可能更倾向于追求优质的生存环境和社会福利[6]。从福利效应层面来看,劳动力转移的动力不仅来自直接的货币性收益,很大程度上也受流入地公共服务水平的影响。因而,不少学者将劳动力转移与地区公共服务联系起来进行研究[7]。

将公共服务引入劳动力转移研究体系可追溯到蒂布特(Tiebout,1956)[8]的"用脚投票"理论,他认为居民会按照自身对公共物品和税收组合的偏好,选择最适宜的地区居住。其后,学者们的经验研究证实公共服务在劳动力转移过程中确实发挥着重要作用。如奥特斯(Oates,1969)[9]研究发现,人们更愿意选择公共服务水平较高的社区,或者公共服务水平相同但税负较轻的地区居住;夏尔普(Sharp,1986)[10]基于美国微观数据的实证研究也得出教育水平是居民选择居住地的主要因素之一的结论;戴(Day,1992)[11]考察了加拿大人口的省级流动情况,发现各地财政支出会影响到劳动力的转移,健康与教育支出的推动作用更加显著;比内特(Binet,2003)[12]分析了 1987—1996 年间法国市级政府财政竞争状况,发现公共物品、公共服务以及税收是地方政府竞争的主要手段,其中 12 个地区采取降低税率的措施来吸引移民,另外 17 个地区则以提供优质公共产品和服务为卖点;卡尔森(Carlsen)等(2009)[13]使用挪威年度住房调查数据(AHS)的实证分析发现,地方政府在文化活动、卫生保健和公共交通等方面的完善有助于吸引居民来此居住;戴林伯格等(Dahlberg et al,2012)[14]运用瑞典居民微观数据验证了公共服务支出在吸引移民方面的积极作用。

国内的大部分学者认为,城乡二元结构以及由此带来的公共服务不均等致使公共服务对劳动力流动产生了阻滞作用。如程名望等(2006)[15]认为,在农村剩余劳动力转移的过程中,消除户口、子女入学和就业机会等方面的歧视,为农民工提供城镇医疗、失业保险等社会保障,是促进劳动力转移的重要手段;张青

(2008)[16]也认为,在城乡制度分割下,农村劳动力在教育、居住、社会保障以及社会归属等方面不能得到平等对待和广泛认同,公共服务成为劳动力转移的藩篱;陆铭(2011)[17]从劳动力流动成本角度,分析了与户籍制度挂钩的公共服务,特别是子女教育等因素对农村劳动力转移及农民工市民化所造成的阻滞作用;黄文正(2012)[18]着重研究了中国城市化进程中城市在提供基本公共服务方面存在的城乡差别,即公共服务不均等是如何阻碍劳动力转移的。

实证方面,汤韵和梁若冰(2009)[19]研究发现,2000年以前地方公共支出的省际差异并不能显著影响居民的迁移行为,但在2000年、2005年两者间的关系较为显著;夏怡然和陆铭(2015)[20]利用2005年劳动力流动的微观数据与地级市的城市公共服务数据展开研究,认为劳动力在城市间流动的动因不仅是为了获取更高的工资和更多的就业机会,转入地的基础教育和医疗水平等公共服务也是吸引其流入的重要因素;杨刚强等(2016)进一步证实了公共服务资源配置水平对劳动力转移决策的影响,发现政府提供的教育、医疗等公共服务的可及性和可获得性与劳动力转移正相关。

综上所述,公共服务对劳动力的转移是引力还是阻力,在一定程度上取决于公共服务的提供能否做到不同群体间的平等对待。随着户籍制度改革、农民工市民化、社会保障制度的完善等各项政策措施的不断推进,公共服务城乡均等化初见成效。与此同时,劳动力开始出现反向流动的端倪,即随着地区间公共服务差距的缩小,部分劳动力开始逃离北上广,选择二线城市或就近就业。在上述两种正反因素的作用下,劳动力流动最终会呈现何种特征,劳动力转移中对公共服务的偏好是否具有劳动力微观异质性(即因人而异),个体及家庭异质性是否会强化或弱化劳动力流动中对公共服务的偏好? 对于这些问题现有文献较少述及,需要进一步做出解答。

基于此,本文力图在以下两个方面进行有益的探索:其一,随着城乡制度藩篱逐步被打破及公共服务均等化的推进,城市间公共服务差异对劳动力流动的影响是否发生变化;其二,个体及家庭异质性是否会强化或弱化劳动力流动中对公共服务的偏好。本文利用2016年中国家庭追踪调查数据(CFPS2016)中劳动力流动的微观数据与31个省份的区域特征数据,研究公共服务与经济发展水平、工资、就业等区域特征对劳动力转移的影响;并进一步检验劳动力个体特征和家庭特征对其行为选择的影响方向和程度,着力将公共服务的宏观特征与个体家庭的微观特征相结合,深入探讨两者对劳动力流动的综合影响。

二、影响机理与假设的提出

改革开放以来,中国经济飞速发展,但与此同时经济结构也呈现二元特征,地区、工农、城乡收入差距日益拉大。伴随这一现象,欠发达地区(主要是中西部农村)的劳动力持续不断地涌入发达地区(主要是东部沿海城市),俗称"民工潮"。

马斯洛的需求层次理论指出,人既有经济需求又有非经济需求,当经济需求获得一定程度的满足之后,对非经济需求的向往通常高于经济需求。在劳动力转移决策中,劳动者不仅会考量经济需求效用,还会考量非经济需求效用,通过对比决定劳动力流动与否以及具体流向这两个因素。其中非经济需求的一个重要表现即为追求较好的公共服务水平。下面分别从劳动者经济效用需求和非经济效用需求两个层面展开分析。

(一)追求直接的经济效用

刘易斯(1954)指出,发展中国家普遍存在二元经济结构,即现代化的工业部门和技术落后的传统农业部门同时并存。传统农业部门劳动的边际生产率及工资率均较低,现代工业部门劳动的边际生产率及工资率均较高,部门间的工资水平差异促使农村剩余劳动力流向工业部门。具体到中国国情,一方面,随着家庭联产承包责任制的推行和劳动生产率的不断提高,农民从土地上被解放出来,农业剩余劳动力不断增加;另一方面,在中国经济发展的过程中,沿海地区先富起来,其在工业化和城镇化过程中需要大量的劳动力。前者是促使迁移者离开原住地的"负向因素",后者是吸引迁移者流向某些特定目的地的"正向因素",迁移行为正是这两种力共同作用的结果[21]。劳动力在转移后可获得更高的工资收入、更多的工作岗位、更高的就业率以及稳定的工作环境等,这些均加速了中西部落后地区的劳动力流入沿海发达地区。由此得到:

假设1:地区经济发展水平和工资水平能够吸引劳动力的流入

(二)追求非经济效用

当低层次需求得到满足之后,人们开始追求更高层次的需求。在劳动力流动的初期,劳动者通常更多地考虑货币收益;但随着收入的增加,货币的边际效用递减,非经济效用逐步受到重视,其在外流决策中的权重逐步提升。而且从代际演变来看,老一代劳动者更注重工资收入的多寡,而新一代劳动者逐步倾向非货币化福利,包括工作环境、工时长短、福利条件等[22]。其表现为随着经济和社会发展以及人民生活水平的提高,推动劳动力转移的因素逐渐由单一的经济条件转变为多方面的综合因素。其中,公共服务尤其是地区教育、医疗水平等非经济因素的吸引力日益显著。如蒂布特(Tiebout,1956)发现居民会根据自身对公共物品和税收组合的偏好选择最适宜的地区居住。伴随着经济社会的发展,农民的选择也日益增加,其外出动因逐步突破生存理性,向经济理性和社会理性跃迁[23]。其中,子女入学、城镇医疗、失业保险等城镇拉力是农村劳动力转移的重要动因。而发达地区由于经济发展较好,财政宽裕,可以提高本地的教育、医疗卫生等公共服务的供给水平,而这些对劳动力的流动产生了巨大的吸引力。由此得到:

假设2:劳动力在流动过程中更加偏好流入公共服务水平高的地区

不同于新古典迁移理论,新经济迁移理论认为,劳动力迁移的决策主体通常并不仅仅是劳动者个人,而是整个家庭。在中国尤其是农村地区,家庭成员是否外出打工通常也不是成员个体决策的结果,而是家庭通过综合权衡做出的决策。劳动力迁移的决策主体由个体向家庭变化,随之而来的是决策动机开始多元化。迁移的动机不仅来自两地之间的收入差距,也来自其他一些个人或家庭的因素[24],家庭效用最大化逐渐占据主导地位。这就使得劳动者个人及家庭成员的年龄、教育水平与健康状况、家庭老人与儿童照管率等影响家庭效用的多种因素都会对劳动力的流动选择产生影响。由此得到:

假设3:劳动者异质性(个体异质性和家庭异质性)会使劳动力对公共服务的偏好产生影响

三、模型选择与数据来源

(一)模型选择

根据格林(2011)[25]对 Logit 模型的设定,劳动力在流动过程中面临一系列备选的目标地区。使用随机效用法,劳动力选择某个区域所能带来的随机效用为:

$$U_{ij} = P'_{ij}\alpha + D'_{ij}\beta + PC'_i\gamma + \varepsilon_{ij}(i = 1,\cdots,N;j = 1,\cdots,J) \tag{1}$$

其中,i 为个体劳动者,j 代表劳动者可能流入的地区,P_{ij} 表示劳动者 i 选择目标地区 j 的公共服务水平,D_{ij} 表示劳动者 i 可选的目标地区 j 的地区特征变量,PC_i 表示劳动者 i 的个人及家庭特征,ε_{ij} 为误差项。劳动者以效用最大化标准选择流向地区,必须满足下列条件:

$$U_{ij} \geq U_{ik}, \forall j \neq k \tag{2}$$

故,劳动者流向 j 地区的概率为:

$$P(y_i = j|x_i) = P(U_{ij} \geq U_{ik}, \forall j \neq k) = P(U_{ik} - U_{ij} \leq 0, \forall j \neq k) = P(\varepsilon_{ik} - \varepsilon_{ij} \leq$$
$$P'_{ij}\alpha_j + D'_{ij}\beta_j + PC'_i\gamma_j - P'_{ij}\alpha_k - D'_{ij}\beta_k - PC'_i\gamma_k, \forall j \neq k) \tag{3}$$

进一步假设 $\{\varepsilon_{ij}\}$ 为 iid 且服从 I 型极值分布,则由(3)式可得:

$$P(y_{ij} = 1) = \frac{\exp(P'_{ij}\alpha_j + D'_{ij}\beta_j + PC'_i\gamma_j)}{\sum_{k=1}^{J}\exp(P'_{ij}\alpha_k + D'_{ij}\beta_k + PC'_i\gamma_k)} \tag{4}$$

被解释变量 y_{ij} 是劳动者选择地区的二值变量,当劳动者 i 选择流向地区 j,则值为1,否则为0。本文借鉴夏怡然和陆铭(2015)[20]的做法,按照麦克斐登(Mcfadden,1974)[26]的条件 Logit 模型来估计式(4)中的特征参数 α、β 和 γ。这些参数分别反映了地区公共服务、其他地区特征以及个体与家庭特征对地区选择概率的影响。若参数为正,表明特征值越大,该地区被选中的概率越大;反之,则被选中的概率越小。

本文除了研究公共服务、经济发展水平、工资等地区特征对劳动力流向的影响外,还着重探究劳动力个体及家庭特征对其地区流向的影响。具体测算时,在条件 Logit 模型中引入公共服务与劳动力个体及家庭异质性的交叉项来实现[25]。依照惯例,公共服务水平以地区教育水平和医疗水平来反映。融入个体和家庭异质性的公共服务对劳动力流动的影响以模型(5)来表示,其中 Z_{ij} 表示公共服务与劳动力个体及家庭异质性的交叉项。

$$P(y_{ij} = 1) = \frac{\exp(P'_{ij}\alpha_j + D'_{ij}\beta_j + PC'_i\gamma_j + Z'_{ij}\eta_j)}{\sum_{k=1}^{J} \exp(P'_{ij}\alpha_k + D'_{ij}\beta_k + PC'_i\gamma_k + Z'_{ij}\eta_j)} \tag{5}$$

(二)变量选取与数据说明

根据前文的模型设定,我们选用劳动力的个体微观数据和地区宏观数据对模型参数进行估计。其中,劳动力流向、个体及家庭特征的微观数据来自中国家庭追踪调查数据(CFPS2016),该数据涵盖中国 31 个省份(不包括香港、澳门和台湾地区)样本选择居住地和户口地不一致的个体,剔除了缺失值和异常值,整理后获得有效样本数 1 856 个。由于每个劳动力在流入地选择时面临包含 31 个地区的样本集,因此,实际观测数据为劳动者样本数乘以地区数($N \times J$)即 57 536 个数据集。

1. 劳动力个体及家庭特征变量与数据

为衡量劳动力流动情况,需要查找户口地和居住地不一致的个体。由于 CF-PS2016 中并未给出具体的户口地指标,我们通过追踪 CFPS 2010、CFPS 2012、CF-PS 2014,以样本 ID 为关键词进行数据关联,获取劳动力的居住地和户口地后再进行筛选,得到居住地和户口地不一致(出现流动情况)的数据 1 856 条。

个体特征选取年龄、受教育程度来表示。对于受教育程度变量,我们将受访者学历水平按照文献通用做法折算成受教育年限,具体对应关系如下:未上过学 = 0 年,小学水平 = 6 年,中学水平 = 9 年,高中水平(包括高中、中专、技校、职高) = 12 年,大学专科水平 = 15 年,大学本科水平 = 16 年,研究生水平 = 19 年。家庭特征变量选取家庭总人数、家庭子女数、16 岁以下子女数、家庭老人数、2015 年教育开支、2015 年医疗开支。其中,家庭总人数反映家庭总负担,家庭子女数、16 岁以下子女数和家庭老人数反映家庭的子女及老人照管负担,2015 年家庭教育开支和医疗开支反映了家庭公共服务需求状况。表 1 给出了流动劳动力的个人特征。

表1　流动劳动力的个人特征

变量	观测值	均值	标准差	最小值	最大值
年龄	57 536	40.776 52	13.879 48	22	83
受教育程度	57 536	5.884 47	5.470 811	0	19
家庭总人口	57 536	3.776 515	1.939 302	1	12
家庭子女数	57 536	1.310 606	1.113 877	0	7
16 岁以下子女数	57 536	0.695 075 8	0.912 802 5	0	6
家庭老人数	57 536	1.501 894	0.758 807 7	0	2
2015 年教育开支	57 536	6 092.354	10 994.66	0	80 000
2015 年医疗开支	57 536	5 660.189	17 683.96	0	300 000

注:表中资料是作者根据 CFPS2016 数据计算整理而得。

2. 地区特征变量与数据

本文主要考察劳动力的省际流动情况。在分析地区特征时基于如下考虑。(1)由于重点考察地区公共服务对劳动力流动的影响,我们选择了与个人关系最密切的教育和医疗水平两个指标。其中,教育水平采用每平方公里义务教师数来反映①,医疗水平则用每千人卫生技术人员数来衡量②。(2)控制变量。一是其他地区特征变量,选择经济发展水平、工资水平、失业率、人口规模和户籍限制指标。其中,经济发展水平和工资是劳动力就业时面临的机遇;地区失业率则构成流动障碍;引入地区人口规模是为了提高公共服务和就业工资变量的估计精度③,地区人口规模越大,聚集效应越明显,对劳动力更具有吸引力;户籍制度对劳动力流动的影响主要体现:严苛的户籍制度阻碍劳动力流动,而宽松的户籍制

---

①　对于地区教育水平指标,比较常见的是用平均受教育水平来衡量。但该指标包含在外地接受教育的本地人口或外地接受教育后流入本地的外地人口,因此并不能真实刻画本地区教育(育人)水平。本文使用教师地理密度(义务教师数/每平方公里国土面积)指标则可以较好地反映一个地区的师资密集度,而且师资集度又需要有相当的校舍等硬件指标来匹配,故可以较为准确地衡量地区义务教育水平。

②　一个地区的医疗水平同样包括软硬件设施,软件设施水平主要体现在卫生技术人员拥有数,即主任医师、副主任医师等,而硬件设施则匹配于医疗软件情况,故我们用统计年鉴中的每千人卫生技术人员数来代表一地区的医疗水平。

③　具体的解释说明参见夏怡然和陆铭(2015)[20]。

度构成劳动力流入的重要引力①。二是地区之间的地理位置关联。一般意义上,劳动力更愿意流入相邻或距离不远的城市就业。本文采用相邻指数和地区间距离进行衡量。表2给出了变量及其定义。

表 2　变量列表

组　别		变量名称	变量说明
核心变量	公共服务	教育水平	每平方公里义务教育教师数
		医疗水平	每千人卫生技术人员数
控制变量	其他地区特征	经济发展水平	人均 GDP
		工资水平	城镇职工年平均工资(元)
		失业率	失业率
		人口规模	年末地区城镇人口数(万人)
		户籍限制	有限制 = 0,无限制 = 1
	地理位置关联	相邻指数	地区是否相邻,有共同边界为 1;否则为 0
		区间距离	用省会城市之间距离表示(采用城市的经纬度,使用 ArcGis 工具进行测算)

地区特征变量数据来自《中国统计年鉴(2016)》。由于劳动力流动数据具体年份为 2016 年,我们将地区特征变量滞后一期即 2015 年(因为劳动力在考虑流向某个地区时,大多以上期的地区特征为参考)。表 3 报告了地区特征的描述统计。

表 3　地区特征变量列表

变量	观测值	均值	标准差	最小值	最大值
教育水平	57 536	2.480 21	2.660 424	0.025 503 3	14.267 46
医疗水平	57 536	10.561 29	1.964 531	7.3	18.7

---

① 2018 年 1 月 4 日,南京市发布市委一号文件《关于建设具有全球影响力创新名城的若干政策措施》,第八条明确提出要调整优化落户政策,吸引人才。并于 3 月 1 日出台《南京市人才落户办法的实施细则》,启动"先落户,后就业"办理工作,明文规定硕士研究生以上学历及 40 岁以下的本科学历人才凭毕业证书办理落户手续;技术、技能型人才凭高级工及以上职业资格证书办理落户手续。

变量	观测值	均值	标准差	最小值	最大值
人均GDP	57 536	53 083.81	22 930.18	26 165	107 960
工资水平	57 536	61 764.81	16 001.24	45 403	111 390
失业率	57 536	3.261 29	0.655 851	1.4	4.5
人口规模	57 536	4 422.194	2 771.505	324	10 849
户籍限制	57 536	0.129 032 3	0.335 245 9	0	1
相邻指数	57 536	0.202 713	0.402 032	0	1
区间距离(公里)	57 536	1 215.501	697.217 4	0	3 553.9

（三）统计描述

根据CFPS2016的调查数据,本文发现劳动力流向与公共服务的地区分布呈现以下特点。

(1)北上广仍是主要流入地,但中西部地区对劳动力的吸引力越来越强。通过对转移劳动力流入地的归类,可以发现排在前五位的分别是上海、广东、北京、浙江和江苏,其共吸引了55.11%的转移劳动力。地区分布上覆盖了经济最发达的长三角地区和珠三角地区,而这与2016年全国人口变动情况抽样调查样本数据基本吻合。从侧面反映了改革开放以来长三角地区和珠三角地区经济发展迅速,已成为全国经济的排头兵,劳动力吸纳能力显著的事实。但与此同时,中西部地区也吸引了24.63%的劳动力流入,劳动力反向流动初现端倪。

进一步分析发现,劳动力流入较多地区的公共服务如教育和医疗水平也处于领先地位(见图1)。而且地区教育水平、医疗水平与劳动力流入三者间大体呈现相同的变化趋势,说明较高的教育、医疗水平确实有助于吸引劳动力的流入。

(2)人口大省成为劳动力流出的重点地区,公共服务水平高的地区劳动力流出较少。从人口转出地分布情况来看,人口大省劳动力流出较多。如2016年,河南、安徽、河北、江苏、四川和湖南六省共占比43.18%,而上述省份人口总数占全国人口数的比重为33.74%。由图2可知,人口流出规模与地区公共服务水平大致呈现反向关系,即公共服务水平高的地区人口流出较少。

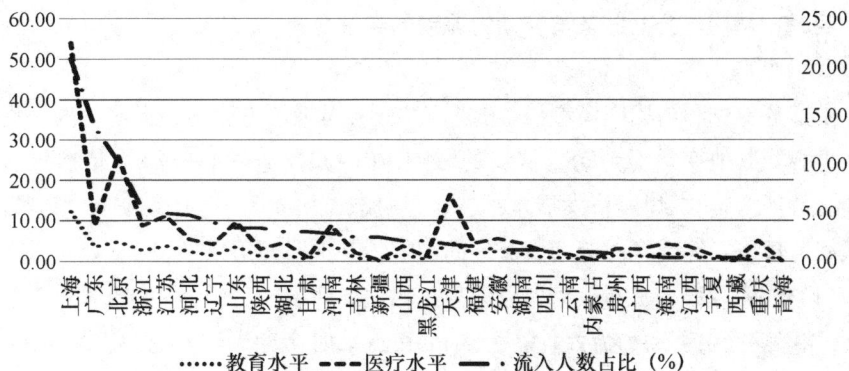

图1 地区公共服务水平与劳动力流入情况

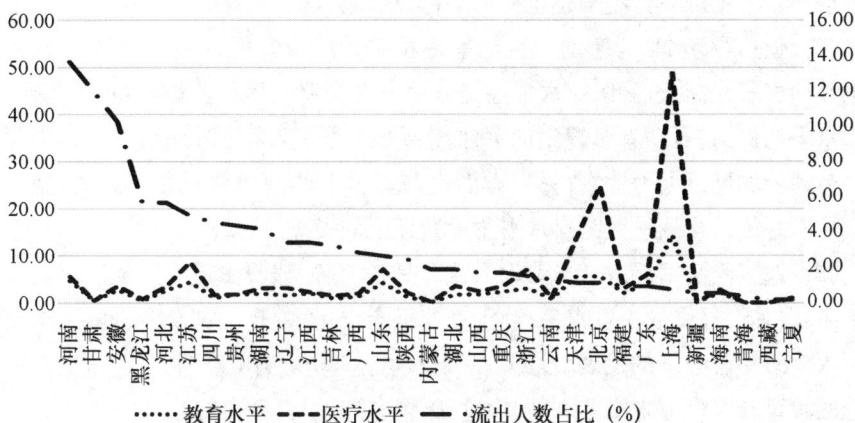

图2 地区公共服务水平与劳动力流出情况

（3）东部地区劳动力转入多，中西部地区劳动力转出多，东北地区转入转出差距不大①。从图1、图2可以看出，东部地区吸引劳动力占比为66.86%，中西部流出劳动力占比为67.42%，这与经济发展水平高度相关。需要注意的是，人口迁出、迁入均相对集中，排名前五的转入地区占比为55.11%，转出地区占比为47.16%。转入、转出强度均表现出"强者恒强，强者更强"的特征[27]。与此同时，东北地区劳动力转入占比为8.52%，转出占比为12.31%，转入转出之间差距不大。

---

① 国家统计局将中国的经济区域划分为东部、中部、西部和东北四大地区。其中东部地区包括北京、天津、河北、上海、江苏、浙江、福建、山东、广东和海南；中部地区包括山西、安徽、江西、河南、湖北和湖南；西部地区包括内蒙古、广西、重庆、四川、贵州、云南、西藏、陕西、甘肃、青海、宁夏和新疆；东北地区包括辽宁、吉林和黑龙江。

四、基本模型:公共服务与劳动力流动的实证分析

(一)回归结果分析

本部分首先利用回归模型(1)分析公共服务对劳动力流动的影响。为了更加清晰地观测其他变量对劳动力流动的影响,在回归模型(2)—(8)中依次加入其他地区特征变量,探讨经济发展水平、人口规模、工资水平、失业率、户籍限制以及地区间地理位置等因素对劳动力流动的影响。基本回归结果见表4。

(1)地区教育水平与劳动力流动呈正相关。回归模型(1)显示地区教育水平越高,越能够吸引劳动力流入,说明劳动力在流动时会考虑转入地的教育水平,尤其是基础教育状况。回归模型(2)—(8)在逐步加入地区其他特征变量和地区间地理关联变量之后,地区教育水平仍然显著,进一步说明公共服务等非经济因素在劳动力流动中扮演着越来越重要的角色,从而验证了假设2。

(2)地区医疗水平与劳动力流动呈正相关。回归模型(1)—(8)地区医疗水平系数均显著,说明地区医疗水平也是劳动力选择流入地的关键变量。随着人民生活水平的提高,劳动者对健康的关注度不断增强,较高的医疗水平一方面可以提高劳动者的健康人力资本,另一方面也与其家人的健康状况紧密相关,使其不再有后顾之忧。这从地区医疗水平角度验证了假设2。

(3)地区经济发展水平与劳动力流动呈正相关,假设1成立。地区经济发展水平越高,其可提供的工资水平越高,就业机会也更多,这些都会直接吸引劳动力的流入。而随着经济的发展,地方政府财政收入增加,支出宽裕,可以进一步提高当地的教育和医疗卫生服务水平,而这又会间接吸引劳动力的流入。

(4)地区人口规模与劳动力流动呈正相关反映了人口的集聚效应。杜仁顿和葡干(Duranton & Puga,2004)[29]认为,人口集聚不仅可以通过学习、分享和匹配给劳动者带来好处,而且也会影响公共服务的供给。这是由于人口向城市集聚能够促进地区经济发展及城市建设,进而通过提高人均收入和公共服务吸引劳动力。此外,城市人口规模的扩大会带来更多有关衣食住行等方面的需求,而这意味着能提供更多的就业机会[30]。

(5)工资水平对劳动力转移总体来说具有正向吸引力,验证了假设1。回归模型(4)(5)中,工资水平与劳动力流动呈正相关,说明高工资可以吸引劳动力,验证了假设2。当在回归模型(6)—(8)中加入地区地理关联特征变量之后,工资水平与劳动力流动负呈相关,但结果不显著,这在一定程度上反映了劳动力在流向选择时开始看重是否相邻、距离远近、到达是否方便等因素,从而削弱了高工资对劳动力流动的吸引力。一方面,交通的便利和可达性的提高,降低了劳动力流动

表 4　基本回归结果：公共服务等地区特征对劳动力流动的影响

变量	(1)	(2)	(3)	(4)	(5)	(6)	(7)	(8)
教育水平	1.179 87***	1.156 879***	1.174 85***	1.146 072***	1.193 909***	1.200 134***	1.186 388***	1.172 755***
	(0.010 863 2)	(0.016 584 9)	(0.018 009 2)	(0.025 403 7)	(0.032 395 2)	(0.034 915 4)	(0.034 676 9)	(0.034 528 3)
医疗水平	1.123 391***	1.091 591***	1.146 678***	1.110 239***	1.068 879**	1.169 265***	1.127 064***	1.112 836**
	(0.018 963 6)	(0.025 219 6)	(0.029 070 5)	(0.036 072 7)	(0.037 492 84)	(0.054 408 2)	(0.051 312 2)	(0.052 299 6)
经济发展水平		1.000 006 1*	1.000 006**	1.000 005	1.000 005	1.000 001	1.000 003	1.000 001***
		(0.000 003 12)	(0.000 003 33)	(0.000 003 54)	(0.000 003 54)	(0.000 003 76)	(0.000 003 82)	(0.000 003 81)
人口规模			1.000 15***	1.000 165***	1.000 139***	1.000 109***	1.000 092***	1.000 101***
			(0.000 015 7)	(0.000 018 4)	(0.000 021)	(0.000 022 4)	(0.000 022 6)	(0.000 022 6)
工资水平				1.000 01*	1.000 003	0.999 982 3	0.999 987 5	0.999 990 4
				(0.000 006 41)	(0.000 006 92)	(0.000 009 91)	(0.000 009 67)	(0.000 010 1)
失业率					0.778 610 4***	0.914 492 5	0.884 393 9	0.902 965 4
					(0.077 357 1)	(0.097 664 6)	(0.096 077 5)	(0.096 796 2)
户籍限制						2.434 677	2.914 249***	3.069 459***
						(0.541 316 7)	(0.659 187 5)	(0.034 534 9)
相邻指数							3.581 069***	2.121 861***
							(0.369 425 7)	(0.704 222 6)

续表

变量	(1)	(2)	(3)	(4)	(5)	(6)	(7)	(8)
区间距离								0.999 346 1*** (0.000 121 6)
固定效应	Yes	Yes	Yes	Yes	Yes	Yes	Yes	Yes
$Chi(2)$	393.57	396.67	485.09	487.33	493.77	511.42	656.65	686.86
$Pseudo\ R^2$	0.108 5	0.109 4	0.133 8	0.134 4	0.136 2	0.141	0.181 1	0.189 4
N	57 536	57 536	57 536	57 536	57 536	57 536	57 536	57 536

注：*、**、***分别表示10%、5%、1%的显著性水平，括号内数字为系数标准误；回归系数反映机会比率（odds ratio），用其减去1并乘以100，得到对应变量每增加1单位的机会比率的百分比变化[28]。表4—表7同。

的交通成本,在一定程度上弥补了地区工资差异;另一方面,随着地理位置的邻近,区域之间语言、文化、习俗等更加接近,降低了劳动力的融入成本。

(6)失业率的提高导致劳动力流动概率降低。如果一个地区的失业率较高,会增加劳动力就业的搜寻成本及时间成本,劳动力在流动过程中更偏向于选择流入低失业率地区。

(7)户籍限制会阻碍劳动力流动,而放松户籍限制则会显著促进劳动力流动。严格的户籍制度管理使外来务工人员很难享受到与户籍挂钩的教育、医疗、社会保障等诸多公共服务和福利,户籍制度的放松自然有助于推动劳动力地区间的转移。

(8)地区间地理位置的关联,关系劳动者在流动过程中的交通成本、时间成本和社会融入成本。在其他特征相同的情况下,劳动者更加倾向于流入相邻地区或地理位置近、交通便利的地区。这是因为地区间相邻或地理位置相近,意味着文化、习俗等差距较小,有利于劳动者快速融入。这一结论与工资水平影响不显著相辅相成。

(二)稳健性检验

条件 Logit 模型有一个重要的假设前提,即"无关方案的独立性"(Independence of Irrelevant Alternatives,IIA),它是指两种选择的机会比率与其他选择的概率无关。换言之,如果将多值选择模型中的任何两个方案单独挑选出来,都是二值 Logit 模型。Hausman-Mcfadden Test 是 IIA 假定是否满足的常用检验方法,其基本思想是:如果去掉某个选择方案并不影响其他方案参数的一致估计,则 IIA 假定成立;但如果删除的选择类别和剩下类别之间并非真正独立,则删除选择类别后所得的参数估计值将是非一致的[31]。

本文分别估计了无约束模型和受约束模型(依次删除流入地)①,发现大部分的 Chi(2)值都很小或为负②,所以无法拒绝原假设,即某地区与其他地区的选择行为独立,视为满足 IIA 假定。Hausman-McFadden 检验结果确认了本文所使用的条件 Logit 模型结果的可信性。

五、拓展模型:公共服务与劳动力流动的个体及家庭异质性

为检验假设 3,本部分对公共服务与劳动力流动的基本模型进行拓展,引入个

---

① 劳动力转移的地区选择有 31 个省份,我们采取每次删除 1 个选择地区的方法逐个进行检验,共进行 31 次 Hausman-McFadden 检验。

② 根据 Hausman 和 McFadden(1984)的论述可知,出现负值这种情况是可能的,并认为这表明不能拒绝 IIA 假设。

体及家庭异质性特征。上节中的回归模型(1)—(8)均采用条件 Logit 模型进行估计,认为所有的劳动者对教育和医疗有相同的偏好,并没有考虑个体异质性。不同特征的劳动者对于公共服务的偏好可能不同,为了考察个体及家庭异质性,本文从劳动者个体特征和家庭特征两方面进行考察。根据前文中的模型设定,使用公共服务和个人及家庭特征的交叉项来刻画不同的公共服务对劳动力流动的异质性,具体分析如下。

(一)个体异质性下公共服务与劳动力流动

本部分考察劳动者年龄和受教育水平的个体异质性对劳动力流动的公共服务偏好的影响,回归结果见表5。

表5 公共服务与劳动力流动的个人特征

变　量	(9)	变　量	(10)
地区教育水平	1.230 502 *** (0.038 380 6)	地区教育水平	1.173 534 *** (0.034 563 6)
地区医疗水平	1.126 368 ** (0.056 197 7)	地区医疗水平	1.112 346 ** (0.052 341 7)
地区教育水平×年龄	1.092 665 ** (0.040 015)	地区教育水平×受教育年限	1.002 567 *** (0.027 870 2)
地区教育水平×年龄^2	0.863 607 *** (0.02 978 85)		
地区医疗水平×年龄	1.003 062 (0.037 961 4)	地区医疗水平×受教育年限	1.048 744 *** (0.032 880 4)
地区医疗水平×年龄^2	0.972 618 5 (0.031 663 9)		
其他变量	已控制	其他变量	已控制
$Chi(2)$	394.00	$Chi(2)$	397.55
$Pseudo\ R^2$	0.1087	$Pseudo\ R^2$	0.1096
N	57 536	N	57 536

注:为避免交叉项带来的数值单位不统一,对教育水平、医疗水平、劳动者年龄、受教育年限做了标准化处理。表6同。

1. 年龄对公共服务的交叉影响

通过回归模型(9)可以发现,基础教育水平和年龄的交叉项为正,与年龄平方的交叉项为负,即两者呈现"倒U型"特征,表明劳动者在地区选择时比较注重当地的教育水平,同时对教育的关注度随年龄上升而下降。其原因可能在于:一是随着劳动者年龄的增大,其子女大多从学校毕业走向工作岗位;二是与我们选择的指标有关,本文更加关注基础教育水平。尽管医疗水平和年龄的关系与基础教育和年龄的关系类似,但是回归结果并不显著,加之地区医疗水平显著为正,说明劳动者年龄并不影响其对于医疗的需求,即不同年龄的劳动者都偏好流向医疗水平高的地区。

2. 受教育程度与公共服务的交叉影响

回归模型(10)中,地区教育水平与劳动者受教育年限均显著为正,说明劳动者受教育程度越高,越可能流入教育水平高的地区。劳动者本身的受教育水平提高了其非农就业的机会和概率,并且从就业区位、从业时间和行业类别等方面增强了从事非农就业的选择能力[32],可以提高劳动者工资回报[33]。劳动者会更加积极地投资子女教育方面,导致其在转移过程中更加注重选择教育水平高的地区就业。医疗水平与劳动者受教育年限显著为正,说明劳动者受教育程度越高,其对于健康的重视程度越高,越偏好选择医疗水平高的地区。

(二)家庭异质性下公共服务与劳动力流动

为了反映家庭异质性对劳动力流动的影响,结合公共服务的教育和医疗特征,本部分选择家庭教育特征和家庭医疗特征进行分析,具体指标包括家庭总人口、家庭子女数、16岁以下的子女数、家庭老人数、家庭教育支出和医疗支出。

1. 劳动力家庭教育特征对劳动转移中地区教育水平偏好的影响如表6中回归模型(11)—(13)显示,家庭总人数和家庭子女数并不会显著影响劳动力转移过程中对教育水平的偏好,而16岁以下子女数和家庭教育支出则会有显著影响。说明劳动力在转移过程中更愿意选择地区教育水平较高的地区,这主要归因于劳动者为义务教育阶段子女寻求更好的教育,也印证了表5中回归模型(9)的结果。另外,家庭教育支出也会强化劳动力流动对教育水平的偏好。家庭教育支出多,表明转移者更重视教育,毫无疑问会更加关注子女和本人接受教育的可能性及流入地的教育水平。

表6　公共服务与劳动力流动的家庭教育特征

变量	(11)	(12)	(13)
地区教育水平	1.171 17*** (0.034 509)	1.170 174*** (0.034 515 2)	1.170 298*** (0.034 526 7)
地区医疗水平	1.112 01** (0.052 210 5)	1.111 747** (0.052 243 1)	1.112 022** (0.052 273)
地区教育水平×家庭总人口			0.979 147 6(0.037 517 6)
地区教育水平×家庭子女数		0.957 503 9(0.028 187 8)	0.960 261 3(0.028 753)
地区教育水平×16岁以下子女数	1.001 956*** (0.026 789 8)	1.015 181** (0.028 536 8)	1.028 919** (0.038 371 8)
地区教育水平×家庭教育支出	1.049 255** (0.025 007 7)	1.052 139** (0.025 249 5)	1.054 068** (0.025 570 4)
其他变量	已控制	已控制	已控制
$Chi(2)$	690.88	693.15	693.45
$Pseudo\ R^2$	0.190 5	0.191 1	0.191 2
N	57 536	57 536	57 536

表 7 公共服务与劳动力流动的家庭医疗特征

变量	(14)	(15)	(16)
地区教育水平	1.172 527 *** (0.034 527 5)	1.172 736 ** (0.034 557 2)	1.172 7 *** (0.034 556 4)
地区医疗水平	1.112 144 ** (0.052 278 8)	1.111 366 ** (0.052 330 4)	1.111 182 ** (0.052 320 4)
地区医疗水平×家庭总人口			1.021 904(0.043 775 9)
地区医疗水平×家庭子女数		0.966 458 8(0.0319 061)	0.967 020 2(0.034 188)
地区医疗水平×16 岁以下子女数			0.978 7415(0.043 194 1)
地区医疗水平×家庭老人数	1.009 869 ** (0.028 088 4)	1.014 462 ** (0.028 630 7)	1.013 131 ** (0.028 767 4)
地区医疗水平×家庭医疗支出	1.019 675 ** (0.031 262)	1.010 161 ** (0.032 289 5)	1.012 615 ** (0.033 069 2)
其他变量	已控制	已控制	已控制
Chi(2)	687.37	688.46	688.76
Pseudo R^2	0.189 6	0.189 9	0.189 9
N	57 536	57 536	57 536

2. 劳动力家庭医疗特征对劳动转移中医疗水平偏好的影响如表 7 中回归模型(14)—(16)显示,家庭老人数和家庭医疗支出对劳动力选择高医疗水平地区有正向影响,家庭子女数和 16 岁以下子女数则没有正向影响。一方面,老年人抵抗力弱,患病可能性大,因而家庭老人数会显著增加劳动力转移者对地区医疗水平的偏好;另一方面,家庭医疗开支的增加同样从侧面说明家庭成员中有人患大病或有长期患病者,这可能促使劳动者在就业时更倾向选择医疗条件好的城市,以方便其照顾病人,且其人脉和社会网络也有助于家庭成员获得更好的医治。因此,家庭医疗开支会显著提高劳动者对高医疗水平地区的选择概率。

六、结论与政策建议

本文基于 2016 年中国家庭追踪调查数据(CFPS 2016)中劳动力流动的微观数据与 31 个省份的区域特征数据,建立基本模型和拓展模型,采用条件 Logit 估计方法,研究个体及家庭异质性下公共服务对劳动力转移的影响。研究发现如下情况(1)公共服务水平对劳动力转移具有正向的促进作用。劳动者除了追求高工资及就业机会之外,更倾向于流入基础教育和医疗服务水平高的城市。这表明外来人口在平等享受本地公共服务方面逐步改善,劳动力已逐渐融入流入地,其家庭成员也能够基本享受到该地区的基础教育和医疗卫生条件。具体而言,劳动者对流入地的基础教育水平更加看重,且随着医疗制度改革的推进,异地报销更加便利,劳动者追求高医疗水平的趋势愈发明显。(2)户籍制度仍然是劳动力流动的障碍,户籍限制与否对劳动力流动的作用存在显著差异。严格的户籍制度使得外来劳动力难以落户,无法享受到与户籍挂钩的公共服务,从而加大了劳动力流动成本,对劳动力流动造成阻碍。(3)劳动者个体差异中,受教育程度强化了劳动者流动中对基础教育和医疗服务的偏好;年龄因素只对地区教育水平敏感,而且随着劳动者年龄的上升,其对地区教育水平的追求愿望减弱。(4)家庭教育和医疗特征也会影响劳动者对流入地教育和医疗水平的选择。16 岁以下子女数和家庭教育支出显著影响劳动力转移过程中对教育水平的偏好;家庭老人数和家庭医疗开支提高了劳动者对高医疗水平地区的选择概率。说明劳动者流动在一定程度上是为了给予子女更好的教育条件和为老人提供更好的医疗环境。

尽管外来人口在公平享受本地公共服务方面进展快速、成效明显。然而,背井离乡在异域他乡奋斗,不仅为劳动者个人及家庭带来情感负担,也是“留守儿童”“空巢老人”等社会现象背后的无奈选择。因此,提供建议如下(1)政府应进一步提高公共服务支出所占比重,提升公共服务质量;积极加大教育、医疗卫生、社会保障、廉租房等基本公共服务的提供,提高其覆盖率和可及性;(2)积极推动公共服务均等化,真正消除城乡差距、地区差距、户籍差距,使得劳动者无论身在何处都能享受到同等的基本公共服务;(3)继续推进户籍制度改革,一方面降低落户难度,另一方面消除户籍制度造成的不平等,使其不再成为教育、医疗卫生等改革的藩篱,减少劳动力流动过程中的限制;(4)为使公共服务均等化落在实处,让符合条件的外来劳动者充分享受到应得的公共服务,应发挥基层居委会、社区医院的作用,建立和完善流动人口档案,实施动态管理和定期分析,并与政府其他部门实施数据共享,提高公共服务提供的有效性、灵活度和使用效率,合力推进流动人口基本公共服务均等化工作。

参考文献

[1]LEWIS W A. Economic development with unlimited supplies of labour[J]. Manchester school, 1954, 22(2):139 – 191.

[2]段成荣,袁艳,郭静. 我国流动人口的最新状况[J]. 西北人口,2013(6):1 – 7.

[3]RAVENSTEIN E G. The laws of migration[J]. Journal of the statistic society, 1885, 48 (2):167 – 235.

[4]程名望,史清华. 非经济因素对农村剩余劳动力转移作用和影响的理论分析[J]. 经济问题,2009(2):90 – 92.

[5]杨刚强,孟霞,孙元元,等. 家庭决策、公共服务差异与劳动力转移[J]. 宏观经济研究,2016(6):105 – 117.

[6]COMBES P P, MAYER T,THISSE J F. Economic geography:the integration of regions and nations[M]. Princeton, NJ:Princeton University Press, 2008.

[7]付文林. 人口流动的结构性障碍:基于公共支出竞争的经验分析[J]. 世界经济, 2007(12):32 – 40.

[8]TIEBOUT C M. A pure theory of local expenditures[J]. Journal of political economy, 1956, 64(5):416 – 424.

[9]OATES W E. The effects of property taxes and local public spending on property values: an empirical study of tax capitalization and the tiebout hypothesis[J]. Journal of political economy, 1969, 77(6):957 – 971.

[10]SHARP E B. Citizen demand-making in the urban context[M]. Tuscaloosa:University of Alabama Press, 1984.

[11]DAY K M. Interprovincial migration and local public goods[J]. Canadian journal of e-conomics revue canadienne déconomique, 1992, 25(1):123.

[12]BINET M E. Testing for fiscal competition among French municipalities:granger causality evidence in a dynamic panel data model[J]. Papers in regional science, 2003, 82(2): 277 – 289.

[13]CARLSEN F, LANGSET B, RATTSØ J, et al. Using survey data to study capitalization of local public services[J]. Regional science & urban economics, 2009, 39(6):688 – 695.

[14]DAHLBERG M, EKLÖF M, FREDRIKSSON P, et al. Estimating preferences for local public services using migration data[J]. Urban studies, 2012, 49(2):319.

[15]程名望,史清华,徐剑侠. 中国农村劳动力转移动因与障碍的一种解释[J]. 经济研究,2006(4):68-78.

[16]张青. 农村劳动力转移中公共服务供给的国际经验[J]. 社会主义研究,2008(4):123-126.

[17]陆铭. 玻璃幕墙下的劳动力流动——制度约束、社会互动与滞后的城市化[J]. 南方经济,2011(6):23-37.

[18]黄文正. 城市化、基本公共服务不均等化与劳动力转移[J]. 学术论坛,2012(7):146-150.

[19]汤韵,梁若冰. 中国省际居民迁移与地方公共支出——基于引力模型的经验研究[J]. 财经研究,2009(11):16-25.

[20]夏怡然,陆铭. 城市间的"孟母三迁"——公共服务影响劳动力流向的经验研究[J]. 管理世界,2015(10):78-90.

[21]LEE E S. A theory of migration[J]. Demography, 1966, 3(1):47-57.

[22]樊士德,沈坤荣. 中国劳动力流动的微观机制研究[J]. 中国人口科学,2014(2):17-31.

[23]文军. 从生存理性到社会理性选择:当代中国农民外出就业动因的社会学分析[J]. 社会学研究,2001(6):21-32.

[24]STARK O. The migration of labor[M]. Cambridge Massachusetts/Oxford England: Basil Blackwell, 1991.

[25]威廉·H. 格林. 计量经济分析[M].6版.北京:中国人民大学出版社,2011.

[26]MCFADDEN D. Conditional logit analysis of qualitative choice behavior[J]. Frontiers in econometrics, 1974:105-142.

[27]王桂新,潘泽瀚,陆燕秋. 中国省际人口迁移区域模式变化及其影响因素——基于2000年和2010年人口普查资料的分析[J]. 中国人口科学,2012(5):2-13.

[28]古扎拉蒂. 计量经济学基础[M].4版.北京:中国人民大学出版社,2005.

[29]DURANTON G, PUGA D. Micro-foundations of urban agglomeration economies[J]. Social science electronic publishing, 2004, 4(4):2063-2117.

[30]陆铭,高虹,佐藤宏. 城市规模与包容性就业[J]. 中国社会科学,2012(10):47-66.

[31]HAUSMAN J, MCFADDEN D. Specification tests for the multinomial logit model[J]. Econometrica, 1984, 52(5):1219-1240.

[32]杨金凤,史江涛.人力资本对非农就业的影响:文献综述[J]. 中国农村观察,2006(3):74-79.

[33]YANG D T. Education and off-farm work[J]. Economic Development & cultural change, 1997, 45(3):613-632.

税收征管能提高企业会计信息可比性吗?

——基于关联方交易的视角

张　勇[*]

基于关联方交易的视角考察我国各地区税收征管活动对企业会计信息可比性是否具有治理作用。实证研究结果表明,企业的关联方交易规模越大,其会计信息可比性越低。根据公平交易原则,区分关联方交易性质之后的研究发现,正常关联方交易与会计信息可比性之间无显著相关关系;而异常关联方交易与会计信息可比性之间具有显著负相关关系。进一步研究证实,企业所处地区的税收征管活动能够有效抑制异常关联方交易对会计信息可比性的负面影响,表现在异常关联方交易与会计信息可比性之间的显著负相关关系只在所处地区税收征管力度较弱的企业中存在。本研究丰富了既有国内外会计信息可比性影响因素、税收征管公司治理功能研究的文献,又有对税务机关进一步加大税收征管力度,充分发挥其公司治理功能,从而提高企业会计信息质量也具有参考价值。

一、引言

戴塞等(Desai et al,2007)[1]认为,政府因具有对企业利润的强制性征税权而成为其"最大的小股东"。出于保护税源的目的,税务机关在征税过程中对企业财务会计资料、应税物品等具有较高的法定检查权和处置权,此时企业一些危害税源的违法违规行为很可能被税务机关识破,从而面临巨大的诉讼与处罚成本,这在一定程度上抑制了企业管理层的机会主义动机。因此,税收征管被视为企业日常经营活动中重要的国家监控力量之一。诸多国内外资本市场的经验证据也表明,作为企业外部重要监督约束机制的税收征管具有公司治理功能,表现在高强

* 原载于《广东财经大学学报》2018 年第 4 期第 75 - 88 页。作者:张勇(1981—),男,江苏宿迁人,南京审计大学会计学院讲师。

度的税收征管能够抑制企业大股东占款、关联交易等掏空行为(曾亚敏和张俊生,2009)[2]以及向上的盈余管理活动(叶康涛和刘行,2011)[3],降低公司控制权的私有收益(Dyck和Zingales,2004)[4]、债务融资成本(Guedhami和Pittman,2008;潘越等,2013)[5—6]、股价崩盘和暴跌风险(江轩宇,2013;刘春和孙亮,2015)[7—8],改善经营业绩和投资效率(Mironov,2013;张玲和朱婷婷,2015)[9—10],从而提升企业价值(Desai等,2007;朱凯和孙红,2014)[1,11]。

在现实经济生活中,税收征管的一个重要内容就是对企业关联方交易的公平合理、独立交易情况进行审核评估,并利用与企业处于同一行业中的其他企业类似经济业务所生成的可比会计数据进行比较分析,借以选择合理的转让定价方法。从这个角度讲,税收征管、关联方交易与会计信息可比性之间有着天然紧密的联系,关联方交易是研究税收征管是否具有会计信息治理功能的最佳检验场景。

虽然既有文献证实,关联方交易会显著影响企业的盈余管理程度、降低盈余质量和信息透明度(佟岩和王化成,2007;郑国坚,2009;李增泉等,2011)[12—14],但伊姆霍夫等(Imhof,et al,2016)[15]指出,不同于稳健性、盈余管理等单个企业内部的会计信息质量特征(within-firm accounting quality),可比性关注的是同行业多个企业间财务报表项目的比较,是会计信息质量的企业间度量方式(between-firm measure of accounting quality)。那么,关联方交易能否对企业会计信息可比性产生类似于上述单个企业内部盈余质量的负面影响,出于"效率"动机和"机会主义"动机的正常、异常关联方交易在影响会计信息可比性问题上是否存在显著差异?

为了保护税源,我国诸多税收法规均将企业关联方交易、转移定价等行为纳入重要的监管范围。在针对企业关联方交易业务的《特别纳税调整实施办法》中,专门就不符合独立交易原则的关联方交易如何通过可比性分析选择合理转让定价方法,进而对显失公平合理的关联方交易价格进行审核评估、调查调整做了明确规定。在此过程中,出于侵占上市公司经济利益的"掏空"、向上市公司输送经济利益的"支持"等机会主义动机而进行的违反公平交易原则的异常关联方交易(Jian和Wong,2010)[16],可能会遭受税务机关的查处甚至面临高昂的处罚成本,而实务中税务机关通常利用与企业处于同一行业中的其他企业类似经济业务所生成的可比会计数据进行比较分析。为了躲避监管,企业可能会降低与同行业其他企业间会计信息的可比性水平。那么,作为外部重要的监督机制,具有公司治理效应的税收征管活动能否有效抑制上述异常关联方交易对会计信息可比性的负面影响呢?

与既有文献相比,本文的贡献体现在以下方面。(1)丰富了会计信息可比性影响因素研究的相关文献。目前,国外关于会计信息可比性影响因素的研究基本局限于从宏观制度层面即会计准则执行视角进行跨国研究(DeFond 等,2011;Lang等,2011;Barth,2013;Yip 和 Young,2012;Wang,2014)[17—21],鲜有发现从微观经济主体出发考察该问题。尚处于起步阶段的国内研究文献大多从企业外部审计师变更、任期、行业专长及会计师事务所合并视角(曹强等,2016;谢盛纹和刘杨晖,2016;谢盛纹和王清,2016;叶飞腾等,2017)[22—25]进行探讨。近几年虽有文献立足于我国特殊转型经济环境,基于关系型交易视角如供应商/客户关系型交易对会计信息可比性的成因进行了原创性考察(方红星等,2017)[26],但对于关联方交易这一资本市场上更为普遍的关系型交易模式(李增泉,2017)[27]能否对会计信息可比性产生影响却缺乏关注,本文的研究弥补了上述缺失。(2)考察了税务机关的税收征管活动对异常关联方交易与会计信息可比性之间关系的影响,相关结论丰富了税收征管公司治理功能方面的研究,以及关于税收征管能否在提升企业会计信息可比性方面发挥作用的文献,拓展了既往税收征管在企业会计信息披露决策中治理效应的研究(叶康涛和刘行,2011)[3]。

二、理论分析与研究假设

本文研究的目的是考察关联方交易视角下税收征管能否影响企业会计信息可比性水平,因此首先对关联方交易与会计信息可比性之间的关系进行理论分析,并根据公平交易原则将关联方交易区分为正常、异常两类,分别论述其对会计信息可比性的差异性影响。在此基础上,根据层层递进的逻辑,分析企业所处地区税收征管活动能否对异常关联方交易与企业会计信息可比性之间的关系产生积极的治理效应。

(一)关联方交易能否降低企业会计信息可比性水平

较高的会计信息可比性表现为同一年度、行业中,针对相同或相似的经济业务,不同企业间的会计系统所生成的会计信息具有相似性;当经济业务不同时,财务报表也能充分反映其差异(Barth,2013)[19]。可见,会计信息可比性反映了企业与行业内其他企业在会计信息系统与经营环境方面的相似性,其程度主要由企业外部宏观经济制度因素、整个行业共同因素以及公司特有因素等条件决定(Zhang,2013)[28],关注的是特定时期内同行业多个企业间财务报告项目的相似度。对于处在一国之内的企业而言,所面临的宏观经济制度环境和行业环境基本一致,因此,会计信息可比性水平的高低更多地取决于企业层面的特有因素,其中最为重要的便是交易模式的选择。关系型交易和市场化交易是两类可以相互替代的资源配置方式,由企业在对内部组织成本和市场交易成本权衡的基础上做出相应选择（Coase，1937）[29]。李增泉（2017）[27]指出，除了政商关系、集中的供应商与客户关系之外，关联方交易是我国企业经营活动中最为普遍的关系型交易模式，并且关系型交易模式下的会计计量、信息披露与市场化交易模式有着根本不同。由此看来，关联方交易理应会对作为会计信息质量特征之一的可比性产生影响，原因在于以下三个方面。

首先，关联方交易能够抑制企业披露可比会计信息的动机。在充分竞争的市场化交易模式下，交易伙伴需要利用企业公开的、具有较高可比性的会计信息把握所在行业的整体状况，对目标企业与同行业中其他众多备选合作企业的会计信息进行比较、分析、鉴别及预测，据此判断目标企业的财务状况并进行相关交易决策。同时，为了在竞争激烈的市场展现出相对于同行业企业的优势和特质，减少潜在交易伙伴的信息搜寻、处理成本，帮助其快速、准确地做出相关交易决策，最终促成交易项目的顺利实施，企业也有强烈的动机提高会计信息的可比性水平，以满足上述众多、分散的交易伙伴对可比会计信息的需求。相反，在关系型交易模式下，为了降低信息搜集、谈判及契约执行成本，企业与关联方之间的交易往往通过私下信息沟通渠道充分实现信息共享，交换各方决策所需的财务会计信息（李增泉等，2011；李增泉，2017）[14,27]。在关系网络内所有关联方对可比会计信息的需求已通过私下信息沟通渠道得到满足，对公开会计信息的可比性需求弱化时，企业出于信息披露成本的考虑，其公开披露可比会计信息的动机将会减弱。已有经验证据表明，关联方交易越多的企业，其信息披露水平越低，信息越不透明，股票价格的信息含量也越低（李增泉等，2011；王华和刘慧芬，2018）[14,30]。

其次，关联方交易的客观特点会降低会计信息的可比性。张（Zhang，2013）[28]指出，会计信息可比性程度受行业共同经济因素和企业层面特定因素的影响，前者有利于提升可比性，后者则会削弱与同行业其他企业间的可比性。在关联方交易活动中，企业与其关联方之间的交易在定价、交易条款等方面明显有别于市场化交易模式（李增泉等，2011）[14]，具有很强的特定性，从而造成了与同行业其他企业之间的会计信息不具备可比性。

最后，关联方交易中的管理层主观动机会对会计信息可比性产生负面影响。根据新制度经济学相关理论，处于新兴市场中的企业为了规避外部各类市场机制的不完善所导致的高昂交易成本，有动机将交易从外部市场转移到其关联方之间，以实现各交易主体之间的信息共享，降低市场信息获取、谈判及契约执行等交易成本，从而有助于提高企业经营效率，即关联方交易的"效率促进"动机。然而，在投资者保护程度较低的新兴市场中，关联方交易更容易成为控股股东与上市公司之间经济利益"掏空"或"支持"的工具，体现为关联方交易的"机会主义"动机

（Fisman 和 Wang，2010；郑国坚，2009）[31,13]。此时，主观上出于侵占上市公司经济利益的"掏空"、向上市公司输送经济利益的"支持"等动机而进行的违反公平交易原则的异常关联方交易（Jian 和 Wong，2010）[16]，可能会受到相关监管机构的监督、查处，甚至面临高昂的处罚成本。佐恩（Sohn，2011）[32]、朱长胜（2012）[33]及黄洁钦（2014）[34]的研究表明，为了甄别关联方交易定价的异常之处，监管机构如税务机关常常利用与企业处于同一行业中的其他企业类似的经济业务所生成的可比会计数据进行比较分析和判别。所以，为了躲避监管，企业管理层很可能利用自身的信息优势选择相应的会计政策和信息披露方式，执行异于行业标准的会计信息系统，或者操控会计信息披露过程，从而削弱与行业内其他企业之间的会计政策及信息披露的可比性，借以增加监管部门检查的难度和成本，进而获得预期收益。基于上述分析提出研究假设：

H1：企业的关联方交易规模越大，其会计信息可比性越低。

关联方交易根据公平交易原则可以区分为正常、异常两大类（Jian 和 Wong，2010）[16]。异常关联方交易通常成为上市公司进行各类机会主义活动（如经济利益掏空或支持等）的工具，而正常关联方交易则主要受约交易成本（如搜寻价格和交易者、谈判及契约执行成本等）的效率动机所驱动。因此，出于掩盖异常关联方交易以逃避监管（如税务机关的检查）的动机，企业会降低其会计信息可比性。既有经验研究证实，异常关联方交易会损害会计信息的债务契约有用性（陈燕等，2012）[35]。相比之下，正常关联方交易活动中的企业则没有上述逃避监管的动机，此时会计信息可比性受到负面影响的程度相对较小。郑国坚（2009）[13]认为，如果关联方交易主要受节约交易成本的效率动机所驱动，那么对会计盈余质量产生负面影响的可能性较小。理由是既然关联方交易可以降低企业交易费用，企业进而财务业绩得以提升，那么上市公司操纵财务报表信息的必要性也随之降低。根据上述理论分析提出研究假设：

H1a：在其他条件相同的情况下，与正常关联方交易相比，异常关联方交易对会计信息可比性的负面影响更大。

（二）税收征管能否有效抑制异常关联方交易对会计信息可比性的负面影响

根据上述理论分析，相比正常关联方交易，异常关联方交易对会计信息可比性的负面影响更大。另外，在现实经济生活中，出于侵占上市公司经济利益的掏空和向上市公司输送经济利益的支持等机会主义动机而进行的违反公平交易原则的异常关联方交易往往更容易被监管部门关注，税务机关出于保护税源的目的，通常会利用与企业处于同一行业中的其他企业类似经济业务生成的可比会计数据对显失公平的异常关联方交易进行比较分析。因此，本部分只关注异常关联方交易,并分析企业所处地区不同税收征管力度对异常关联方交易与会计信息可比性之间关系的影响是否存在显著差异。承上所述,出于机会主义动机的异常关联方交易会使企业管理层主观选择会计信息生成和披露的方式,从而对企业会计信息的可比性水平产生负面影响。那么,作为重要外部监督机制的税收征管活动,在抑制异常关联方交易对企业会计信息可比性的负面影响方面表现如何? 本文认为,税务机关具备股东特性和信息中介特性(Guedhami 和 Pittman,2008;潘越等,2013)[5—6],因而具有一定的公司治理功能。随着税收征管治理功能的发挥,企业管理层信息披露决策行为将得到有效监督,其会计信息可比性也会随之改善。表现在以下几个方面。

一是根据我国的《中华人民共和国税收征收管理法》(以下简称《税收征管法》),为了保障税源,具有较高法定检查权和处置权的税务机关通常会行使其"股东"权力对企业的财务会计资料、应税商品、货物等财产进行检查,一旦发现有违法行为,企业将会受到严厉的处罚。因此,基于上述特殊的权力优势,税收征管对企业日常经营活动来说具有较强的监控和威慑效应,这也是税收征管具有公司治理功能的前提。《税收征管法》第 36 条规定,企业与其关联方之间的业务往来应按照独立企业间的业务往来收取或者支付价款,否则税务机关有权进行合理调整;《税收征管法实施细则》第 52 条对此做出了详细说明,即独立企业间的业务往来是指没有关联关系的企业间按照公平成交价格和营业常规所进行的业务往来。显然,这里的"独立企业间的业务往来"指的是前文所提及的市场化交易模式,相反,异常关联方交易往往出于经济利益的掏空或支持等目的,在交易价格和条款设置上通常显失公平合法。因此,根据《税收征管法》,税务机关有权针对违反独立交易原则的异常关联方交易事项,根据同行业其他企业类似经济业务所生成的财务会计信息进行比较分析,并就定价、会计政策选择等内容进行相应的、一致的纠正和调整,在此过程中,企业会计信息可比性得以提升。

二是税务机关的税收征管具有信息中介效应。格达米和皮特曼(Guedhami & Pittman,2008)[5]指出,税收征管行为能够有效缓解企业融资中的信息不对称问题,从而有利于企业融资,这表明税务机关的税收征管活动具有信息中介效应。根据专门针对企业关联方交易业务的《特别纳税调整实施办法》,税务机关在对不符合独立交易原则的关联方交易进行审核评估、调查调整中,首先需要选定同行业可比企业,然后通过可比性分析选择合理的转让定价方法,其中的可比性因素分析包括交易资产或劳务特性、交易各方功能和风险、合同条款、经济环境、经营策略五个方面。因此,税务机关为了高效开展税收征管活动,对企业可比会计信息具有较高的需求。如果企业所在地区税收征管力度较强,那么迫于税务机关的监管压力,企业往往也会满足其信息需求,从而对外披露可比会计信息。叶康涛和刘行(2011)[3]的研究发现,高强度的税收征管抑制了上市公司的盈余管理行为;而刘春和孙亮(2015)[8]的经验研究表明,更强的税收征管力度能促使上市公司及时释放坏消息。这些都说明税收征管在提高上市公司会计信息质量方面起到了重要的作用。

基于上述分析,本文认为税收征收管理应成为约束企业会计信息可比性的重要力量,如果企业所处地区税收征管力度较强,上述异常关联方交易对会计信息可比性的负面影响将会得到有效抑制。基于此提出以下研究假设:

H2:在所处地区税收征管力度较强的企业与征管力度较弱的企业相比,异常关联方交易对会计信息可比性的负面影响较小。

借鉴叶康涛和刘行(2011)[3]、江轩宇(2013)[7]、潘越等(2013)[6]从税收努力程度和税收稽核强度两个方面衡量我国各区域税收征管力度的做法,上述假设包括以下两个分项假设:

H2a:在所处地区税收努力程度较高的企业与税收努力程度较低的企业相比,异常关联方交易对会计信息可比性的负面影响较小。

H2b:在所处地区税收稽核强度较大的企业与稽核强度较小的企业相比,异常关联方交易对会计信息可比性的负面影响较小。

三、研究设计

(一)变量定义与模型构建

1. 会计信息可比性的度量

德·弗瑞克(De Franco,et al,2011)[36]首次构建了企业层面会计信息可比性的测度方法,其有效性得到中国经验证据的支持(谢盛纹和刘杨晖,2016)[23],本文也采用该方法来度量中国上市公司的会计信息可比性特征。按照其解释,会计系统是经济业务生产财务报告的转换过程,在两家公司给定相同经济业务的情况下,两者会计系统生成的财务报表越相似,则会计信息可比性越强。

具体步骤如下:

首先,估算公司 i 和公司 j 的会计系统。为了使上述计算逻辑具有可操作性,分别使用股票收益、会计盈余代表经济业务对公司的净影响和公司的会计信息,利用 i 公司第 t 期前的连续16个季度数据对模型(1)进行回归估计,得到 i 公司会计系统转换函数 $\hat{\alpha}_i$、$\hat{\beta}_i$。同理得到 j 公司会计系统转换函数 $\hat{\alpha}_j$、$\hat{\beta}_j$。

$$Earnings_{it} = \alpha_i + \beta_i Return_{it} + \varepsilon_{it} \tag{1}$$

模型(1)中,被解释变量 $Earnings_{it}$ 为会计盈余(以剔除非经常性损益后的季度净利润与期初权益市场价值比值计算),解释变量 $Return_{it}$ 为季度股票收益率。

其次,利用公式(2)(3)分别计算相同经济业务(均为 $Return_{it}$)下公司 i 和 j 的预期盈余。

$$E(Earnings)_{iit} = \hat{\alpha}_i + \hat{\beta}_i Return_{it} \tag{2}$$

$$E(Earnings)_{ijt} = \hat{\alpha}_j + \hat{\beta}_j Return_{it} \tag{3}$$

式(2)中,$E(Earnings)_{iit}$ 为第 t 期根据 i 公司的会计系统转换函数和 i 公司的股票收益率计算的 i 公司的预期盈余;式(3)中,$E(Earnings)_{ijt}$ 为第 t 期根据 j 公司的会计系统转换函数和 i 公司的股票收益率计算出的 j 公司的预期盈余。

再次,利用公式(4)计算 i、j 公司的会计信息可比性。

$$CompAcct_{ijt} = -1/16 \times \sum_{t-15}^{t} \left| E(Earnings)_{iit} - E(Earnings)_{ijt} \right| \tag{4}$$

式中,$CompAcct_{ijt}$ 表示公司 i 和 j 之间的会计信息可比性,为两者预期盈余差异绝对值平均数的相反数。显然,$CompAcct_{ijt}$ 值越大,表示两者会计信息可比性越强。

最后,计算公司 i 的年度会计信息可比性。公式(4)度量了两个公司 i 和 j 之间的会计信息可比性,为了计算 i 公司的年度会计信息可比性,需要将其与所属行业(根据2001年版证监会上市公司行业分类,制造业细分至二级,其余行业为一级)内该年度所有其他公司进行配对组合,分别计算每一个组合的 CompAcct,并通过取均值或中位数的方法最终估算出该公司相对于同行业其他公司的年度会计信息可比性水平。为避免单一指标带来的度量偏误(De Franco 等,2011)[36],本文对行业内所有组合的 CompAcct 取均值和中位数,得到行业均值可比性指标 CompMn 及行业中位数可比性指标 CompMd。另外,Cooper 和 Cordeiro(2008)[37] 研究认为,投资者经常会选择行业内可比性最高的几家公司(4—6个)作为参照来评估会计信息可比性,所以本文对行业内所有组合的 CompAcct 进行从大到小降序排列,取前四名的均值,得到行业前四名均值可比性指标 CompMn4。

2. 关联方交易的度量

企业关联方交易类型众多,但从发生频率和重要性程度来看,企业与其关联方之间的商品销售和购买以及接受和提供劳务交易是关联方交易的主要形式。因此,与建和汪(Jian & Wong,2010)[16]、郑国坚(2009)[13]、黄蓉(2013)[38]的研究一致,本文将企业关联方交易规模 RPT 定义为年度商品和劳务的关联交易金额除以营业收入。

进一步地,借鉴建和汪(2010)[16]的研究方法,构建模型(5)计算正常、异常关联方交易水平。

$$RPT_t = \beta_0 + \beta_1 \times SIZE_t + \beta_2 \times LEV_t + \beta_3 \times MB_t +_t \sum IND_t + \varepsilon_t \tag{5}$$

具体方法：将上述关联方交易规模 RPT 对企业规模 SIZE（总资产取自然对数）、财务杠杆 LEV（资产负债率）、市账比 MB、行业固定效应进行分年度回归，将所得残差定义为异常关联方交易 UNRPT。相应地，前述 RPT 与 UNRPT 之差即为正常关联方交易 NRPT。

3. 税收征管力度的度量

本文从税收努力程度和税收稽核强度两个方面度量我国各区域税收征管力度。

一是税收努力程度 TE_dum。借鉴叶康涛和刘行（2011）[3]、江轩宇（2013）[7]的做法，构建模型（6）以估算各区域预期获得的税收收入。

$$T_{it}/GDP_{it} = \beta_0 + \beta_1 \times IND1_{it}/GDP_{it} + \beta_2 \times IND2_{it}/GDP_{it} + \tag{6}$$
$$\beta_3 \times OPENNESS_{it}/GDP_{it} + \varepsilon$$

模型中，T 为各区域当年的税收收入；GDP 为当年的地区生产总值；IND1 为当年第一产业生产总值；IND2 为当年第二产业生产总值；OPENNESS 为当年的进出口总额。

将各区域上述统计数据代入模型进行回归，计算出预期的 T_{it}/GDP_{it}，定义为 T_{it}/GDP_{it}_EST。根据公式（7），各区域实际税收收入与估算的预期税收收入比值即为税收努力指数 TE。显然，TE 越大，表示各区域的税收征管力度越强。根据 TE 设置哑变量 TE_dum，如果某个区域税收努力指数 TE 大于该年度该指数的中位数，则将 TE_dum 赋值为 1，表示税收努力程度较高，否则为 0。

$$TE_{it} = (T_{it}/GDP_{it})/(T_{it}/GDP_{it\_EST}) \tag{7}$$

二是税收稽核强度 Check_dum。根据潘越等（2013）[6]的研究，本文以《中国税务稽查年鉴》中披露的全国分省增值税抵扣凭证受托协查情况中的"有问题发票占受托协查发票的比率%"表示各区域税收稽核强度指数 Check。根据该指数设置哑变量 Check_dum，如果某区域税收稽核强度指数 Check 大于该年度该指数的中位数，则将 Check_dum 赋值为 1，表示税收稽核强度较大，否则为 0。

4. 回归模型

构建模型（8）用于检验假设 H1、H1a，构建模型（9）用于检验假设 H2、H2a及 H2b。

$$CompMn/CompMd/CompMn4 = \alpha + \beta \times RPT/NRPT/UNRPT +$$
$$\sum \lambda_i \times Control_i + \varepsilon \tag{8}$$

$$CompMn/CompMd/CompMn4 = \alpha + \beta \times UNRPT + \sum \lambda_i \times Control_i + \varepsilon \tag{9}$$

在利用模型（9）进行检验之前，将原样本按照上述税收征管力度的替代变量 TE_dum、Check_dum 分别划分为税收努力程度高低两组和税收稽核强度大小两组,代表着企业所在区域税收征管力度的强弱状况。随后进行多元回归分析检验,本文预期,在区域税收征管力度强组,异常关联方交易对会计信息可比性的负面影响要显著小于区域税收征管力度弱组。

借鉴方红星等(2017)[26]的做法,在上述模型中加入其他可能影响会计信息可比性的公司财务与治理特征等控制变量(Control),包括:Size、Roa、Lev、Seo、State、Board、Indepen、H5、Msh、Year、Industry。在后续所有回归中,本文对标准误进行了公司层面的聚类(cluster)调整,以保证结论的稳健性。具体变量定义见表1。

表1　变量定义

变量名称		变量符号	变量定义
会计信息可比性	可比性指标1	CompMn	企业 i 与行业内所有其他企业配对组合的可比性值取均值
	可比性指标2	CompMd	企业 i 与行业内所有其他企业配对组合的可比性值取中位数
	可比性指标3	CompMn4	企业 i 与行业内所有其他企业配对组合的可比性值取前四名均值
关联方交易	关联交易程度	RPT	年度商品和劳务的关联交易金额除以营业收入
	异常关联交易程度	UNRPT	RPT 对企业规模、财务杠杆、市账比分年度行业回归所得的残差
	正常关联交易程度	NRPT	RPT 与 UNRPT 之差
税收征管	税收努力程度	TE_dum	通过税收努力指数进行衡量,详见正文
	税收稽核强度	Check_dum	根据《中国税务稽查年鉴》中的相关指标自行编制,详见正文
公司规模		Size	期末总资产自然对数
总资产报酬率		Roa	本期营业利润/期末总资产
资产负债率		Lev	期末总负债/期末总资产
是否再融资		Seo	公司增发、配股取1,否则为0
控制人类型		State	国有为1,否则为0
董事会规模		Board	董事会总人数
独立董事比例		Indepen	独立董事人数/董事会总人数
股权集中度		H5	前五位股东持股比例的平方和
管理层持股		Msh	高管人员持股比例
年度哑变量		Year	根据样本区间涉及年数 n,设 n-1 个变量
行业哑变量		Industry	根据证监会行业分类,制造业细化至二级,共计21个行业,故设20个变量

（二）数据来源与样本选择

本文选取 2010—2015 年沪深 A 股非金融保险业上市公司作为研究样本,计算税收努力程度所需的各地区 GDP、进出口总额及税收数据来自国泰安区域经济、对外贸易及财政金融数据库;计算税收稽核强度所需的全国分省增值税抵扣凭证受托协查情况数据来自《中国税务稽查年鉴》;计算会计信息可比性、关联方交易规模、公司财务及相关治理特征所需的数据来自国泰安 CSMAR 数据库、CCER 经济金融数据库及 Wind 资讯金融终端。在后续实证检验中,本文剔除了回归所需变量数值缺失的样本,并依照惯例对连续变量进行上下 1% 的缩尾(winsorize)处理。

四、实证检验与结果分析

（一）主要变量的描述性统计与相关性分析

表 2 是主要解释变量、被解释变量的描述性统计和相关性分析结果。统计显示,样本期内,我国沪深 A 股上市公司与其关联方之间的商品和劳务交易金额占营业收入比重的均值为 13.8%,这表明关联方交易活动在企业经营中占据重要地位。会计信息可比性指标 CompMn、CompMd、CompMn4 的均值分别为 −0.014、−0.012、−0.003,中位数分别为 −0.012、−0.009、−0.002,这与江轩宇(2015)[39]、陈翔宇等(2015)[40] 的统计结果高度一致。税收稽核强度 Check_dum、税收努力程度 TE_dum 的均值分别为 0.475、0.509,表明我国目前总体上各地区税收征管力度偏弱。相关性分析结果显示,关联方交易规模 RPT 与会计信息可比性 CompMn、CompMd、CompMn4 均在 1% 水平上显著负相关,表明关联方交易规模越大,企业会计信息可比性越低。相反,税收稽核强度 Check_dum 与会计信息可比性 CompMn、CompMd、CompMn4 均在 1% 水平上显著正相关;税收努力程度 TE_dum 与 CompMn、CompMn4 之间具有不显著的正向关系,但与行业中位数可比性指标 CompMd 在 5% 水平上显著正相关。综合税收稽核强度和税收努力程度两个方面来看,地区税收征管力度越强,处于该地区的企业会计信息可比性水平越高。上述结果初步支持了研究假设 H1、H2。

（二）多元回归分析

表 3 是利用模型(8)对假设 H1、H1a 进行检验的结果。对于假设 H1,第(1)—(3)列的回归结果表明,在控制其他相关因素的情况下,企业关联方交易规模 RPT 的系数显著为负,即 RPT 与反映会计信息可比性水平的 3 个指标 CompMn、CompMd、CompMn4 均在 1% 水平上显著负相关。这说明,企业与其关联方之间的交易规模越大,双方越会依赖私下信息沟通渠道交换决策所需的财务会

表 2　主要变量描述性统计与相关系数表

变量	均值	中位数	CompMn	CompMd	CompMn4	RPT	NRPT	UNRPT	Check
CompMn	-0.014	-0.012	1						
CompMd	-0.012	-0.009	0.965***	1					
CompMn4	-0.003	-0.002	0.830***	0.845***	1				
RPT	0.138	0.044	-0.104***	-0.092***	-0.053***	1			
NRPT	0.130	0.115	-0.224***	-0.180***	-0.070***	0.434***	1		
UNRPT	0.008	-0.045	-0.026**	-0.030**	-0.030**	0.936***	0.096***	1	
Check_dum	0.475	0	0.047***	0.060***	0.052***	-0.032***	-0.003	-0.034***	1
TE_dum	0.509	1	0.019	0.026**	0.013	-0.010	0.004	-0.013	0.089***

注：***、**、* 分别表示在 1%、5%、10% 水平（双侧）上显著相关。

表 3　关联方交易与企业会计信息可比性

变量	不区分关联方交易性质 总体关联方交易性质（RPT）			区分关联方交易性质 正常关联方交易（NRPT）			异常关联方交易（UNRPT）		
	CompMn (1)	CompMd (2)	CompMn4 (3)	CompMn (4)	CompMd (5)	CompMn4 (6)	CompMn (7)	CompMd (8)	CompMn4 (9)
RPT	-0.0016*** (-3.086)	-0.0016*** (-2.796)	-0.0007*** (-2.686)						
NRPT				0.0012 (0.539)	0.0020 (0.818)	0.0016 (1.249)			
UNRPT							-0.0017*** (-3.308)	-0.0018*** (-3.199)	-0.0009*** (-3.399)
Size	-0.0008*** (-5.976)	-0.0009*** (-7.623)	-0.0004*** (-7.257)	-0.0008*** (-5.950)	-0.0009*** (-7.510)	-0.0004*** (-7.200)	-0.0008*** (-5.951)	-0.0009*** (-7.609)	-0.0004*** (-7.262)
Roa	0.0134*** (6.374)	0.0168*** (5.748)	0.0080*** (6.612)	0.0139*** (6.096)	0.0175*** (5.910)	0.0084*** (6.858)	0.0136*** (6.454)	0.0173*** (5.818)	0.0083*** (6.770)
Lev	-0.0062*** (-8.389)	-0.0071*** (-8.797)	-0.0032*** (-9.184)	-0.0062*** (-8.363)	-0.0073*** (-8.527)	-0.0033*** (-8.984)	-0.0063*** (-8.299)	-0.0072*** (-8.764)	-0.0032*** (-9.180)
Seo	0.0008*** (2.099)	0.0009*** (2.771)	0.0003*** (2.988)	0.0008*** (2.281)	0.0009*** (2.923)	0.0003*** (3.029)	0.0008*** (2.188)	0.0009*** (2.867)	0.0003** (2.963)
State	-0.0004* (-1.948)	-0.0006* (-1.787)	-0.0003*** (-2.700)	-0.0005** (-2.562)	-0.0006** (-2.315)	-0.0003*** (-2.860)	-0.0004** (-2.387)	-0.0005* (-1.893)	-0.0003** (-2.432)
Board	0.0001** (1.483)	0.0002** (2.218)	0.0001 (2.533)	0.0001** (1.439)	0.0002** (2.005)	0.0000 (2.410)	0.0001** (1.326)	0.0002** (2.176)	0.0001 (2.570)

续表

变量	不区分关联方交易性质			区分关联方交易性质					
	总体关联方交易（RPT）			正常关联方交易（NRPT）			异常关联方交易（UNRPT）		
	CompMn	CompMd	CompMn4	CompMn	CompMd	CompMn4	CompMn	CompMd	CompMn4
	(1)	(2)	(3)	(4)	(5)	(6)	(7)	(8)	(9)
Indepen	-0.000 1	0.000 2	-0.000 8	0.000 0	0.000 2	-0.000 9	-0.000 2	0.000 0	-0.001 0
	(-1.011)	(-0.049)	(0.114)	(-0.834)	(0.006)	(0.124)	(-0.906)	(-0.087)	(0.021)
H5	0.002 9***	0.003 2***	0.001 0***	0.002 4***	0.002 7***	0.000 7*	0.002 7***	0.003 0***	0.000 9**
	(2.307)	(3.878)	(3.909)	(2.608)	(3.314)	(3.315)	(1.943)	(3.620)	(3.637)
Msh	0.000 0**	0.000 0***	0.000 0***	0.000 0***	0.000 0***	0.000 0***	0.000 0**	0.000 0***	0.000 0***
	(3.019)	(2.305)	(2.741)	(3.186)	(2.330)	(2.853)	(3.303)	(2.114)	(2.626)
Year	控制	控制	控制	控制	控制	控制	控制	控制	控制
Industry	控制	控制	控制	控制	控制	控制	控制	控制	控制
_cons	0.010 9***	0.012 9***	0.005 6***	0.011 2***	0.013 0***	0.005 5***	0.011 4***	0.013 2***	0.005 5***
	(4.775)	(5.113)	(4.385)	(4.873)	(5.120)	(4.276)	(4.955)	(5.192)	(4.336)
N	4 645	4 645	4 645	4 588	4 588	4 588	4 588	4 588	4 588
r^2_a	0.280	0.215	0.190	0.289	0.216	0.177	0.291	0.218	0.178
F	43.972	28.972	21.890	48.954	29.632	19.976	49.077	29.653	20.232

注：括号内为 t 值并经过公司层面的聚类（cluster）调整；***、**、* 分别表示在 1%、5%、10% 水平上显著。表 4—表 6 同。

计信息,关联方对公开会计信息的可比性需求越低,出于披露成本的考虑,企业对外公开披露可比会计信息的动机也越低。此外,在交易定价、条款设置等方面均明显区别于市场化交易的关联方交易规模越大,与行业内其他企业间的会计信息越不具备可比性。最后,出于掏空或支持等机会主义动机的关联方交易会使管理层为了躲避监管而蓄意降低其会计信息可比性,以增加监管机构的检查难度和成本,进而获得预期超额收益。上述原因将最终导致企业会计信息可比性水平的下降。因此,假设 H1 获得了经验证据的支持。

对于假设 H1a,第(4)—(6)列检验的是正常关联方交易对会计信息可比性的影响。回归结果显示,在控制其他相关因素后,对于会计信息可比性的三个度量指标 CompMn、CompMd、CompMn4,解释变量 NRPT 的系数均不显著,即正常关联方交易对会计信息可比性没有产生显著的影响。相反,对于异常关联方交易而言,第(7)—(9)列的回归结果显示,UNRPT 的系数均显著为负,即异常关联方交易与反映企业会计信息可比性水平的三个指标 CompMn、CompMd、CompMn4 均在1%水平上呈显著的负相关关系,即异常关联方交易规模越大,企业的会计信息可比性越低。上述回归结果表明,关联方交易对会计信息可比性的负面影响主要来自异常关联方交易部分,而正常关联方交易对会计信息可比性水平没有直接影响。对于通常作为控股股东与上市公司之间经济利益掏空或支持等机会主义活动工具的异常关联方交易,企业为了逃避监管,会选择相应的会计政策和信息披露方式,执行异于行业标准的会计信息系统,或操控会计信息披露过程,从而削弱与行业中其他企业之间的会计政策和信息披露的可比性。而出于效率促进动机的正常关联方交易中的企业因没有上述逃避监管的动机,此时会计信息可比性则不会受到负面影响。这就证实了前文提出的"在其他条件相同的情况下,与正常关联方交易相比,异常关联方交易对会计信息可比性的负面影响会更大"这一研究假设。综上所述,假设 H1a 得以验证。

进一步地,根据层层递进的逻辑,本文检验了在区域税收征管力度不同的情境下,上述异常关联方交易对企业会计信息可比性的负面影响是否存在显著差异。表4是利用模型(9)对假设 H2a,即基于地区税收努力程度视角进行检验的结果。第(1)(3)(5)列检验的是针对地区税收努力程度高组,异常关联方交易对会计信息可比性的影响。回归结果显示,在控制其他相关因素后,虽然异常关联方交易 UNRPT 分别与会计信息可比性 CompMn、CompMd、CompMn4 之间为负相关关系,但并不显著,即此时异常关联方交易对会计信息可比性没有显著影响。相反,对于地区税收努力程度低组,第(2)(4)(6)列的回归结果显示,UNRPT 的系数显著为负,即异常关联方交易与会计信息可比性 CompMn、CompMd、CompMn4

均在1%水平上呈显著负相关,这说明较高的税收努力程度的确能够有效抑制异常关联方交易对会计信息可比性的负面影响,表现在与所处地区税收努力程度较低的企业相比,在所处地区税收努力程度较高的企业中,异常关联方交易对会计信息可比性的负面影响较小。由此可见,假设 H2a 获得了经验证据的支持。

　　表5 是从税收稽核强度视角检验税收征管在异常关联方交易对会计信息可比性的影响中能否有效发挥治理作用。第(1)(3)(5)列的回归检验结果显示,在控制其他相关因素后,对于所处地区税收稽核强度大的企业组,异常关联方交易 $UNRPT$ 与会计信息可比性 $CompMn$、$CompMd$、$CompMn4$ 之间并没有显著的负相关关系;而对于所处地区税收稽核强度小的企业组,$UNRPT$ 的回归系数为 − 0.002 8、− 0.003 0、− 0.001 1,且均在1%水平上显著,即此时异常关联方交易与会计信息可比性之间依然存在显著的负相关关系。这说明,作为税收征管力度重要体现的税收稽核强度具有监督和治理作用,能够有效抑制异常关联方交易对会计信息可比性的负面影响,从而促使企业管理层提供具有较高可比性的会计信息。表现在与所处地区税收稽核强度较小的企业相比,在所处地区税收稽核强度较大的企业中,异常关联方交易对会计信息可比性的负面影响较小。至此,假设 H2b 也得以验证。

　　综上所述,本文从地区税收努力程度、税收稽核强度两个视角,考察税收征管力度强弱对异常关联方交易与会计信息可比性之间关系的影响差异假设均得到经验证据的支持,即假设 H2 得以验证。上述研究结果表明,税收征管的确是约束企业会计信息可比性的重要力量,如果企业所处地区税收征管力度较强,那么异常关联方交易对会计信息可比性的负面影响将会得到有效抑制,即与所处地区税收征管力度较弱的企业相比,在所处地区税收征管力度较强的企业中,异常关联方交易对会计信息可比性的负面影响较小。

　　(三)稳健性检验

　　本文从以下几个方面进行了稳健性检验,以保证研究结论的可靠性。

　　1. 重新度量会计信息可比性

　　根据德·弗瑞克等(2011)[36]的做法,对公司 i 与行业内所有其他公司配对组合计算的可比性数值取前十名均值,记为 $CompMn10$,利用原有模型重新进行回归检验,结论不变。回归结果见表6。

　　2. 反向因果导致的内生性问题

　　本文研究结论可能存在一定的内生性,表现在关联方交易与会计信息可比性之间的负向关系可能是由于企业管理层故意降低其会计信息可比性水平,从而更容易实施关联方交易活动,即存在反向因果的内生关系。为了缓解该问题,采用工具变量法和两阶段最小二乘法(2SLS)进行处理。

表4　税收努力程度、异常关联方交易与企业会计信息可比性

变量	CompMn 税收努力程度		CompMd 税收努力程度		CompMn4 税收努力程度	
	高	低	高	低	高	低
	(1)	(2)	(3)	(4)	(5)	(6)
UNRPT	-0.001 8	-0.002 2***	-0.001 9	-0.002 3***	-0.001 0	-0.001 1***
	(-2.923)	(-1.469)	(-2.823)	(-1.631)	(-2.719)	(-1.536)
Size	-0.000 9***	-0.000 9***	-0.000 9***	-0.000 9***	-0.000 3***	-0.000 4***
	(-5.245)	(-3.777)	(-5.286)	(-3.731)	(-4.765)	(-2.244)
Roa	0.009 8**	0.017 3***	0.012 7**	0.021 4***	0.009 2***	0.007 4***
	(3.682)	(2.074)	(5.126)	(2.548)	(5.734)	(3.755)
Lev	-0.006 5***	-0.006 1***	-0.007 4***	-0.007 2***	-0.003 5***	-0.003 0***
	(-5.675)	(-4.931)	(-5.568)	(-5.138)	(-5.948)	(-4.195)
Seo	0.000 5	0.000 9**	0.000 5	0.001 0**	0.000 4**	0.000 1
	(0.475)	(1.263)	(2.322)	(1.309)	(2.407)	(2.079)
State	-0.000 3	-0.000 3	-0.000 5	-0.000 5*	-0.000 2	-0.000 2
	(-1.306)	(-0.833)	(-1.193)	(-1.049)	(-1.651)	(-0.759)
Board	0.000 3**	-0.000 0	0.000 3**	0.000 0	-0.000 1	0.000 2***
	(3.715)	(2.122)	(-0.248)	(2.368)	(0.025)	(-0.782)

续表

变量	CompMn 税收努力程度		CompMd 税收努力程度		CompMn4 税收努力程度	
	高 (1)	低 (2)	高 (3)	低 (4)	高 (5)	低 (6)
Indepen	0.000 3	−0.001 0	0.000 3	−0.000 6	−0.001 2	−0.001 1
	(−0.726)	(0.075)	(−0.439)	(0.089)	(−0.235)	(−0.572)
H5	0.001 1	0.004 5***	0.001 0	0.005 3***	0.001 4	0.000 5
	(0.822)	(0.687)	(4.149)	(0.552)	(4.321)	(1.557)
Msh	0.000 0	0.000 0*	0.000 1**	0.000 0	0.000 0	0.000 0***
	(2.680)	(1.545)	(1.685)	(2.117)	(1.594)	(1.034)
Year	控制	控制	控制	控制	控制	控制
Industry	控制	控制	控制	控制	控制	控制
_cons	0.008 1	0.013 4***	0.010 5*	0.014 6***	0.005 7*	0.005 5***
	(1.591)	(4.069)	(1.882)	(3.949)	(1.959)	(2.883)
N	2 356	2 232	2 356	2 232	2 232	2 356
r^2_a	0.267	0.322	0.202	0.247	0.206	0.168
F	18.039	25.416	8.841	16.418	5.759	11.360

表5 税收稽核强度、异常关联方交易与企业会计信息可比性

变量	CompMn		CompMd		CompMn4	
	税收稽核强度		税收稽核强度		税收稽核强度	
	大	小	大	小	大	小
	(1)	(2)	(3)	(4)	(5)	(6)
UNRPT	-0.0002***	-0.0028***	-0.0002***	-0.0030***	-0.0004	-0.0011***
	(-3.347)	(-0.332)	(-3.814)	(-0.281)	(-3.718)	(-1.081)
Size	-0.0001***	-0.0001***	-0.0001***	-0.0015***	-0.0000	-0.0006***
	(-7.333)	(-0.469)	(-9.426)	(-0.406)	(-9.091)	(-0.482)
Roa	0.0139***	0.0130***	0.0180***	0.0162***	0.0078***	0.0084***
	(4.710)	(4.036)	(4.037)	(4.735)	(4.669)	(4.085)
Lev	-0.0085***	-0.0041***	-0.0095***	-0.0050***	-0.0043***	-0.0021***
	(-4.131)	(-7.471)	(-4.540)	(-7.615)	(-5.089)	(-7.241)
Seo	0.0006*	0.0008*	0.0008**	0.0008*	0.0003	0.0003
	(1.114)	(1.891)	(1.814)	(2.175)	(1.738)	(1.623)
State	-0.0002	-0.0005*	-0.0004	-0.0006**	-0.0002	-0.0002
	(-1.149)	(-0.724)	(-1.719)	(-1.199)	(-2.020)	(-1.527)
Board	0.0003***	0.0000	0.0003***	0.0001	0.0001**	0.0000
	(0.277)	(3.286)	(0.448)	(3.430)	(0.810)	(2.182)

续表

变量	CompMn 税收稽核强度		CompMd 税收稽核强度		CompMn4 税收稽核强度	
	大	小	大	小	大	小
	(1)	(2)	(3)	(4)	(5)	(6)
Indepen	0.001 8	-0.000 5	0.002 6	-0.000 6	0.001 8	-0.002 8*
	(-1.909)	(0.798)	(-0.201)	(1.038)	(-0.217)	(1.561)
H5	0.001 2	0.004 5***	0.001 3	0.005 0***	0.000 3	0.001 7***
	(3.352)	(1.143)	(4.521)	(1.092)	(4.658)	(0.567)
Msh	0.000 0*	0.000 0	0.000 0*	0.000 0**	0.000 0*	0.000 0***
	(2.740)	(1.900)	(1.348)	(1.860)	(1.985)	(1.692)
Year	控制	控制	控制	控制	控制	控制
Industry	控制	控制	控制	控制	控制	控制
_cons	-0.007 0**	0.024 7***	-0.006 8**	0.027 6***	-0.003 0*	0.012 0***
	(-2.280)	(8.108)	(-1.966)	(8.300)	(-1.783)	(7.020)
N	2 216	2 372	2 216	2 372	2 216	2 372
r^2_a	0.301	0.318	0.223	0.250	0.198	0.193
F	43.667	29.054	13.950	19.282	10.664	13.038

表6 稳健性检验：因变量为 CompMn10

变量	总体关联方交易 (1)	正常关联方交易 (2)	异常关联方交易 (3)	税收努力程度		税收稽核强度	
				高 (4)	低 (5)	大 (6)	小 (7)
RPT	-0.000 8***						
	(-2.651)						
NRPT		0.002 1					
		(1.357)					
UNRPT	-0.001 1***	-0.001 3	-0.001 2***	-0.000 4	-0.001 5***		
	(-3.365)	(-1.614)	(-2.813)	(-0.904)	(-3.419)		
controlvars	控制	控制	控制	控制	控制	控制	控制
_cons	0.006 4***	0.006 2***	0.006 3***	0.006 6*	0.005 8**	-0.005 4**	0.015 1***
	(3.914)	(3.785)	(3.844)	(1.790)	(2.446)	(-2.433)	(7.097)
N	4 645	4 588	4 588	2 232	2 356	2 216	2 372
r^2_a	0.226	0.218	0.219	0.246	0.217	0.237	0.234
F	29.687	27.694	27.883	7.264	17.985	15.011	18.069

注：限于篇幅，本表仅列示解释变量与被解释变量之间的回归结果，控制变量同上表。

参照拉尔克尔(Larcker,2010)[41]的做法,选取样本期初行业平均的关联交易、正常关联交易、异常关联交易(*IMRPT*、*IMNRPT*、*IMUNRPT*)分别作为企业总体关联交易、正常关联交易、异常关联交易(*RPT*、*NRPT*、*UNRPT*)的工具变量,因为在现实经济生活中,关联交易的规模呈现出显著的行业特征(姜付秀等,2015)[42],上述总体、正常、异常关联交易的行业均值与行业内企业对应的关联交易规模相关,但直接影响单个企业会计信息可比性的可能性较小。在第一阶段,以内生性变量(*RPT*、*NRPT*、*UNRPT*)为因变量,以工具变量(*IMRPT*、*IMNRPT*、*IMUNRPT*)和控制变量为自变量进行回归,得到企业总体关联交易、正常关联交易、异常关联交易的预测变量(*PRPT*、*PNRPT*、*PUNRPT*)。在第二阶段,以会计信息可比性(*CompMn*、*CompMd*、*CompMn4*)为因变量,以上述关联方交易预测变量(*PRPT*、*PNRPT*、*PUNRPT*)和控制变量为自变量进行回归,结果显示,*PRPT*、*PUNRPT* 与 *CompMn*、*CompMd*、*CompMn4* 呈显著负相关,而 *PNRPT* 与 *CompMn*、*CompMd*、*CompMn4* 之间无显著相关关系,这与前文结论一致。鉴于上述稳健性检验结果与主回归高度一致,限于篇幅,这里不再详细列示。

综上可知,本文的研究结论十分稳健。

五、结论与启示

本文以 2010—2015 年沪深 A 股上市公司披露的详细关联方交易数据为研究样本,采用德·弗瑞克(2011)[36]提出的会计信息可比性测度方法,对关联方交易与企业会计信息可比性之间的关系进行实证检验。研究发现,企业的关联方交易规模越大,其会计信息可比性越差。根据公平交易原则,并借鉴建和汪(Jian & Wong,2010)[16]的研究方法,本文区分了关联方交易性质之后的研究发现,正常关联方交易与会计信息可比性之间无显著相关关系;而异常关联方交易与会计信息可比性之间具有显著负相关关系。进一步的研究证实,企业所处地区的税收征管活动能够有效抑制异常关联方交易对会计信息可比性的负面影响,表现在异常关联方交易与会计信息可比性之间的显著负相关关系只在所处地区税收征管力度较弱的企业中存在。

这一研究结论具有较高的实践和政策价值,主要表现:一是本文的研究表明,只有出于机会主义动机(如经济利益掏空或支持)的异常关联方交易才对会计信息可比性产生负面影响,这就要求监管层、投资者在制订相关信息披露政策、甄别企业会计信息质量时,应对企业显失公平合法的异常关联方交易给予必要的关注;二是异常关联方交易对会计信息可比性的负面影响仅存在于所处地区税收征管力度较弱的企业中,该结论为税务机关进一步加大税收征管力度,充分发挥其公司治理作用,从而更好地保护中小投资者利益提供了理论参考与经验证据支持。

参考文献

[1]DESAI M, DYCK I, ZINGALES L. Theft and taxes[J]. Journal of financial economics, 2007, 84: 591 – 623.

[2]曾亚敏,张俊生.税收征管能够发挥公司治理功用吗[J].管理世界,2009(3):143 – 151.

[3]叶康涛,刘行.税收征管、所得税成本与盈余管理[J].管理世界,2011(5):140 – 147.

[4]DYCK I, ZINGALES L. Private benefits of control: an international comparison[J]. Journal of finance, 2004, 59: 537 – 600.

[5]GUEDHAMI O, PITTMAN J. The importance of monitoring to debt pricing in private firms[J]. Journal of financial economics, 2008, 90: 38 – 58.

[6]潘越,王宇光,戴亦一.税收征管、政企关系与上市公司债务融资[J].中国工业经济,2013(8):109 – 120.

[7]江轩宇.税收征管、税收激进与股价崩盘风险[J].南开管理评论,2013(5):152 – 160.

[8]刘春,孙亮.税收征管能降低股价暴跌风险吗[J].金融研究,2015(8):159 – 172.

[9]MIRONOV M. Taxes, theft, and firm performance[J]. Journal of finance, 2013,68(4): 1441 – 1472.

[10]张玲,朱婷婷.税收征管、企业避税与企业投资效率[J].审计与经济研究,2015(2):83 – 91.

[11]朱凯,孙红.税收监管、经营性关联交易与公司价值[J].财经研究,2014(7):77 – 84.

[12]佟岩,王化成.关联交易、控制权收益与盈余质量[J].会计研究,2007(4):75 – 81.

[13]郑国坚.基于效率观和掏空观的关联交易与盈余质量关系研究[J].会计研究,2009(10):68 – 76.

[14]李增泉,叶青,贺卉.企业关联、信息透明度与股价特征[J].会计研究,2011(1):44 – 51.

[15]IMHOF M, SEAVEY S, SMITH D. Comparability and cost of equity capital[R]. Wichita:Wichita State University, 2016.

[16]JIAN M, WONG T J. Propping through related party transactions[J]. Rev account stud, 2010, 15: 70 – 105.

[17]DEFOND M, HU X, HUNG M, et al. The impact of IFRS adoption on mutual fund ownership: the role of comparability[J]. Journal of accounting and economics, 2011, 51(3):

240 – 258.

[18]LANG M H, MAFFETT M G, OWENS E L. Earnings comovement and accounting comparability: the effects of mandatory IFRS adoption[D]. North Carotiona:University of North Carolina at Chapel Hill and University of Rochester, 2011.

[19]BARTH M. Global comparability in financial reporting: what, why, how, and when?[J]. China journal of accounting studies, 2013, 1(1): 2 – 12.

[20]YIP R, YOUNG D. Does mandatory IFRS adoption improve information comparability[J]. The accounting review, 2012, 87(5): 1767 – 1789.

[21]WANG C. Accounting standards harmonization and financial statement comparability: evidence from transnational information transfer[J]. Journal of accounting research, 2014, 52(4): 955 – 992.

[22]曹强,胡南薇,陈乐乐.审计师流动与财务报告可比性[J].会计研究,2016(10): 86 – 92.

[23]谢盛纹,刘杨晖.审计师变更、前任审计师任期和会计信息可比性[J].审计研究, 2016(2):82 – 89.

[24]谢盛纹,王清.会计师事务所行业专长与会计信息可比性:来自我国证券市场的证据[J].当代财经,2016(5):108 – 117.

[25]叶飞腾,薛爽,杨辰.会计师事务所合并能提高财务报表的可比性吗?[J].会计研究,2017(3):68 – 74.

[26]方红星,张勇,王平.法制环境、供应链集中度与企业会计信息可比性[J].会计研究,2017(7):33 – 40.

[27]李增泉.关系型交易的会计治理[J].财经研究,2017(2):4 – 31.

[28]ZHANG H. Accounting comparability, audit effort and audit outcomes[D]. Louisiana: Louisiana State University, 2013.

[29]COASE R H. The firm, the market, and the law[M]. Chicago:University of Chicago Press, 1937.

[30]王华,刘慧芬.产品市场竞争,代理成本与研发信息披露[J].广东财经大学学报, 2018(3):52 – 64.

[31]FISMAN R, WANG Y. Trading favors within Chinese business groups[J]. American economic review:papers and proceedings, 2010, 100: 429 – 433.

[32]SOHN B. The effect of accounting comparability on earnings management[D]. Hong Kong:City University of Hong Kong, 2011.

[33]朱长胜.关于转让定价反避税中的可比性分析[J].财会通讯,2012(12):6 – 7.

[34]黄洁钦.对关联交易可比性分析的理解[J].国际税收,2014(8):64 – 66.

[35]陈燕,廖冠民,吴育新.关联交易、会计信息有用性与债务契约[J].经济科学,2012 (6):91 – 101.

[36]DE FRANCO G, KOTHARI S, VERDI R. The benefits of financial statement comparability[J]. Journal of accounting research, 2011, 49 (4): 895 – 931.

[37]COOPER I, CORDEIRO L. Optimal equity valuation using multiples: the number of comparable firms[R]. London:London Business School, 2008.

[38]黄蓉,易阳,宋顺林.税率差异、关联交易与企业价值[J].会计研究,2013(8): 47 – 53.

[39]江轩宇.会计信息可比性与股价崩盘风险[J].投资研究,2015(12):97 – 109.

[40]陈翔宇,肖虹,万鹏.会计信息可比性、信息环境与业绩预告准确度[J].财经论丛, 2015(10):58 – 65.

[41]LARCKER D F, RUSTICUS T O. On the use of instrumental variables in accounting research[J]. Journal of accounting and economics, 2010, 49(3):186 – 205.

[42]姜付秀,马云飙,王运通.退出威胁能抑制控股股东私利行为吗[J].管理世界,2015 (5):147 – 157.

中国会爆发公共债务危机吗？

——基于财政可持续性条件视角

刘孝斌　钟　坚*

基于我国 1991—2016 年的时间序列数据计算财政可持续性条件，进而从财政可持续性视角出发对中国公共债务危机的影响因素进行观察。研究发现：经济增长在防范公共债务危机方面扮演着关键性角色；财政收入增长速度、经济外向度可以作为防范债务危机的重要工具；财政支出增长速度、失业率、通货膨胀、城市化率等因素对防范债务危机的作用并不大。在以上结论的基础上构建调控财政可持续性的政策篮子，可将中国爆发公共债务危机的可能性调整到可控范围。

一、引言

学者们对于中国债务危机问题的关注由来已久[1—3]①，与欧美成熟的市场经济国家相比，中国的债务危机问题有着不同的表现形式及阶段性特征，尤其是在经济增长速度由高速转入中高速之后。中国的债务危机问题在经济新阶段已引起政府自上而下的高度重视，2014 年颁布的《国务院关于加强地方政府性债务管理的意见》说明中央政府已经意识到债务危机问题的严重性。2015 年财政部颁布《关于对地方政府债务实行限额管理的实施意见》，2016 年国务院办公厅发文《地方政府性债务风险应急处置预案》，2018 年财政部发布《关于做好 2018 年地方政府债务管理工作的通知》，等等，这一系列文件的出台将中国的债务危机(亦称债务风险)问题推到"政策性难题"的高度，受到政府、企业以及学者们的全方位关注。基于此，在中国经济发展的新阶段研究债务危机问题的影响因素，并以此为

---

* 原载于《广东财经大学学报》2018 年第 6 期第 43 – 57 页。作者：刘孝斌(1986—)，男，湖南衡阳人，深圳大学经济学院博士研究生，讲师；钟坚(1965—)，男，江西万安人，深圳大学经济学院二级教授，博士生导师。

① 若无特别说明，文中所指的债务危机皆为公共债务危机。

基础探讨防范债务危机的政策篮子将具有重要的现实意义。

债务危机是一个宏大且繁杂的问题,需要寻找一个新的视角进行观察。本文基于财政可持续性条件,对中国 1991—2016 年的财政可持续性进行判断并得出相应的结论。当财政处于不可持续状态时,意味着私人部门因质疑政府的债务清偿能力而对政府债务持观望态度,政府将无法通过债务融资渠道筹集满足政府支出所需要的资金,此时债务危机具备爆发的潜在可能性;若这一状态延续下去且得不到扭转,则债务危机的爆发将由潜在可能转变为现实。换言之,财政可持续性可被视为债务危机的一个反向观察视角,财政可持续性程度越高,债务危机爆发的可能性就越低。而目前还鲜有从财政可持续条件来分析中国财政的可持续性,并以此为视角来观察中国的债务危机问题,这正是本文的创新之处。

二、文献综述

关于债务危机的研究较多,哈吉瓦西里奥(Hajivassiliou,1989,1994)[4—5]从主权违约的角度研究债务危机,并将导致主权违约的因素归结为三个方面:来自官方债权人及私人债权人的债务重组;IMF 的援助额大于配额的 125%;到期未偿还外债本金所占比重大于 1%,同时这部分利息所占比重大于 0.1%①。皮特(Peter,2002)[6]对主权违约的原因做了进一步的探讨,认为当债务拖欠总额大于一个阈值时,将会出现违约现象。债务违约作为债务危机的一种重要表现形式受到学者们的关注。柯林(Cline,1984)[7]分析了债务违约的影响因素,发现外债偿还金额占出口总额的比值,以及经济增长速度、外汇储备占出口的比值这三个因素与债务违约呈负相关关系;债务本息和占出口总额的比值与债务违约呈正相关关系。李(Li,1992)[8]研究了拉丁美洲的债务违约情况,发现支付能力在债务超过临界值后将对债务违约情况产生决定性影响。泽特(Zeaiter,2008)[9]对发展中国家的债务违约情况进行了分析,发现通胀率、政治不稳定、实际利率等都会对债务违约产生显著影响。叶莲娜·劳瑟夫等(Jelena Lausev,et al,2011)[10]观察了东欧 15 国的债务违约情况,并对减少债务违约率的途径进行了探索。债务危机的一个重要后遗症是会极大地损害本国政府在资本市场的信誉,甚至会导致一个国家长期被资本市场拒之门外(Calvo,1998;Tomz 等 2005)[11—12]。但艾森格里和林德特(Eichengreen & Lindert,1989)[13]的研究得出了不一样的结论,他们认为债务违约似乎并不影响该国在未来进入资本市场,即未来的资本市场并不拒绝有债务违约纪录的国家。

---

① 文中将由主权违约导致的债务危机界定为主权债务危机。

在欧洲债务危机爆发之后,关于债务危机的研究形成了高潮。格兰马蒂科斯等(Grammatikos,et al,2010)[14]将欧债危机归结为欧元区经济体的财政政策在国际金融危机冲击下出现的危机,这与本文研究的财政可持续性有相似之处;布鲁宁格(Bruninger,2011)[15]对欧债危机进行了跟踪研究,结论是老龄化和既有的养老金制度对欧债危机起到了推波助澜的作用;叶永刚等(2016)[16]采用 GVAR 模型对欧债危机进行分析,进而探讨了国家信用风险的传导效应;李明明和秦凤鸣(2016)[17]基于欧元区 19 个国家在 1995—2014 年的面板数据,分析主权信用评级的改变对本国和他国经济增长率在债务危机期间的异质性影响。

本文从财政可持续性视角观察中国的债务危机问题。有关财政可持续性研究的文献非常丰富,凯恩斯(Keynes,1923)[18]在研究法国债务问题时提出了"可持续的财政政策",这是财政可持续性概念的起源。公共债务与财政可持续性是有着重要关联的两个概念,财政可持续性出现问题被理解为财政收入无法满足新发行债券的费用。在研究中国财政可持续性问题时学者们最初多采用时间序列数据方法,如周茂荣和骆传朋(2007)[19]、龚锋和余锦亮(2015)[20]以及邓晓兰等(2013)[21]。其中邓晓兰在研究公共债务背景下财政可持续性与中国经济增长之间的关系时,发现只有配合适度的赤字和国债规模,扩张性财政政策才具有可持续性。随着研究的深入,面板数据逐渐被应用到这一问题的研究之中,如孙正(2017)[22]、汪川和江红驹(2017)[23]等。其中汪川和汪红驹从财政可持续性视角出发,对新常态下中国实施积极财政政策的空间进行了探讨,认为未来需要注意财政风险向金融领域的蔓延等问题。

财政可持续性与债务危机紧密相连,当财政状况不可持续时,公共债务风险增大,若这种状况一直得不到扭转,债务风险将不断累积并最终酿成债务危机。从以上文献来看,研究债务危机问题的视角很多,但基于财政可持续性条件视角来探讨债务危机问题的学者很少,且从财政可持续性条件视角观察财政可持续性的文献也不多,运用中国的年度数据对财政可持续性条件进行计算,进而判断中国财政可持续性状况的文献更少。本文从财政可持续性条件出发探讨中国的财政可持续性问题,并对中国是否会爆发债务危机问题进行分析,希望能为政策制定者提供一定启示。这是本文的创新及现实意义所在。

三、财政可持续性条件的形成

债务危机意味着政府无法通过正常途径(除发行货币之外的途径)偿还债务,政府债券面临主权违约的风险。当财政不可持续时,则私人部门有可能因质疑政府的债务清偿能力而对政府债务持观望态度,政府将无法通过债务融资的渠道筹集满足政府支出所需的资金,此时债务危机存在爆发的潜在可能性。若财政不可持续状态一直延续得不到扭转,债务危机的爆发将由潜在可能性转变为现实。本文将财政可持续性视为债务危机的一个反向观察视角,财政可持续性程度越高,债务危机爆发的可能性就越低,反之,则债务危机爆发的可能性越高。换言之,财政可持续性与债务危机是一个问题的两个方面,当债务危机爆发时,财政必然是不可持续的[①]。一般而言,财政当前状况可持续需具备一个必要条件,即私人部门预期政府债务和债务/GDP 的比例能够持续稳定地维持在一个可接受的尺度以内。下面我们将对此进行理论分析。

在封闭的名义政府预算约束的基础上[②],通过构建基础预算赤字占 GDP 的比例,并假定各个变量是时变的,将会得到下式[③]:

$$\frac{b_t}{y_t} = -\frac{1}{1+R}\frac{d_t}{y_t} + \frac{(1+\pi)(1+\gamma)}{1+R}\frac{b_{t+1}}{y_{t+1}} \tag{1}$$

其中,b_t 为政府第 t 期的实际债务,y_t 为第 t 期的实际 GDP,b_t/y_t 为债务占 GDP 的比例,d_t 表示基础预算赤字,π 表示通货膨胀率,γ 表示实际 GDP 增长率。b_t/y_t 既可能有限界也可能无限界,但是只有当 b_t/y_t 有限界时,财政才是可持续的。对于(1)式需要分两种情况进行讨论。

(一)当名义 GDP 增长率高于名义利率时

当名义 GDP 增长率比名义利率高时,即 $\pi + \gamma > R$,(1)式是稳定的,此时通过连续替换后向迭代对其进行求解得到:

$$\frac{b_{t+n}}{y_{t+n}} = \left(\frac{1+R}{(1+\pi)(1+\gamma)}\right)^n \frac{b_t}{y_t} + \frac{1}{(1+\pi)(1+\gamma)}\sum_{s=0}^{n-1}\left(\frac{1+R}{(1+\pi)(1+\gamma)}\right)^{n-s-1}\frac{d_{t+s}}{y_{t+s}} \tag{2}$$

对(2)式取极限可得:

$$\lim_{n\to\infty}\frac{b_{t+n}}{y_{t+n}} = \frac{1}{(1+\pi)(1+\gamma)}\sum_{s=0}^{\infty}\left(\frac{1+R}{(1+\pi)(1+\gamma)}\right)^{n-s-1}\frac{d_{t+s}}{y_{t+s}} \tag{3}$$

对于(3)式需要进一步讨论。在 $\frac{d_{t+s}}{y_{t+s}}$ 未来不变的情况下,财政可持续的条件为:

---

① 需要指出的是,我们无法确定财政不可持续导致债务危机爆发的临界点,而仅仅是从"可能性"的视角来研究债务危机。财政不可持续的程度越高(或者说财政可持续的程度越低),债务危机爆发的可能性越大。而临界值的确定是不现实的,即当财政不可持续性达到临界值则触发债务危机。通过观察债务危机的历史数据可以发现或许并不存在某个触发的"临界值"。当然,在理论上对其进行探索是必要的。

② 关于封闭的名义政府预算约束,可以参考:WICKENS M. Macroeconomic Theory:A Dynamic General Equilibrium Approach[M]. 2nd ed. Princenton and Qxford:Princeton University Press,2011.

③ 由于篇幅所限,数学推导过程做了简化处理,需要详细数学推导过程的可以与作者联系。

$$\frac{b_t}{y_t} \geqslant \frac{1}{\pi + \gamma - R} \frac{d_t}{y_t} \tag{4}$$

满足(4)式则债务/GDP 比例是有限界的,也即财政是可持续的。(4)式的含义为:若当期和未来赤字的现值占 GDP 的比例(右边)不超过当期的债务/GDP 比例(左边),财政是可持续的。该式被称为财政可持续的现值条件。

对于(3)式,如果政府出现了永久的赤字,则:

$$\frac{D_t}{y_t} = \frac{d_t}{y_t} + R \frac{b_t}{y_t} \tag{5}$$

上式中 D_t 为实际政府总赤字,R_t 是无风险利率,也是债券的名义利率。于是财政可持续的条件为:

$$\frac{b_t}{y_t} \geqslant \frac{1}{\pi + \gamma - R} \frac{d_t}{y_t} \geqslant \frac{1}{\pi + \gamma - R}\left(\frac{D_t}{y_t} - R \frac{b_t}{y_t}\right) \geqslant \frac{D_t / y_t}{\pi + \gamma} \tag{6}$$

(6)式为在出现永久总赤字的情况下财政可持续的条件,被称为财政可持续的总赤字条件。它意味着即便存在永久的总赤字,财政仍然存在可持续的可能。

(二)当名义 GDP 增长率低于名义利率时

名义 GDP 增长率比名义利率低,即 $\pi + \gamma < R$,(1)式是不稳定的,采取前向迭代求解,得到:

$$\frac{b_t}{y_t} = \left(\frac{(1 + \pi)(1 + \gamma)}{1 + R}\right)^n \frac{b_{t+n}}{y_{t+n}} - \frac{1}{1 + R} \sum_{s=0}^{n-1} \left(\frac{(1 + \pi)(1 + \gamma)}{1 + R}\right)^s \frac{d_{t+s}}{y_{t+s}} \tag{7}$$

对上式取极限可得:

$$\frac{b_t}{y_t} \leqslant \frac{1}{1 + R} \sum_{s=0}^{\infty} \left(\frac{(1 + \pi)(1 + \gamma)}{1 + R}\right)^s \left(\frac{-d_{t+s}}{y_{t+s}}\right) \tag{8}$$

式中 $-d_t > 0$ 表示基础预算盈余。之所以将等号替换成不等号,是因为即便当期和未来盈余的现值占 GDP 比例超过当期的债务/GDP 比例,财政依然是可持续的。此时财政可持续意味着当期和未来盈余的现值足以偿付当期的债务。对(8)式需要进一步讨论,如果 $\frac{d_{t+s}}{y_{t+s}}$ 未来保持不变,财政可持续的条件为:

$$\frac{b_t}{y_t} \leqslant \frac{1}{1 + R} \sum_{s=0}^{\infty} \left(\frac{(1 + \pi)(1 + \gamma)}{1 + R}\right)^s \left(\frac{-d_t}{y_t}\right) \cong \frac{1}{R - \pi - \gamma}\left(\frac{-d_t}{y_t}\right) \tag{9}$$

上式意味着未来基础预算盈余是偿还当期债务的资金来源(盈余越多越好)。(9)式即财政可持续的现值条件。

对于(8)式,如果基础预算出现赤字,则财政可持续的条件为:

$$\frac{b_t}{y_t} \geqslant \frac{D_t / y_t}{\pi + \gamma} \tag{10}$$

当 $\dfrac{b_t}{y_t} \geq \dfrac{1}{\pi + \gamma} \dfrac{D_t}{y_t}$ 时,债务/GDP 比例将保持不变或下降,此时财政是可持续的。

(10)式即财政可持续的总赤字条件。

四、现实观察:中国的财政可持续性

前文对财政可持续条件进行了探讨,得出两种情况下的两个条件:财政可持续的现值条件和总赤字条件。如果用中国的经济数据计算财政可持续条件会产生怎样的结果? 通过财政可持续条件能够判断中国历年的财政状况是可持续的吗? 要回答以上问题,需要对中国的财政可持续条件进行计算。具体步骤如下:

$$
FSY = \begin{cases}
\left[(1+\pi)(1+\gamma)\right]/(1+R) > 1 \text{ 时} \begin{cases} \dfrac{b_t}{y_t} \geq \dfrac{1}{\pi + \gamma - R}\dfrac{d_t}{y_t}, D < 0 \\[2ex] \dfrac{b_t}{y_t} \geq \dfrac{D_t/y_t}{\pi + \gamma}, D > 0 \end{cases} \\[6ex]
0 < \left[(1+\pi)(1+\gamma)\right]/(1+R) < 1 \text{ 时} \begin{cases} \dfrac{b_t}{y_t} \leq \dfrac{1}{R - \pi - \gamma}\left(\dfrac{-d_t}{y_t}\right), D < 0 \\[2ex] \dfrac{b_t}{y_t} \geq \dfrac{D_t/y_t}{\pi + \gamma}, D > 0 \end{cases}
\end{cases}
$$

其中 FSY 即为财政可持续性条件。

公式中各参数的取值及数据来源说明见表1。

表1 各参数的取值说明

参数	含义	取值来源	数据来源
$\pi + \gamma$	名义 GDP 增长率	中国年度名义 GDP 增长率	国泰安数据库
R	无风险利率	中国人民银行基准利率:对金融机构一年期贷款利率①	国泰安数据库
y	GDP(或总产出)	中国年度 GDP	国泰安数据库
b	政府债务	中国中央财政年度债务余额②	国家统计局
d	基础预算赤字	中国国家财政支出减去国家财政收入的余额(余额为正表示赤字,为负表示盈余)	国泰安数据库

---

① 中国人民银行发布的金融机构贷款利率在同一年度内有可能多次调整,本文选择年末利率作为当年度金融机构一年期贷款利率。

② 从 2005 开始国家对政府债务采取余额管理,之前是按发行额进行管理。本文用 2005 年债务余额除以发行额的比例为基准,以此估计 2005 年之前各年度中国中央政府债务余额。

续表

参数	含义	取值来源	数据来源
D	总赤字	$d+Rb$	国泰安数据库、国家统计局

代入表 1 中的取值,对 1991—2016 年的中国财政可持续条件进行计算,结果见表 2。

表 2　1991—2016 年中国财政可持续条件计算结果

年份	$\dfrac{b_t}{y_t}$	$\dfrac{D_t/y_t}{\pi+\gamma}$	财政可持续性条件的适用类型	结论
1991	0.098 6	0.108 0	(6)式	不可持续
1992	0.116 0	0.076 4	(6)式	可持续
1993	0.097 8	0.060 4	(6)式	可持续
1994	0.114 0	0.065 8	(6)式	可持续
1995	0.121 0	0.095 1	(6)式	可持续
1996	0.130 9	0.123 9	(6)式	可持续
1997	0.148 1	0.187 5	(6)式	不可持续
1998	0.186 1	0.322 9	(6)式	不可持续
1999	0.195 8	0.406 5	(6)式	不可持续
2000	0.198 8	0.300 9	(6)式	不可持续
2001	0.198 5	0.296 2	(6)式	不可持续
2002	0.222 1	0.325 1	(6)式	不可持续
2003	0.212 3	0.212 3	(6)式	不可持续
2004	0.200 8	0.113 9	(6)式	可持续
2005	0.175 3	0.125 1	(6)式	可持续
2006	0.159 9	0.077 6	(6)式	可持续
2007	0.192 3	0.007 4	(6)式	可持续
2008	0.165 7	0.050 5	(6)式	可持续
2009	0.172 8	0.334 4	(6)式	不可持续

年份	$\dfrac{b_t}{y_t}$	$\dfrac{D_t/y_t}{\pi+\gamma}$	财政可持续性条件的适用类型	结论
2010	0.164 2	0.126 5	(6)式	可持续
2011	0.148 6	0.094 1	(6)式	可持续
2012	0.143 9	0.193 3	(6)式	不可持续
2013	0.146 9	0.255 3	(6)式	不可持续
2014	0.148 4	0.254 3	(6)式	不可持续
2015	0.155 3	0.616 4	(6)式	不可持续
2016	0.162 0	0.547 9	(6)式	不可持续

由表2可知,1991—2016年中国财政呈现可持续和不可持续交替的局面,其中不可持续主要集中于1997—2002年和2009—2016年两个时间段,恰好与1997年的亚洲金融危机和2008年的美国次贷危机重合。表2的计算结果显示,中国从2009—2016年已经连续五年没能扭转财政不可持续的局面,债务危机爆发的可能性正在逐步放大。对于中国财政可持续性做出判断之后面临着难以回避的问题:哪些因素对中国财政可持续性以及债务危机爆发的可能性冲击最大? 冲击的方向和过程是怎样的? 这些问题将通过下面的实证分析来回答。

五、实证检验:哪些因素在冲击中国财政的可持续性

(一)影响因素篮子

基于前述分析可知,影响财政可持续性的因素主要来自名义GDP增长率、无风险利率、总产出、政府债务、基础预算赤字、总赤字六个方面。班迪耶拉(Bandiera,2008)[24]的研究表明,经济增长率、通货膨胀率、汇率是政府债务的重要影响因素;克林杰等(Clinger, et al,2008)[25]认为名义利率是政府赤字的重要影响因素;龚锋和余锦亮(2015)[20]研究了税收负担、老龄化对财政可持续性的影响;孙正(2017)[22]认为,经济开放程度、通货膨胀率、城市化率、固定资产投资比率、失业率、政府规模会对财政可持续性产生影响。参考上述文献,同时考虑财政可持续性条件的六个组成部分,我们认为GDP增长率、财政收入增长速度、财政支出增长速度三个指标也会对财政可持续性产生直接影响,因此将其纳入财政可持续性的影响因素篮子之中。具体而言,中国财政可持续性影响因素篮子由以下因素构成(参见表3)。

表3 中国财政可持续性影响因素篮子

影响因素符号	影响因素名称	衡量指标
GDP	经济增长率	GDP 实际增长率
CPI	通货膨胀率	CPI 的年度涨幅
FIR	财政收入增长速度	一般公共预算收入增长速度
FER	财政支出增长速度	一般公共预算支出增长速度
IR	利率	中国人民银行基准利率:对金融机构一年期贷款利率①
SOG	政府规模	政府消费/GDP
UNE	失业率	城镇登记失业率
OPEN	经济外向度	进出口总额/GDP
CITY	城市化率	城镇人口占总人口的比重
AGE	老龄化	65 岁以上人口占比
FAS	固定资产投资比率	固定资产投资占 GDP 比率
EXR	汇率	100 美元兑人民币的汇率
TAX	税收负担	总税收/GDP

注:表中数据均来自国泰安数据库。

(二)模型设定

本文采用双对数模拟检验各因素对中国财政可持续性的影响,模型表达式如下:

$$LN(FSY)_t = \alpha_t + \beta_1 LN(GDP)_t + \beta_2 LN(CPI)_t + \beta_3 LN(FIR)t + \beta_4 LN(FER)t +$$
$$\beta_5 LN(IR)_t + \beta_6 LN(SOC)_t + \beta_7 LN(UNE)_t + \beta_8 LN(OPEN)_t +$$
$$\beta_9 LN(CITY)_t + \beta_{10} LN(AGE)_t + \beta_{11} LN(FAS)_t +$$
$$\beta_{12} LN(EXR)_t + \beta_{13} LN(TAX)_t + \varepsilon_t \qquad (11)$$

模型中各变量的含义及衡量指标与表3相同。

(三)变量及数据说明

1. 被解释变量:财政可持续性(FSY)

基于中国财政可持续性条件,构造 K 指数来衡量财政可持续程度。

$$K = \frac{b_t}{y_t} \bigg/ \frac{D_t/y_t}{\pi + \gamma} \qquad (12)$$

---

① 中国人民银行发布的金融机构一年期贷款利率有可能会在同一年度内多次调整,本文选择年末适用的利率作为当年度的金融机构一年期贷款利率取值来源。

其中,K≥1 表明财政不可持续,K<1 表明财政可持续①。从 K 指数的计算公式可知,K 值越大,财政可持续的可能性越小。这暗含着两层意思,若财政是可持续的,即 K≤1,则 K 值越大财政可持续的可能性越小,或者可持续的程度越小;若财政是不可持续的,即 K>1,则 K 值越大意味着不可持续的可能性越大,或者不可持续的程度越大。因此 K 值是一个反向指标,其值越大,表明中国财政可持续的可能性越小,爆发债务危机的可能性越大。

2. 解释变量

在影响财政可持续性的 13 个因素中,重点关注经济增长率、通货膨胀率、财政收入增长速度、财政支出增长速度、政府规模这 5 个核心解释变量。

应注意的是,协整检验及 VAR 方程对变量个数有严格要求,如果将 13 个因素全部引入回归方程将会出现观测数不足的问题,使实证检验难以继续。在考虑本文样本数据(1991—2016 年的时间序列数据)容量的前提下,将(11)式拆分成满足协整检验变量个数要求的公式(在随后的实证检验中我们发现最佳变量个数是 5,包括被解释变量在内)。于是本文以 GDP、CPI 以基准解释变量,依次引入其他解释变量,构成以下六个回归方程。这六个方程将在实证检验中同时进行估计。

$$LN(FSY)_t = \alpha_t + \beta_1 LN(GDP)_t + \beta_2 LN(CPI)_t + \beta_3 LN(FIR)t + \beta_4 LN(IR)_t + \varepsilon_t \quad (13)$$

$$LN(FSY)_t = \alpha_t + \beta_1 LN(GDP)_t + \beta_2 LN(CPI)_t + \beta_3 LN(FER)t + \beta_4 LN(SOG)_t + \varepsilon_t \quad (14)$$

$$LN(FSY)_t = \alpha_t + \beta_1 LN(GDP)_t + \beta_2 LN(CPI)_t + \beta_3 LN(UNE)t + \beta_4 LN(OPEN)_t + \varepsilon_t \quad (15)$$

$$LN(FSY)_t = \alpha_t + \beta_1 LN(GDP)_t + \beta_2 LN(CPI)_t + \beta_3 LN(CITY)t + \beta_4 LN(AGE)_t + \varepsilon_t \quad (16)$$

$$LN(FSY)_t = \alpha_t + \beta_1 LN(GDP)_t + \beta_2 LN(CPI)_t + \beta_3 LN(FAS)t + \beta_4 LN(EXR)_t + \varepsilon_t \quad (17)$$

$$LN(FSY)_t = \alpha_t + \beta_1 LN(GDP)_t + \beta_2 LN(CPI)_t + \beta_3 LN(FER)t + \beta_4 LN(TAX)_t + \varepsilon_t \quad (18)$$

3. 样本数据

采用中国 1991—2016 年的时间序列数据②,目的是通过较长的时间序列来观察各种影响因素对中国财政可持续性的冲击,这也是本文没有选择面板数据的原因。样本数据的描述性统计结果如表 4 所示。

---

① 虽然财政可持续条件有多种情况,但是通过计算财政可持续条件的各种步骤进行判断可以发现,1991—2016 年间中国财政可持续条件只适用(8)式,即在 $[(1+\pi)(1+\gamma)]/(1+R) > 1$ 时的总赤字条件 $\dfrac{b_t}{y_t} \geq \dfrac{D_t/y_t}{\pi+\gamma}$。这便是 K 指数计算公式的基础。

② 选择 1991 年为样本数据的起点是考虑了分税制在我国财政体制发展历程中的分水岭意义。分税制虽然于 1994 年正式实施,但早在 1991 年便确定了改革思路并开始试点。而且 1991 年是"八五计划"的开局之年,对于中国经济发展而言比 1994 年更具划时代意义。

表 4　各变量样本数据的描述性统计

	FSY	GDP	CPI	UNE	FIR	FER	FAS	SOG	OPEN	IR	CITY	AGE	EXR	TAX
平均数	1.262 4	0.098 3	0.043 3	0.036 0	0.166 6	0.171 2	0.484 5	0.142 1	0.434 2	0.053 1	0.411 5	0.078 1	732.339 6	0.147 1
中位数	1.048 1	0.095 0	0.026 3	0.040 1	0.169 2	0.173 7	0.421 7	0.139 6	0.414 8	0.038 5	0.411 5	0.075 5	778.790 0	0.148 1
最大值	3.969 6	0.147 0	0.241 0	0.043 0	0.324 0	0.257 0	0.818 7	0.168 4	0.643 6	0.111 6	0.573 5	0.108 0	861.870 0	0.187 2
最小值	0.038 5	0.064 0	-0.014 0	0.023 0	0.045 0	0.063 0	0.253 7	0.128 7	0.316 6	0.032 4	0.269 4	0.060 0	532.330 0	0.097 6
标准差	0.891 5	0.022 9	0.059 3	0.006 7	0.065 9	0.052 4	0.180 7	0.010 8	0.103 4	0.027 7	0.099 5	0.014 4	107.299 2	0.030 4
偏度	1.469 7	0.661 9	1.994 3	-0.660 2	0.086 6	-0.289 5	0.643 5	1.153 8	0.723 9	1.242 0	0.065 7	0.602 7	-0.406 2	-0.185 9
峰度	5.221 9	2.586 7	6.578 7	1.943 5	2.775 1	2.265 4	2.022 6	3.376 8	2.324 9	2.834 0	1.681 5	2.235 1	1.631 2	1.651 6
JB 检验	14.708 3	2.083 3	31.109 5	3.098 0	0.087 3	0.947 7	2.829 5	5.923 0	2.764 6	6.713 8	1.902 1	2.207 9	2.744 6	2.119 5
P 值	0.000 6	0.352 9	0.000 0	0.212 5	0.957 3	0.622 6	0.243 0	0.051 7	0.251 0	0.034 8	0.386 3	0.331 6	0.253 5	0.346 5
观测值	26	26	26	26	26	26	26	26	26	26	26	26	26	26

（四）实证检验

1. *ADF* 检验

为了避免在计量分析中出现伪回归现象,需要对变量进行 *ADF* 检验(单位根检验)。检验形式(c,t,k)中,c、t、k 分别代表常数项、时间趋势项和滞后阶数,检验结果见表5。

表5 **ADF 检验**

变量	检验形式	ADF 值	5%临界值	结论
$LN(FSY)$	(c,t,1)	−2.386 2	−3.611 8	非平稳
$\triangle LN(FSY)$	(c,t,1)	−5.921 2	−3.621 9	平稳
$LN(GDP)$	(c,t,1)	−1.945 7	−3.611 8	非平稳
$\triangle LN(GDP)$	(c,t,1)	−4.193 7	−3.621 9	平稳
$LN(CPI)$	(c,t,1)	−2.414 2	−3.792 1	非平稳
$\triangle LN(CPI)$	(0,0,1)	−2.185 8	−1.975 5	平稳
$LN(FIR)$	(c,0,1)	−1.545 6	−2.990 7	非平稳
$\triangle LN(FIR)$	(c,0,1)	−5.788 6	−2.996 9	平稳
$LN(FER)$	(c,0,1)	−1.780 3	−2.990 7	非平稳
$\triangle LN(FER)$	(c,0,1)	−4.392 8	−2.996 9	平稳
$LN(IR)$	(c,0,1)	−1.504 3	−2.990 7	非平稳
$\triangle LN(IR)$	(c,0,1)	−3.505 7	−2.996 9	平稳
$LN(SOG)$	(c,0,1)	−2.611 5	−2.990 7	非平稳
$\triangle LN(SOG)$	(0,0,1)	−2.805 0	−1.956 6	平稳
$LN(UNE)$	(c,t,1)	−1.965 9	−3.611 8	非平稳
$\triangle LN(UNE)$	(0,0,1)	−2.962 6	−1.956 6	平稳
$LN(OPEN)$	(c,0,1)	−1.467 4	−2.990 7	非平稳
$\triangle LN(OPEN)$	(0,0,1)	−2.840 2	−1.956 6	平稳
$LN(CITY)$	(c,t,1)	−1.345 1	−3.611 8	非平稳
$\triangle LN(CITY)$	(c,t,3)	−9.618 2	−3.645 4	平稳
$LN(AGE)$	(c,t,1)	−0.692 6	−3.611 8	非平稳
$\triangle LN(AGE)$	(c,t,1)	−3.626 5	−3.621 9	平稳
$LN(FAS)$	(c,t,1)	−2.197 8	−3.611 8	非平稳

续表

变量	检验形式	ADF 值	5%临界值	结论
△LN(FAS)	(c,t,1)	−5.480 3	−3.621 9	平稳
LN(EXR)	(c,0,1)	−2.379 1	−2.990 7	非平稳
△LN(EXR)	(c,0,2)	−8.338 5	−3.003 8	平稳
LN(TAX)	(c,0,1)	−1.348 6	−2.990 7	非平稳
△LN(TAX)	(c,0,2)	−3.632 6	−3.003 8	平稳

ADF 检验表明原有的时间序列在5%的显著性水平下都是非平稳的变量。对这些变量采用差分法,$△LN(FSY)$、$△LN(GDP)$、$△LN(CPI)$、$△LN(FIR)$、$△LN(FER)$、$△LN(IR)$、$△LN(SOG)$、$△LN(UNE)$、$△LN(OPEN)$、$△LN(CITY)$、$△LN(AGE)$、$△LN(FAS)$、$△LN(EXR)$、$△LN(TAX)$分别是对应的变量取一阶差分值,一阶差分后的序列在5%的显著性水平下都是平稳的,因此均是单整的。由于阶数相同,可以对它们进行协整检验。

2. 根据无约束(unrestricted)水平 VAR 模型确定协整阶数 L

确定水平 VAR 模型的最佳滞后阶数的方法是从一般到特殊,从较大的滞后阶数开始,通过对应的 LR、FPE、AIC、SC、HQ 值等确定。考虑样本区间的限制,我们从最大滞后阶数 L = 3 开始,对(13)(14)(16)(17)(18)式选择的最佳滞后阶数为3,对(15)式选择的最佳滞后阶数为2。检验结果见表6。

表6 对(13)式进行水平 VAR 模型的最佳滞后阶数检验结果①

Lag	LogL	LR	FPE	AIC	SC	HQ
1	−14.085 04	—	2.13e−05	3.398 699	4.632 932	3.709 105
2	22.913 79	41.824 77	9.89e−06	2.355 322	4.823 788	2.976 134
3	94.622 35	49.884 21*	4.44e−07*	−1.706 291*	1.996 407*	−0.775 073*

注: * 代表被评价标准选择的滞后阶数。

3. 协整向量个数 r 的检验

如果一组非平稳序列存在平稳的线性组合,即该组合不具有随机趋势,那么这组序列就是协整的,这个线性组合被称为协整方程,表示一种长期的均衡关系。本文使用 Johansen 的迹统计量协整检验,检验时假设含截距项,不含趋势项,根据

---

① 限于篇幅,本文只列出了(13)式的检验结果,(14)—(18)式的检验结果有兴趣的读者可以向作者索取。下同。

下表中的检验结果,(13)(15)(16)式存在 3 个协整关系,(14)(17)(18)式存在 2
个协整关系。

表7　对(13)式进行协整向量个数 r 的检验结果

协整阶数	零假设	特征值	迹统计量	5%临界值	1%临界值
	无**	0.993 947	237.564 9	68.52	76.07
	54.46	至多 1 个**	0.976 373	120.100 4	47.21
(1,2)	35.65	至多 2 个*	0.664 521	33.956 69	29.68
	20.04	至多 3 个	0.318 537	8.836 158	15.41
	6.65	至多 4 个	0.000 667	0.015 338	3.76

注:*、**分别表示在 5%、1% 的显著性水平上拒绝原假设。

4.协整方程

协整关系反映了变量之间的长期均衡关系。在 Eviews5 中通过 VEC 估计得
到的结果,前半部分就是协整方程。对(13)—(18)式依次进行操作得到协整方
程,见表8 所示。

从协整方程来看,在(13)式的估计结果中,经济增长速度、通货膨胀率对财政可
持续性产生了显著正向影响(应注意 *FSY* 是一个反向指标),系数分别为 -3.268 1、
-2.336 5;财政收入增长速度、利率对财政可持续性产生了显著的负向影响,影响系
数分别为 0.754 9、1.955 7。在(14)式的估计结果中,经济增长速度、财政支出增长
速度对财政可持续性产生了显著的正向影响,影响系数分别为 -5.079 3、-0.875 9;
通货膨胀率、政府规模对财政可持续性产生了显著的负向影响,影响系数分别为
0.715 6、1.810 2。在(15)式的估计结果中,经济增长速度、通货膨胀率、失业率对财
政可持续性产生了显著的负向影响,影响系数分别为 1.055 6、0.475 5、2.351 8;经济
外向度对财政可持续性产生了显著的正向影响,影响系数为 -5.181 2。在(16)式的
估计结果中,经济增长速度、城市化率对财政可持续性产生了显著的正向影响,影响
系数为 -5.792 3 和 -6.264 8;通货膨胀率、老龄化对财政可持续性产生了显著的负
向影响,影响系数为 0.878 8 和 16.046 7。在(17)式的估计结果中,经济增长速度、
通货膨胀率、固定资产投资比率以及汇率均对财政可持续性产生了显著的正向影
响,影响系数分别为 -4.855 2、-0.471 7、-0.907 4、-2.477 2。在(18)式的估计
结果中,经济增长速度、税收负担对财政可持续性产生了显著的正向影响,影响系数
分别为 -5.086 2、-0.875 7;通货膨胀率及财政支出增长速度对财政可持续性产
生了显著的负向影响,影响系数为 0.131 1 和 0.390 4。

表 8　协整方程估计结果

	(13)式	(14)式	(15)式	(16)式	(17)式	(18)式
LN(FSY)	-3.268 1**	-5.079 3***	1.055 6*	-5.792 3***	-4.855 2***	-5.086 2***
LN(GDP)	(-15.519 5)	(-2.646 9)	(-9.057 3)	(1.742 3)	(-9.857 8)	(-16.529 0)
LN(CPI)	-2.336 5***	0.715 6***	0.475 5***	0.878 8***	-0.471 7***	0.131 1**
LN(FIR)	(2.537 6)	(-2.179 9)	(7.315 1)	-(6.729 2)	(5.069 6)	(-5.3691)
LN(FER)	0.754 9*	(1.8276)	(-3.592 3)			0.390 4*
LN(IR)	(1.814 5)	-0.875 9***				
LN(SOG)	1.955 7**	(2.591 3)	(2.201 7)			
LN(UNE)		1.810 2**	2.351 8***	(3.902 3)		
LN(OPEN)			-5.181 2***	(-7.439 6)		

续表

	(13)式	(14)式	(15)式	(16)式	(17)式	(18)式
$LN(FSY)$				-6.264 8***		
$LN(CITY)$					(-3.435 9)	
$LN(AGE)$				16.046 7***	(4.329 5)	
$LN(FAS)$					-0.907 4***	(-3.152 2)
$LN(EXR)$					-2.477 2***	(-4.047 8)
$LN(TAX)$	(-5.064 8)					-0.875 7***
R^2	0.698 2	0.668 2	0.812 9	0.779 3	0.784 8	0.701 5
	0.465 9	0.413 1	0.669 0	0.609 5	0.619 2	0.471 8

注:( )中为 t 值,***、**、* 分别表示在 1%、5%、10% 的水平显著。

5. 脉冲响应函数

本文通过财政可持续性受各影响因素冲击的脉冲响应函数曲线来观察各影响因素对财政可持续性的冲击路径。在基于(13)式的脉冲响应函数曲线图中(参见图1),财政可持续性对自身的冲击在大部分滞后时期是负向的。经济增长速度、通货膨胀率、财政收入增长速度都会给财政可持续性产生正向冲击,但随着时间的推移,对于冲击的响应会逐步减弱。利率给财政可持续性带来负向冲击。在4个影响因素中,经济增长速度的冲击程度最大,通货膨胀率最小①。在基于(14)式的脉冲响应函数曲线图中,财政可持续性对自身的冲击在滞后时期出现了由负转正的逆转(1—7期为负,8—10期为正),这意味着财政可持续性对自身的冲击具备在短期内为负向、在长期内为正向的特征;经济增长速度对财政可持续性的冲击也呈现前后逆转的情况,在1—7期为正,8—10期为负,因此经济增长速度对财政可持续性的冲击也出现了短期和长期不一致的情况;通货膨胀率、财政支出增长速度、政府规模对财政可持续性的冲击比较小,但大多为正向冲击。在基于(15)式的脉冲响应函数曲线图中,财政可持续性对自身的冲击在滞后时期呈波浪状,1—2期为负,3期为正,4—10期为正;经济增长速度在1—9期为正,10期为负;通货膨胀率和失业率对财政可持续性的冲击呈对偶状,前者为拱形、负向,后者为拱形、正向;经济外向度给财政可持续性带来正向冲击,且这种冲击在滞后期的中间部分达到最大。在基于(16)式的脉冲响应函数曲线图中,财政可持续性对自身的冲击在滞后时期同样呈波浪状,1—2期为负,3—10期为负,来回波动的特征非常明显;经济增长速度对财政的可持续性冲击呈现前后反转的状态,1—3期为正,4—10期为负;通货膨胀率和老龄化对财政可持续性的冲击都是负向的,冲击幅度较小;城市化对财政可持续性的冲击呈波浪状,1—2期为正,3—5期为负,6—10期为正。在基于(17)式的脉冲响应函数曲线图中,财政可持续性对自身的冲击在滞后时期呈波浪状,1—2期为负,3期为正,4—5期为负,6—10期为正;经济增长速度对财政可持续性的冲击呈"漏斗"状,1—7期为正且冲击幅度大,8—10期为负且冲击幅度较小;通货膨胀率对财政可持续性的冲击呈前后小幅反转状态,1—3期小幅为正,4—10期小幅为负;固定资产投资比率带来的冲击同样是小幅反转,1—5期小幅为正,6—10期小幅为负;汇率给财政可持续性带来小幅正向冲击。在基于(18)式的脉冲响应函数曲线图中,财政可持续性对自身的冲击在1—8期为负,9—10期小幅为正;经济增长速度和通货膨胀率对财政可持续性的

---

① 由于篇幅所限,本文只绘出了基于(13)式的财政可持续性受各影响因素冲击的脉冲响应函数曲线图。

冲击与基于(17)式的脉冲响应函数曲线大体相同;财政支出的增长速度和税收负担对财政可持续性的冲击在滞后期内都是小幅为负。

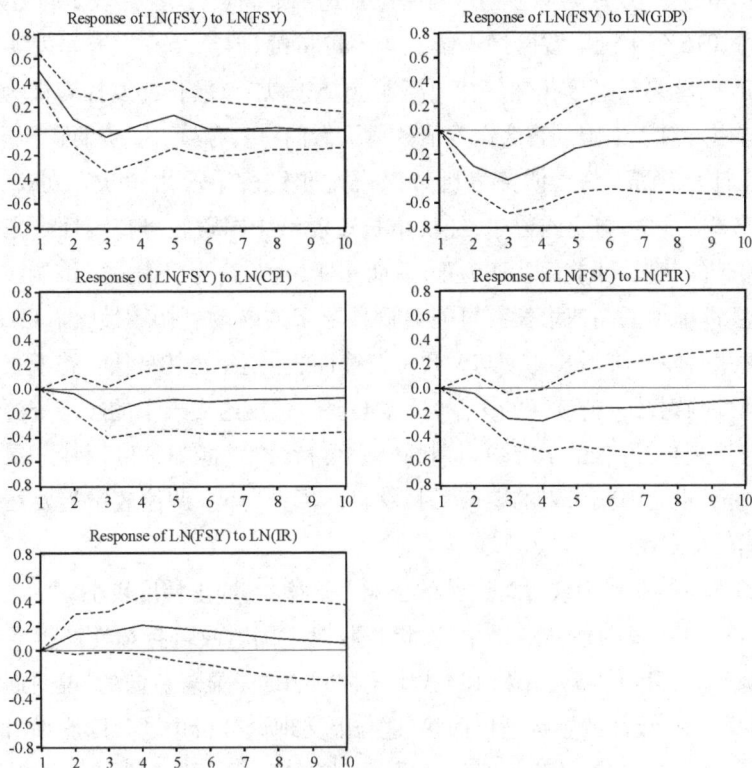

图1 基于(13)式的脉冲响应函数曲线图

六、聚焦:值得关注的几个问题

(一)经济增长对维持财政可持续性和防范债务危机具有重要意义

在协整方程的估计结果中,对(13)(14)(16)(17)(18)式的估计结果都显示经济增长速度对中国财政可持续性产生了显著的正向影响,这与本文的理论分析一致;在脉冲响应函数中,经济增长速度对中国财政可持续性的冲击幅度在所有影响因素中也是最大的,这表明经济增长速度在维系财政可持续性、防止债务危机方面扮演着关键性角色。虽然中国经济增长进入新常态,但近年来中央经济工作会议强调稳中求进的工作基调仍然显示了对经济增长速度的强烈关注,这是防御债务危机的重要武器。如果将1991—2016年间中国GDP增长速度与衡量财政可持续性的K指数的变化轨迹进行对比,则会发现两者呈现高度的一致性,GDP

增长速度上扬的年份 K 指数下滑(意味着财政可持续性在减弱),GDP 增长速度下滑的年份 K 指数上扬(意味着财政可持续性在增强),GDP 增长速度的波峰对应的是 K 指数的波谷(意味着财政可持续性达到最高点)。虽然表 2 的结果显示:从 2012—2016 年中国财政已经连续五年不可持续,但至今并没有爆发实质性的债务危机,GDP 增长速度仍然保持中高速(6.5% 以上)增长并发挥着极为关键的防火墙作用。对于中国是否会爆发债务危机人们一直存疑,因为目前中国的经济体制存在计划经济色彩,债务危机可以通过非经济手段去解决。在基于(14)(16)(17)式的脉冲响应函数中,经济增长速度给中国财政可持续性带来的冲击呈前后反转的状况,即前面几期为正,后面几期为负,这为我们的经济调控政策提供了借鉴,即前期的高速增长有可能会牺牲未来的财政可持续性,也可以说从跨期的角度来观察经济增长速度与财政可持续性的关系(尤其是从长跨期来理解经济增长速度与财政可持续性的关系)非常必要。过度透支未来的经济资源以维系当期的经济增长,虽有助于增强当期的财政可持续性,但却是以牺牲未来的经济增长为代价,也会削减未来的财政可持续性。因此,经济调控政策需要在当期和远期之间保持平衡。

(二)通货膨胀对财政可持续性的影响呈摇摆状,冲击幅度较小

在(13)(17)式的估计结果中,通货膨胀对中国财政可持续性产生了显著的正向影响,但在(14)(15)(16)(18)式中这种影响却是显著负向的,说明通货膨胀对中国财政可持续性的影响呈摇摆状,这与上文理论分析中通货膨胀率对财政可持续性产生正向影响的结论不一致。原因可能在于,通货膨胀既会对财政可持续性条件的右边(即 $\frac{1}{\pi+\gamma-R}\frac{d_t}{y_t}$)产生正向影响,也会对债券价值产生负向影响,从而对财政可持续性条件的左边(即 $\frac{b_t}{y_t}$)产生负向影响,这种角力给通货膨胀在正负之间的摇摆提供了动力;但无论是正向影响还是负向影响,在脉冲响应函数中通货膨胀对中国财政可持续性的冲击幅度都较小。如果将 1991—2016 年间通货膨胀率与 K 指数的变化轨迹进行对比将会发现,虽然二者在趋势上保持了大体一致(通货膨胀率的波峰对应的是 K 指数的波谷),但波动幅度却不相同,这是通货膨胀对财政可持续性的冲击幅度不如经济增长速度大的直观证据。从政策含义来看,由于通货膨胀的冲击幅度较小,因此在财政可持续性的政策调控框架中它并不是关键性的指标。

(三)财政收入和财政支出估计结果的反常现象

在(13)式的估计结果中,财政收入增长速度对财政可持续性产生了显著的负

向影响;在(14)式的估计结果中,财政支出增长速度对财政可持续性产生了显著的正向影响。这两个结果较为反常。在常识性认知中,财政收入增长速度越快,财政赤字出现的可能性越小,财政可持续性的可能性越大;财政支出增长速度越快,财政赤字出现的可能性越大,财政可持续的可能性越小。可能的解释是,单方面考虑财政收入增长速度或财政支出增长速度对财政可持续性的影响是有缺陷的,在财政收入增长速度较快但财政支出增长速度更快的情况下,财政赤字将有所扩大,因而财政可持续性将会减弱而非增强。由此可知,我们需要从相对增长速度的角度来考虑财政收入和财政支出。例如,可以用一般公共预算收入增长速度/一般公共预算支出增长速度作为财政收入相对增长速度的衡量指标,其值大于1意味着财政收入相对增长速度为财政赤字的收缩提供了动力,小于1则意味着财政收入相对增长速度为财政赤字的扩张提供了动力。在1991—2016年间,该指标值在1以上的年份更多,因此在样本区间大部分年份财政收入增长速度均小于财政支出增长速度,在这样的背景下,单方面的财政收入增长速度对于财政可持续性就有可能出现负向影响。对于财政支出增长速度反常结果的解释与此类似。财政收入增长速度对财政可持续性的冲击幅度在2—4期较大,其他滞后期数较小,而财政支出增长速度对财政可持续性的冲击幅度在滞后期内都较小,这说明从财政收支角度调控财政可持续性应将重点放在财政收入增长速度方面。

(四)控制政府规模有助于维系财政可持续性,但成效不显著

在(14)式的估计结果中,政府规模对财政可持续性产生了显著的负向影响,说明政府规模的扩大会削弱财政可持续性,这是控制政府规模、削减政府消费的重要依据之一。政府"三公"经费预算执行数从2010年的94.7亿元持续下滑到2017年的46.7亿元,应注意的是控制政府规模在一定程度上虽有助于维系财政的可持续性,但却不能对其寄予过高期望。因为在基于(14)式的脉冲响应函数曲线中,政府规模对于财政可持续性的冲击非常小,即作用有限。

(五)经济外向度对维持财政可持续性、防范债务危机效果显著

在(15)式的估计结果中,经济外向度对财政可持续性产生了显著的正向影响,且由脉冲响应函数曲线图(图1)可知,这种冲击力度较大,因此可将经济外向度作为维持财政可持续性、防范债务危机的重要着力点。从世界排名来看,中国的货物与服务出口占GDP比重在全球172个国家中排名139位,货物与服务进口占GDP比重在170个国家中排名164位,均远低于越南、老挝等发展中国家,这说明中国的对外贸易以至于整个对外开放格局出现了新的阶段性特征。新的特征意味着需要实施新的对外开放战略,十九大报告强调"贯彻新发展理念",新发展理念的重要组成部分是"开放发展理念";在开放发展理念的指导下,"以'一带一

路'建设为重点,坚持引进来和走出去并重,遵循共商共建共享原则,加强创新能力开放合作,形成陆海内外联动、东西双向互济的开放格局。拓展对外贸易,培育贸易新业态新模式,推进贸易强国建设"。通过这些政策措施,在新的阶段形成新的对外格局,其客观效果将延伸到维持财政可持续性、防范债务危机方面。

(六)失业率及老龄化对财政可持续性的冲击力度一般

在(15)式的估计结果中,失业率对财政可持续性产生了显著的负向影响;在(16)式的估计结果中,老龄化同样对财政可持续性产生了显著的负向影响。但从基于(15)(16)式的脉冲响应函数曲线可知,失业率和老龄化对财政可持续性的冲击幅度均较小,因此,这两个变量不能成为调控财政可持续性的重要因素。失业率上升会导致失业保险金支出增加,老龄化加剧导致养老金支出增加,失业保险和养老保险都属于社会保险,因此社会保险基金总支出将面临扩张的压力,这种压力会带来政府债务上升的预期,从而给财政不可持续以及债务危机提供了动力。由基于(16)式的脉冲响应函数曲线可知老龄化给财政可持续性带来了微弱的负向冲击。此前学者们对于养老保险基金空账表示担忧[1],老龄化程度的上升将进一步加剧养老保险基金空账的程度。但其暗含的意义在于:即便老龄化会对养老保险基金造成"空账"的风险,但是其对财政可持续性以及债务危机的冲击幅度也十分微弱。因此,在调控财政可持续性的政策框架中,老龄化并不是一个需要重点关注的影响因素。

(七)城市化、固定资产投资、汇率以及税收负担对财政可持续性的影响

在(16)式的估计结果中,城市化率对财政可持续性产生了显著的正向影响,即城市化水平的提高将有助于增强财政可持续性,但是城市化对财政可持续性的冲击幅度较小。(17)式中固定资产投资比率对财政可持续性产生了显著的正向影响,即固定资产投资比率的上升给财政可持续性提供了正向动力,但是对财政可持续性的冲击幅度不大。在(17)式中汇率对财政可持续性产生了显著的正向影响,即人民币贬值对财政可持续性有利,但是汇率带来的冲击非常微弱。(18)式中税收负担对财政可持续性产生了显著的正向影响,即税收负担的加重对财政可持续性有利,但冲击力度较小。因此,城市化、固定资产投资、汇率、税收负担4个影响因素不是调控财政可持续性、防范债务危机的核心所在。

---

[1] 例如,郑秉文(2016)在《中国养老金发展报告2016——"第二支柱"年金制度全面深化改革》中指出,2015年城镇职工基本养老保险个人账户累计记账额(即"空账")高达47 144亿元,而当年城镇职工养老保险基金累计结余额只有35 345亿元,城镇职工基本养老保险资产和负债之间的缺口越来越大,预计在不久的将来,基金累计结余将会被耗尽。

七、结论

从表2中国财政可持续性条件的计算结果来看,2012—2016年,中国已连续五年未能扭转财政不可持续的局面,这是否意味着债务危机即将爆发呢？迈克·杰拉奇(2015)认为:"过去几年,中国的总体债务水平持续增长,增长的背后,地方政府的债务问题是一大主因。如果中国的经济是市场经济,那么这类风险出现的概率会变得相当高,并且迫在眉睫。所幸的是,中国总体上仍算作计划经济,而政策制定者仍有余力进行干涉来放缓甚至避免一场金融危机的来临。"由此似乎可以做出计划经济体制在应对债务危机方面比市场经济体制更有效率的判断,但如果就此认为中国总体仍处于计划经济体制并据此得出债务危机问题并不迫切,甚而认为中国的债务危机只是一个伪命题的结论,则是将债务危机简单化、片面化了。在成熟的市场经济国家,债务危机以政府失信、政府关门为表现形式,甚至有可能引发一系列的经济问题,如经济衰退、失业率上升、资产泡沫破灭等。对于计划经济国家而言,其债务危机的表现形式或许与市场经济国家有差异,但本质相同,给整个经济系统带来的危害无差异,而且计划经济体制在应对债务危机时也不具备更多的手段。诚然,在计划经济体制下,债务危机不会导致政府关门及政府失信,但债务危机给经济造成的后遗症与市场经济体制完全相同。因此,既不能认为中国的债务危机尚有较大的回旋余地而不用过于担忧,更不能以计划经济体制为由将中国的债务危机视为伪命题。

对于处在过渡期的中国而言,债务危机的表现形式确实不同于欧美等成熟的市场经济国家,因此本文在多数情况下是以财政可持续性概念来代替债务危机概念。对于成熟的市场经济国家而言,当财政不可持续时意味着债务危机的爆发,但是对于中国而言,财政不可持续通常意义上只是表明债务危机具备爆发的潜在可能性。本文用通常意义上的债务危机代指成熟市场经济国家的债务危机,用债务危机代表中国的债务危机,则2012—2016年连续五年的财政不可持续并不等于通常意义上的债务危机爆发,但是具备了危机爆发的潜在可能性。

中国的债务危机是否会爆发取决于财政不可持续的状态是否延续,以及经济增长速度是否持续下滑这两个前提条件,此外,还有一些因素会起到加速或延缓的效果,如通货膨胀、财政收入和支出增长速度、利率、政府规模、经济外向度、失业率、城市化率、固定资产投资、汇率、老龄化、税收负担等。如果中国的财政不可持续状态一直延续,并且防御债务危机的最重要因素——经济增长无法实现"稳中求进",则债务危机实质上已经不远。

本文的实证检验结果表明,在维系财政可持续性、防范债务危机方面,经济增长速度扮演着关键性角色。经济增长速度对财政可持续性有着显著的正向影响，并且冲击非常明显。因此，以经济增长为基础，搭配其他工具可以组成一个调控财政可持续性的政策篮子。在政策篮子中，财政收入增长速度、经济外向度对财政可持续性的冲击幅度较大，可以作为重点关注对象；财政支出增长速度、失业率、通货膨胀率、城市化率、固定资产投资比率、汇率、税收负担等对财政可持续性的冲击幅度较小，可以扮演后备观察对象。以经济增长为基础的政策篮子形成之后，财政可持续性的调控也就有了方向，债务危机将回到可控范围，消除其潜在爆发的可能性。

参考文献

[1]余永定. 全球不平衡、债务危机与中国面临的挑战[J]. 金融市场研究,2012(12):12-18.

[2]马海涛,任致伟.预算透明度、竞争冲动与异质地方性债务——来自审计结果的证据[J]. 广东财经大学学报,2016(6):27-36.

[3]陈浪南,赵旭,罗融. 欧洲主权债务危机对我国经济增长影响的实证研究——基于经济全球化的视角[J]. 国际金融研究,2015(2):45-54.

[4]HAJIVASSILIOU V. Do the secondary markets believe in life after debts[R]. New Haven:Cowles Foundation Discussion Papers, The World Bank, 1989.

[5]HAJIVASSILIOU V. A simulation estimation analysis of the external debt crises of developing countries[J]. Journal of applied econometrics, 1994, 9(2):109-131.

[6]PETER M. Estimating default probabilities of emerging market sovereigns:a new look at a not-so-new literature[R]. Genève:The Graduate Institute of International Studies Working Paper, 2002.

[7]CLINE W. International debt:systemic risk and policy response[M]. Washington, DC:Institute for International Economics 1984.

[8]LI C A . Debt arrears in Latin America:do political variables matter? [J]. Develop economy, 1992,40:349-359.

[9]ZEAITER. Determinants of sovereign-debt default in developing countries[D]. Wisconsin:The University of Wisconsin-Milwankee, 2008.

[10]LAUŠEV, JELENA, STOJANOVIC A, et al. Determinants of debt rescheduling in Eastern European countries[J]. Economic annals, 2011, 56(188):7-31.

[11]CALVO G. Capital flows and capital market crises:the simple economics of sudden stops[J]. Journal of applied economics, 1998,1:35-54.

[12]TOMZ M, WRIGHT M L. Sovereign debt, defaults and bailouts[R]. New York:Paper Presented at the NBER IFM SI, 2005.

[13] EICHENGREEN B, LINDERT P H. The international debt crisis in historical perspective[M]. Cambridge：The MIT Press, 1989:1 - 11.

[14] GRAMMATIKO. EMU financial contagion and the sovergn debt crisis[R]. Cardiff：Cardiff Economics Working Papers, 2010.

[15] BRUNINGER D. Retirement pensions and sovergn debt in the Euro area[R]. Frankfurt：Deutsch Bank Research, 2011.

[16] 叶永刚,杨飞雨,郑小娟. 国家信用风险的传导与影响研究——以欧元区债务危机为例[J]. 金融研究,2016(2):172 - 179.

[17] 李明明,秦凤鸣. 主权信用评级、债务危机与经济增长——来自欧元区国家的经验证据[J]. 金融研究,2016(10):16 - 31.

[18] KEYNES J M. A tract on monetary reform[M]. Cambridge：Macmillan and Cambridge University Press, 1971.

[19] 周茂荣,骆传朋. 我国财政可持续性的实证研究——基于1952—2006年数据的时间序列分析[J]. 数量经济技术经济研究,2007(11):48 - 55.

[20] 龚锋,余锦亮. 人口老龄化、税收负担与财政可持续性[J]. 经济研究,2015(8):16 - 30.

[21] 邓晓兰,黄显林,张旭涛. 公共债务、财政可持续性与经济增长[J]. 财贸研究,2013(4):83 - 90.

[22] 孙正. 地方政府政绩诉求、税收竞争与财政可持续性[J]. 经济评论,2017(4):15 - 29.

[23] 汪川,汪红驹. "新常态"下我国积极财政政策的政策空间——基于财政可持续性的研究[J]. 经济学家,2017(8):73 - 79.

[24] CLINGER J C, FEIOCK R C, MACCABE B C, et al. Turnover, transaction costs, and time horizons：an examination of municipal debt financing[J]. American review of public administration, 2008, 38：167 - 179.

[25] 刘清杰,任德孝. 中国地区间税收竞争刺激经济增长了吗[J]. 广东财经大学学报,2017(4):92 - 103.